教育部人文社会科学研究规划基金项目资助
项目名称：基于开放的高等职业教育学分积累与转换制度研究
（批准号：15YJA880032）
新时代我国高等职业教育跨界转型发展的路径研究
（批准号：18YJA880043）

中国高等职业教育学分积累与转换研究

李生京 著

中国社会科学出版社

图书在版编目（CIP）数据

中国高等职业教育学分积累与转换研究/李生京著. —北京：中国社会科学出版社，2021.9
ISBN 978-7-5203-8181-9

Ⅰ.①中⋯　Ⅱ.①李⋯　Ⅲ.①高等职业教育—学分制—研究—中国　Ⅳ.①G718.5

中国版本图书馆 CIP 数据核字（2021）第 055503 号

出 版 人	赵剑英
责任编辑	孙砚文　李　沫
责任校对	师敏革
责任印制	王　超
出　　版	中国社会科学出版社
社　　址	北京鼓楼西大街甲 158 号
邮　　编	100720
网　　址	http://www.csspw.cn
发 行 部	010-84083685
门 市 部	010-84029450
经　　销	新华书店及其他书店
印　　刷	北京明恒达印务有限公司
装　　订	廊坊市广阳区广增装订厂
版　　次	2021 年 9 月第 1 版
印　　次	2021 年 9 月第 1 次印刷
开　　本	710×1000　1/16
印　　张	20.5
字　　数	315 千字
定　　价	109.00 元

凡购买中国社会科学出版社图书，如有质量问题请与本社营销中心联系调换
电话：010-84083683
版权所有　侵权必究

序

　　2015年，李生京副研究员承担了教育部人文社会科学研究规划基金项目"基于开放的高等职业教育学分积累与转换制度研究"，经过近五年的实践探索和潜心研究，形成了《高等职业教育学分积累与转换的教育生产力问题》《高等职业教育学分积累与转换的教育生产关系问题》《高等职业教育学分积累与转换的经济基础问题》《高等职业教育学分积累与转换的上层建筑问题》系列化论文和这部《中国高等职业教育学分积累与转换研究》专著，现在由中国社会科学出版社出版。这是中国高等职业教育创新研究领域一部具有指导和实践价值的重要学术成果。

　　看到《中国高等职业教育学分积累与转换研究》的书名，可以联想到本书主要探索中国高等职业教育资历架构，研究高等职业教育学分银行框架，探索学分银行体制内的学分积累与转换问题。本书的研究重点是高职院校、应用型本科高校、技师学院之间怎样建立学习者学习成果横向贯通、纵向衔接的学分积累与转换问题。细心拜读了全书之后，本书的研究思路颠覆了我的设想和推论，令我感到震撼。作者能够将学分积累与转换问题作为破解中国高等职业教育跨界转型发展的支点展开研究，使得本书的应用价值远远超出了本书题目的揭示范围。首先，职业教育（包括高等职业教育）领域专家和学者都清楚的事实是，目前高等职业教育已经进入深化改革的深水区。这个深水区是产教融合、校企合作和工学结合。改革的难点是突破高等职业教育运行中双重体制下教育与产业、学校与企业、学习与工作的融合问题。在本书中作者第一次利用了学分积累与转换的这一思路，对这一制约高等职业教育可持续发展的瓶颈问题给以正面回答。其次，众所周知，高等职业教育是中国高等教育的特色。2014年之前，高职院校是高等职业教育的代名词，因此有人说高等职业教育是断头教育。2014年之后，国家开始对普通高等学校实行分类改革试点，提出将600所普通高校改为应用型本科高校，拉开了高等职业教育纵向发展的序幕。即使是这样，高等职业教育办学层次也只有专科和本科教育，再加上专科层次的高等职业教育不是学历学位教育，因而破解高等职业教育资历架构（副学士、学士、硕士、博士）似乎成了无解的难题。因此，如果不破解这一难题，高等职业教育学分积累与转换研究将毫无价值。在这本书中作者第二次利用了学分积累与转换这一思路，对这一制约高等职业教育资历架构问题给出了逻辑清晰的解答。再次，2020年年初，新冠肺炎疫情对高等职业教育的影响。从国家宏观经济政策工具的选择机制来看，在世界经济危机导致的经济大衰退阶段，世界各国一般都会采用积极的财政和货币政策抵御经济衰退，降低失业率。高等职业教育是中国经济波动时期失业群体的蓄水池，应用得好能够对社会稳定、经济复苏发挥可观的积极作用。在这本书中作者第三次利用了学分积累与转换思路，又一次巧妙地破解了这一难题。通过研读，我深刻感受到本书在学分积累与转换研究方向上，在研究思路、研究主线、逻辑架构、研究方法和创新点确有新意，比较突出的地方表现在以下几个方面。

一　选题、立论依据和技术路线

好的选题对于一部专著来说非常重要，不仅能够反映出作者对于学术理论发展导向的把握以及对研究内容逻辑思维的深度和广度，也能够将纷繁复杂的研究对象通过梳理提炼出纲举目张的鸿篇大作。在近五年的时间里，作者不仅从大量文献中分析21世纪以来中国高等职业教育的发展取向，探索发现解决中国高等职业教育学分积累与转换问题的蛛丝马迹，而且深入北方和南方高等职业院校进行深入调研，使作者进一步下定决心触碰大多数专家学者不愿意触及的敏感问题。不破则不能立，在2019年《国家职业教育改革实施方案》引领下，作者终于跳出了长达5年的困惑找到了破题之路。

《中国高等职业教育学分积累与转换研究》这一选题的研究主线，

是将高等职业教育学分积累与转换问题作为破解中国高等职业教育诸多问题（如法制建设、体制改革、教育创新、抵御后新冠肺炎疫情风险等瓶颈问题）的重要节点和工具，作为破解高等职业教育学分积累与转换问题横向（高职院校、技术师学院、行业企业、社会培训机构与组织）互连互通的纽带和纵向（中等职业学校、高职院校、应用型本科高校、普通高等学校）相互衔接的桥梁。

《中国高等职业教育学分积累与转换研究》的立论依据，是2019年《国家职业教育改革实施方案》（以下简称《实施方案》）。因为《实施方案》第一次比较清晰地明确了政府在中国高等职业教育中的职能转变，高等职业教育的办学模式将要实现由学校主导向产业主导的跨界转型，国家作为投资者的高等职业教育将向社会化多元产权结构的高等职业教育跨越，以学历教育为主的高等职业教育将向"学历教育＋职业资历教育"转型。

《中国高等职业教育学分积累与转换研究》的技术路线是：通过构建高等职业教育分类发展的双重结构模型，提出中国高等职业教育产业导向和学校导向双轨运行的发展理念；通过诠释国家产业大学结构及其运行机制模型的传导机制，揭示国家学分银行为中心的高等职业教育学分积累与转换在破解中国高等职业教育瓶颈问题的节点、工具、纽带和桥梁的重要功能；通过对新冠肺炎疫情影响下高等职业教育改革的实证分析，中国高等职业教育学分制改革的迫切需求，及新冠肺炎疫情发展态势下高职院校论证在后疫情时代中国高等职业教育学分制变革的策略选择；通过对美国社区学院及其学分转换机制的史学分析，欧洲学分积累与转换系统的实证分析，韩国学分银行发展路径探析和中国学分积累与转换的实践探索，深入剖析高等教育和职业教育学分积累与转换的世界经验和国内现存问题；通过揭示中国高等职业教育生产力、生产关系、经济基础和上层建筑问题，提出实现高等职业教育学分积累与转换的假定前提：开放的高等职业教育产业，法治先行的高等职业教育运行，充分就业的高等职业教育导向；通过论证中国高等职业教育学分积累与转换建设路径，深刻揭示高等职业教育学分积累与转换的微观运行。

二 关于高等职业教育产业大学模型

纵观全书，作者第一章构建的产业大学模型可谓结构精妙。能够看出在这个模型中作者的第一层用意是高等职业教育的双重国家调控，即国家人力资源和社会保障部门、国家教育行政部门的双向协调管理；作者的第二层用意是高等职业教育双轨运行，即产业导向，产业大学—产业学院—产业项目，高等职业院校导向，职业学院—学科或专业—"课程+职业技能证书"的双轨运行；第三层用意是在2019年国家出台的《国家职业教育改革实施方案》基础上推进高等职业教育体制改革，即实现公有制国家教育资本由教育行政部门向产业主导的产业大学转移，允许不同所有制高等职业教育产权市场化运作；作者的第四层用意是，创新高等职业教育数字化发展模式，即由"国家产业大学+国家开放大学"构建数字化高等职业教育联合体，直接参与产业学院和高等职业院校的教育教学改革；作者的第五层用意是，建立终身学习的高等职业教育产业市场，即通过产业大学系统的产教联盟、地方高等职业教育产教联盟和行业企业产教联盟合力打造高等职业教育产业市场；作者的第六层用意是，建立国家高等职业教育学分银行，发挥学分银行在高等职业教育体制改革、机制创新、课程改革等一系列深化改革中的节点、工具、桥梁和纽带的重要作用。

三 关于高等职业教育学位价值的论述

本书中作者用了较长篇幅阐述高等职业教育学位问题，主要涉及中国高等职业教育体系建设，中国高等职业教育与世界高等教育接轨，中国高等职业教育学位立法，中国高等职业教育资历架构建设，中国高等职业教育学分积累与转换制度建设与高等职业教育学位的因果关系。作者指出：如果高职院校开展学位教育，那么学位教育需求首先来自在校学生，其次来自已经毕业并需要取得学位的毕业生，再次来自目前无法统计的在职人员群体和非从业者群体。由于新冠肺炎疫情给国民经济带来了发展态势的不确定性，为了实现社会稳定，降低失业率，根据疫情发展态势调整产业结构，需要建立能够容纳大量不确定在职人员和非职业人员的职业培训基地。因此，设立高等职业教育学位，从现象上看是补齐高等职业教育短板，推进高等职业教育体系内部的横向联结和纵向衔接，但本质上对防范国家经济发生不确定具有重要意义。

四　关于高等职业教育立法问题

作者指出：用高等教育法和职业教育法的部分法律条文诠释中国特色的高等职业教育具有先天的不足。高等职业教育法律建设的重大意义，不仅在于能够给国民教育体系和非国民教育体系建设和发展带来双赢，更在于这部立法对国家政治、社会、经济各项事业发展的重大支点作用。出台高等职业教育法律，需要对以下内容进行补充与完善。

（1）关于高等职业教育定义的法律诠释，即从学历教育、学位（副学士、学士、硕士、博士）教育、职业资历全方位界定高等职业教育的三重高等属性。

（2）关于高等职业教育产业的法律诠释，即从法律的角度界定高等职业教育产业在国民经济体系中的地位，在社会主义市场经济运行中的地位，在国民教育体系中的地位。

（3）关于高等职业教育主体的法律诠释，即对应用型高科高校、高职院校、技师学院、产业大学、企业职工大学、社区学院等高等职业教育主体给以明确的法律认定。

（4）关于高等职业教育成果的法律诠释，即明确高等职业教育学历、学位、高职业资历的法律地位。

（5）关于高等职业教育学分制度的法律诠释，即对学年学分制度和弹性学分制度在高等职业教育产业部门的应用条件和应用方式给以明确的法律认定。

（6）关于高等职业教育主体之间学习成果互认的法律规定，即明确高等职业教育学习成果横向互认和纵向衔接的法律条文。

（7）关于高等职业教育学分积累与转换的相关条款。包括国家学分积累与转换管理体制、高等职业教育学分银行建设、高等职业教育学分积累与转换机制、高等职业教育学分积累与转换运行等相关内容。

（8）关于高等职业教育主体去行政化、专业技术职务非终身化、高等职业教育机构事业与企业双重体制的相关法律规定。

（9）关于特殊情况下，国家对高等职业教育主体实施收购、兼并和改制的相关规定。

五 关于高等职业教育资历架构

作者认为，中国具备建设和完善高等职业教育体系的国家力量，当然也能够建成具有中国特色的高等职业教育架构。中国高等职业教育架构不是在普通高等教育架构上的改良，而是与普通高等教育资历架构并列前提下的自主创新。中国高等职业教育架构建设会超越普通高等职业教育架构，因为这个架构涵盖了从副学士、学士、硕士到博士的高等教育资历。中国高等职业教育资历架构建设的难点在两头，即学士学位和博士学位设置问题。学士学位教育资历问题的焦点是学术教育问题，博士学位教育资历问题的焦点是职业教育问题。这两个问题不解决，即使建成了国家高等职业教育资历架构也不会发挥太大的作用。破解这两个问题的实质是回答这样几个问题，即不同层次高等职业教育过程中学术教育与职业教育的关系，高等职业教育大众化与精英教育的关系，高层次高等职业教育与普通高等教育的关系。首先，高等职业教育不能没有学术教育。随着高等职业教育层次的递增，学术教育由少到多梯次递增，技术技能教育、应用技术教育、工程教育和高端应用工程教育梯次递增。其次，高等职业教育既有大众化教育，也有精英教育。高等职业教育体系具有金字塔型结构，在金字塔底端是大众职业教育，在金字塔顶端一定是精英教育。再次，高层次高等职业教育是以应用科学为主的高等教育，高层次普通高等教育是以应用基础研究为主的高等教育。

六 关于高等职业教育学分积累与转换的两个模型

高等职业教育学分积累与转换是这部专著的研究主线，作者通过建立一个宏观学习成果循环模型（如图1所示）和一个第二课堂成绩单微观运行模型（如图 2 所示）破解了高等职业教育学分积累与转换的这一基本命题。

1. 高等职业教育学习成果转换循环模型

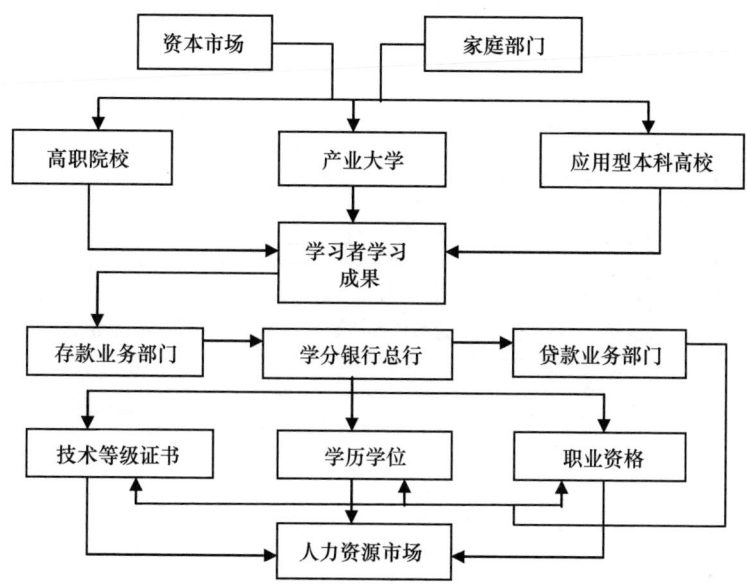

图 1　高等职业教育学习成果转换循环模型

从上图能够清晰地看到两个系统循环：第一个循环是高等职业教育主体与学习者之间的教育循环；第二个循环是学分银行与学习成果流通的学分积累与转换循环。从这个高等职业教育学习成果转换循环模型来分析其传导机制，有这样的理论特色：第一，高等职业教育主体通过资本市场进行资源整合，形成产教融合、校企合作、工学结合的高等职业教育生产方式；第二，家庭部门成员（学习者）一部分选择高等职业教育机构参加职业技术或职业技能学习，一部分通过国家开放大学、国家高等职业教育培训中心或网络学习资源进行自主学习；第三，学习者通过各种形式学习和技术技能培训取得学习成果；第四，学习者在"学分银行"网络数据平台注册学习账户；第五，学分银行为学习者提供学习成果转换业务；第六，学分银行评估机构为学习者提供评估并出具相关凭证，学习者凭借相关凭证到高等教育机构、国家职业技能培训或鉴定中心兑换相应的学历、学位或职业资历证书。

2. 第二课堂成绩单微观运行模型

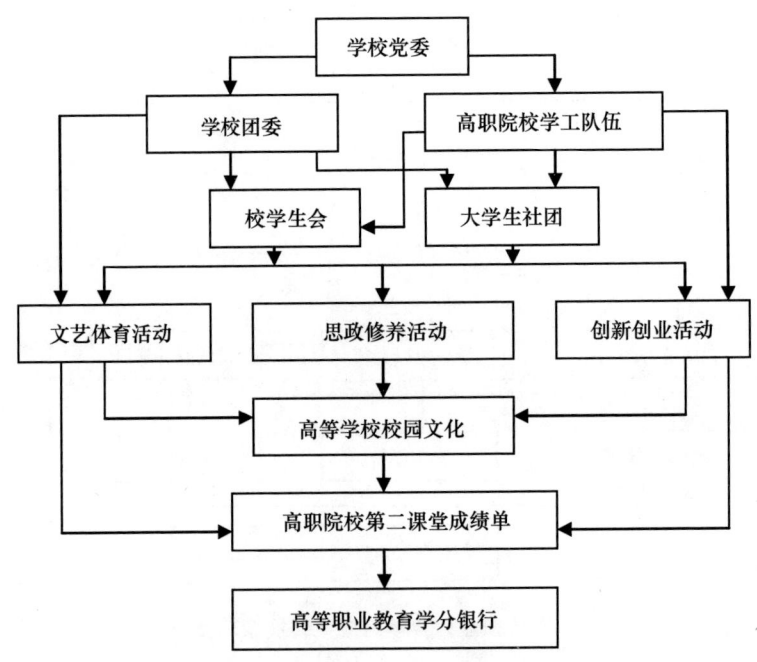

图2　第二课堂成绩单微观运行模型

这一模型真实描述了广州南洋理工职业学院"一心双环三融合"第二课堂成绩单运行机理，即学校党委领导、团委主抓，教育教学工作协同推进的工作机制。这个第二课堂成绩单运行的工作机制，不仅需要学校团委的具体工作指导、学校学生会与学生社团跟进，也需要学校二级学院党团组织和教育教学改革进程的紧密跟进；不仅需要高职院校团学组织自身工作的有序开展，也需要充分利用社会团学组织（地方团委和高等学校）的共同参与。"一心双环三融合"第二课堂成绩单工作顺利展开的必要前提，是融入高职院校教育先进的发展理念，融入二级学院教育教学改革的与时俱进，融入社会团体组织资源。具体地说就是高职院校产教融合跨界发展，校企对接精准育人的发展理念；坚持有教无类、行知合一和因材施教；学校团委主抓，学工队伍协同，学生会与学生社团跟进。

实事求是地说，任何一部学术著作都具有时代的局限性，都存在值得推敲的地方。本书同样需要作者不断地深入探索和完善，特别是涉及国家所有制高等职业教育产权运作、高等职业教育立法、建设国家产业大学、高等教育分类发展等需要国家决策才能付诸实施的重大问题。然而应当肯定的是：这部学术专著具有很高的站位，很宽的研究视野和很深的涉足领域，对于目前中国正在推进的高等职业教育深化改革具有重要的学术价值和应用价值，可以说是填补了以学分制度改革为研究主线，以中国高等职业教育跨界转型发展为切入点，以国家所有制高等职业院校产权变革为突破口的此类研究的空白。

最后，我要提及的是，本书作者李生京副研究员并没有接受过全日制高等教育，他所接受的专科、本科和研究生教育都是在职完成的。李生京副研究员从事高等职业教育的时间也不算长，只能算是半路出家。他18岁下乡，20岁当工人，37岁下岗，41岁才从事职业教育，60岁退休后被吉林工业职业技术学院返聘，62岁被广州南洋理工职业学院低职高聘为校内专家（教授）。令人钦佩的是，他能够在五年的时间内分别在人民出版社和中国社会科学出版社出版《中国高等职业教育发展路径分析》和《中国高等职业教育学分积累与转换研究》等在高等职业教育研究领域具有较高水平的学术专著，在为国家"十五"计划（鼓励奖）、"十二五"规划（三等奖）和"十三五"规划（一等奖）的建言献策中三次获奖。他对高等职业教育的研究选题能够得到教育部和吉林省人文社会科学基金的多次支持（教育部立项2项，吉林省人文社会科学立项1项），多次获得省、市社会科学成果奖励，这在高等职业院校确实是罕见的。

李垣明
2020年7月1日于天津

目　录

导论 ………………………………………………………………（1）

第一章　破题背景：中国高等职业教育的跨界转型 ………（8）
　　第一节　高等职业教育跨界转型发展的现实需求 …………（9）
　　第二节　高等职业教育跨界转型发展的难点问题 …………（16）
　　第三节　高等职业教育跨界转型发展的结点问题 …………（23）
　　第四节　高等职业教育跨界转型发展的路径探析 …………（31）
　　第五节　关于成立北部湾产业大学的构想 …………………（39）

第二章　发展进程中的高等职业教育变革 …………………（45）
　　第一节　线上教育运行模式的学分制度危机 ………………（45）
　　第二节　疫情防控期：高等职业教育发展与学分
　　　　　　制度变革 ……………………………………………（56）
　　第三节　后疫情时代高等职业教育学分制度改革
　　　　　　取向探析 ……………………………………………（67）

第三章　学分积累与转换：基于世界多极化发展的实证分析 …（80）
　　第一节　美国社区学院及其学分转换机制的史学分析 ……（81）
　　第二节　基于欧洲学分积累与转换系统的实证分析 ………（91）
　　第三节　韩国学分银行发展路径探析 ………………………（102）
　　第四节　中国学分积累与转换的实践探索 …………………（112）

第四章 高等职业教育学分积累与转换的教育经济学问题……（131）
- 第一节 高等职业教育学分积累与转换的教育生产力问题……（131）
- 第二节 高等职业教育学分积累与转换的教育生产关系问题……（141）
- 第三节 高等职业教育学分积累与转换的经济基础问题……（151）
- 第四节 高等职业教育学分积累与转换的上层建筑问题……（159）

第五章 高等职业教育学分积累与转换的假定前提……（168）
- 第一节 开放的高等职业教育产业……（169）
- 第二节 法治先行下的高等职业教育运行……（179）
- 第三节 充分就业的高等职业教育导向……（192）

第六章 高等职业教育学分积累与转换制度体系建设……（204）
- 第一节 高等职业教育资历架构建设……（206）
- 第二节 非学历职业资历架构建设……（216）
- 第三节 职业教育学分银行体系建设……（225）

第七章 高等职业教育学分积累与转换的微观运行……（239）
- 第一节 高等职业教育的双轨运行……（239）
- 第二节 高等职业教育资历架构下的产业循环……（252）
- 第三节 高等职业教育学分银行的跨界运营……（264）
- 第四节 高等职业院校第二课堂成绩单制度的高效运行……（278）

附录一 推进高等职业教育跨越发展的建议
——创新办学体制、开放教育资源、摸着石头过河……（292）

附录二　建立吉林市国家职业教育产业示范园区的建议……（295）

附录三　推进职业教育开放发展的建议……………………（299）

附录四　我向总理说句话……………………………………（302）

参考文献………………………………………………………（303）

后　记…………………………………………………………（309）

导　　论

2015年我申报的教育部社科规划基金项目"基于开放的高等职业教育学分积累与转换制度研究"获得了批准立项。在这个项目五年的研究过程中时断时续，步履艰难，因为高等职业教育学分积累与转换研究所涉及的问题太多、难度也太大。第一个难点问题就是高等职业教育的属性问题，因为从国家大量文件、文献来看，给出了这样一个论断，高等职业教育是高等教育，是国家终身教育体系的组成部分。第二个难点问题是高等职业教育主体问题，如果建立弹性学习的高等职业教育学分制度，那么高等职业教育主体就不仅仅是应用型本科高校、高等职业院校和行业企业，任何有资历、有能力的教育主体（这个教育主体甚至可以小到几个人的网络公司），只要能够建立符合高等职业教育资历框架要求的学分课程，都可以成为高等职业教育大家庭中的一员。第三个难点问题是高等职业教育的受教育者问题，国家举办高等职业教育不仅仅是为了实现我国高等教育的普及化，更重要的是实现高等教育的分类发展、国家人力资源向人才资源转化。但是从构建高等职业教育学分积累和转换的视角再来审视高等职业教育的受教育者，那么这个受教育者将是由若干庞大的人群组成，包括在职人员、失业人员、农民工大军、转业退伍军人。这样一来，高等职业教育就构成了最具中国特色，最负有中国社会和经济发展使命的高等职业教育。第四个难点问题是高等职业教育资历架构建设问题，因为我国高等职业教育是缺少学位教育的高等教育，这就在与国内外高等教育的衔接上出现了制度设计问题。第五个难点问题是目前应用型本科高校和高职院校普遍运行的学年学分制和课程学分制问题，因为在这样的学分体制下构建中国高等职业教育学分积累与转换体系可以说是天方夜谭。

　　高等职业教育是中国高等教育的一大特色，具有高等教育、职业教育和终身教育的三重属性。本书基于高等职业教育的三重属性，将学分积累与转换问题贯穿于国民教育体系和非国民教育体系，贯穿于涉及国家人力资源供给侧调整的国民经济发展，贯穿于破解世界范围新冠肺炎疫情对中国经济带来下行风险的国民充分就业问题。

　　《中国高等职业教育学分积累与转换研究》，是我在2015年出版的《中国高等职业教育发展路径分析》（人民出版社2015年版）的姊妹篇，是继对中国高等职业教育（民国时期、中华人民共和国成立初期、"文革"721大学和朝阳农学院、80年代后期至今的中国高等职业教育发展路径）发展路径研究的后续研究成果。前者主要研究对象是中国高等职业教育发展进程的路径问题，后者主要研究对象是中国特色高等职业教育怎样走出三种形态（高等教育、职业教育、终身教育）社会化变革背景下的十字路口问题。《中国高等职业教育学分积累与转换研究》以21世纪初中国高等职业教育跨界转型发展背景为切入点，以高等职业教育学分制度改革为研究主线，以中国"两个一百年"为研究节点，以开放、创新、协调、共享、去边界、产教融合及充分就业为基本假定前提，破解中国国民教育体系重要节点（高等职业教育）的支点作用；破解世界经济波动时中国高等职业教育在实现国民充分就业的蓄水池功能、调整人力资源供给侧作用及其实现中国由人力资源大国向人力资源强国转化的重大教育及经济问题。《中国高等职业教育学分积累与转换研究》基于高等职业教育跨界转型、产教融合和充分就业的社会化发展理念，通过比较研究美国、欧洲、韩国等国家职业资历框架、学分银行的组织架构和运行机理，推论和创建中国特色国家高等职业教育资历架构及其学分银行在内的学分积累和转换体系，揭示国家高等职业教育资历架构及其学分积累和转换体系对于衔接高等教育、职业教育和终身教育的桥梁和纽带作用，论证以非学历学位教育、在职高等职业培训，汇集以失业群体和农民工群体职业素质提升为目的的高等职业教育改革对于保障国民充分就业、国家人力资源供给侧调整的重要作用。在当今世界经济波动的背景下，中国经济结构的战略性调整、中国高等教育的深化改革、中国人力资源向人才资源转化进程已经构成中国社会可持续发展的重大命题。国家高等职业教育资历架构、高等职业教育学分转换体系的建设进程，无疑将为这一命题寻求关键节点和重大的突破口、最大限度地减少因国家人力资源供求失衡而带来的社会不和谐和经济发展压力做出突出的贡献。所以，《中国高等职业教育学分积累与转换研究》事关重大。

要破解《中国高等职业教育学分积累与转换研究》的难点问题，需要解决涉及中国高等职业教育可持续发展路径选择、高等职业教育产权制度改革、高等职业教育资格立法、建立中国特色高等职业教育资历架构和职业资历架构、中国高等职业教育学分银行建设等难点问题，还要根据中国高等职业教育自身特色，比较分析世界高等教育和职业教育构建学分积累与转换体系框架的成功经验，客观分析和评价目前中国高等职业教育进行时的教育生产力、生产关系、经济基础和上层建筑存在的现实问题对构建中国高等职业教育学分积累与转换体系的影响。

本着科学严谨和实事求是的研究态度，《中国高等职业教育学分积累与转换研究》采用了以下解题思路。

第一章的题目是，破题背景：中国高等职业教育的跨界转型。本章通过分析中国高等职业教育正在进行的产教融合、校企合作、工学结合为突破口的深化改革，阐述了作者关于"高等职业教育跨界转型发展"的基本观点。通过分析高等职业教育跨界转型发展的国家需求、社会需求和经济发展需求，揭示高等职业教育跨界转型发展面临的产教融合、体系建设和微观运行的难点问题，高等职业教育生产力、高等职业教育资源配置、高等职业教育产权（资金、股权、技术、科研成果、品牌等）运作的节点问题，展开对高等职业教育跨界转型发展路径的深入探析。在基本确立中国高等职业教育体系横向跨界与纵向衔接、产教融合与市场化运行路径的基础上，提出了国家产业大学的构想、理论模型及其社会化运行的路径选择。在国家产业大学模型中融入了以学分银行为高等职业教育学分积累与转换载体，以高等职业教育学分积累与转换为节点、工具、纽带和桥梁的中国特色高等职业教育跨界和转型发展的逻辑链条。

第二章的题目是，逆境中发展的高等职业教育变革。本章以2020年春季国民教育体系"停课不停教、停课不停学"为切入点，分析论证新冠肺炎疫情和数字产业革命双重驱动下高等职业教育学分制度变革的现实需求。通过对比分析学年学分制度、课程学分制度与新冠肺炎疫情期间线上教学模式运行和管理的突出矛盾，后疫情时期高等职业教育创新发展对弹性学分制度的需求，揭示高等职业教育学年学分制度与课程学分制度对于高等职业教育跨界转型发展的潜在危机。接下来进一步分析高等职业教育生产力与生产关系现状与国家对线上教学要求的巨大反差，推论疫情防控倒逼高等职业教育学分制度变革的论点和论据。然后通过建立新冠肺炎疫情态势下后疫情时代高等职业院校学分制变革的基本理论，推论出新冠肺炎疫情态势下高等职业院校学分制变革的路径选择。

第三章的题目是，学分积累与转换：基于世界多极化发展的实证分析。本章第一通过对美国社区学院及其学分转换机制的史学分析，揭示了美国社区学院发展进程中法治建设、制度创新和体制改革推动了学分转换机制的巨大成功。第二，通过对欧洲职业教育学分积累体系和高等教育学分转换的实证研究，揭示欧洲学分积累与转换系统对构建中国高等职业教育学分积累与转换体系的应用价值。第三，通过对韩国学分银行发展路径探析，揭示韩国学分银行在搭建不同类型高等教育协调发展的立交桥，为实现韩国终身教育目标所发挥的重要作用。第四，通过深入分析中国学分积累与转换的顶层设计，中国国家开放大学学分银行和香港教育资历架构，论证了中国经验的不足并揭示出高等职业教育资历架构残缺的现实问题。

第四章的题目是，高等职业教育学分积累与转换的教育经济学问题。第一，从生产力需求、供给和发展三个层面论证高等职业教育学分积累与转换体系建设的生产力问题；第二，从高等职业教育体制共建与资源共享、高等职业教育教育主体的角色、高等职业教育教育理念与微观运行的矛盾运动，揭示构建高等职业教育学分积累与转换体系建设的生产关系问题；第三，从高等职业教育主体核心竞争力建设，高等职业教育生产方式与顶层设计与微观运行脱节，高等职业教育产业与国民经济非均衡发展，揭示高等职业教育学分积累与转换体系建设的经济基础问题；第四，从高等职业教育学分积累与转换的法治建设，高等职业教育学分积累与转换的顶层设计，揭示了高等职业教育学分积累与转换体系建设的上层建筑问题。

第五章的题目是，高等职业教育学分积累与转换的假定前提。本章的主要内容，第一是高等职业教育产业开放发展的假定，包括：高等职业教育的高等教育属性、职业教育属性和终身教育属性的假定；高等职业教育产业社会化发展、健全完善高等职业教育资历架构、非学历教育与职业资历教育开放运行；高等职业教育国家监管与市场调控。第二是法治先行下的高等职业教育运行假定，包括：完善高等职业教育法治框架；高等职业教育运行的市场化运作；建立高效的高等职业教育治理体系。第三是充分就业的高等职业教育导向假定，包括：高等职业学历教育的就业导向；非学历高等职业教育的职业导向；高等职业教育充分就业的社会功能。

第六章的题目是，高等职业教育学分积累与转换制度体系建设。本章有三个主要内容。第一个是高等职业教育资历架构建设，第二个是非学历职业资历架构建设，第三个是职业教育学分银行体系建设。高等职业教育资历架构建设，从高等职业教育立法、国家高等职业教育资历（副学士、学士、硕士、博士）架构及其建设标准、高等职业教育资历建设实施深入展开；非学历职业资历架构建设，从非学历高等职业资历教育立法、职业资格与非学历职业资历架构建设两个不同侧面展开；职业教育学分银行体系建设分别从职业资历学分银行建设、高等职业教育资历学分银行建设、中等职业教育学分银行建设三个不同层面分别展开。在本章建立的国家产业大学结构及其运行机制模型，系统地描述了国家学分银行在高等职业教育产业循环中实现高等职业教育学分积累与转换的重要功能；在中等职业教育学分银行理论模型中，详细阐述了中等职业学校学分积累在高等职业教育机构实现学分转换的重要功能。

第七章的题目是，高等职业教育学分积累与转换的微观运行。本章有四个主要内容。第一个是高等职业教育的双轨运行；第二个是高等职业教育资历架构下的产业循环；第三个是高等职业教育学分银行的跨界运营；第四个是高等职业院校第二课堂成绩单制度的高效运行。高等职业教育的双轨运行，详细地论证了产业导向与学校导向的双轨运行、学历学位教育与学历资历教育双轨运行、双高架构的高等职业教育双轨运行。

高等职业教育资历架构下的产业循环，通过科学假设，建立模型，解析模型传导机制的研究方法论证了高等职业教育学分银行的两个系统循环，第一个循环是高等职业教育主体与学习者之间的教育循环；第二个循环是学分银行与学习成果流通的学分积累与转换循环。高等职业教育学分银行的跨界运营，主要阐述高等职业教育学分银行跨界业务、社会化服务和国际化服务。高等职业院校第二课堂成绩单制度的高效运行，详细介绍了广州南洋理工职业学院"一心双环三融合"第二课堂成绩单运行机制模型。

本书的结构分为序、导论、正文和附录四个部分。其中序由清华大学天津高端装备研究院原副院长李垣明教授所作。导论部分介绍了《中国高等职业教育学分积累与转换研究》选题的立项情况、研究进程、所遇到的困难以及本选题的重要价值和意义，介绍了本专著的解题思路，对各章节研究的主要问题进行了总结性描述。正文部分共七章 26 节，从中国高等职业教育跨界转型的破题背景、疫情防控倒逼高等职业教育学分制度变革；学分积累与转换：基于世界多极化发展的实证分析、高等职业教育学分积累与转换的教育经济学问题、高等职业教育学分积累与转换的假定前提、高等职业教育学分积累与转换制度体系建设、高等职业教育学分积累与转换的微观运行等七个方面展开了对本选题的实证研究和规范分析。附录部分有四个内容，其中"推进高等职业教育跨越发展的建议""建立吉林市国家职业教育产业示范园区的建议"和"推进职业教育开放发展的建议"是 2016 年我向国家发展和改革委员会提交的国家"十三五"规划建议；"我向总理说句话"是 2015 年我通过中国政府网提交的向李克强总理建言。这些建议和建言得到了国家发展和改革委的高度重视，获得国家五年规划建言献策活动一等奖，其中主要观点在国民经济"十三五"规划纲要中有所体现。

我希望本成果能够得到教育部职业教育与成人教育、人力资源和社会保障部有关部门、省（市）教育行政管理部门的重视，为高等职业教育专家学者进一步深入研究高等职业教育学分制改革提供参考，为应用型本科和专科院校、技师学院、职工大学及社会职业培训机构提供教育教学深化改革的理论依据，为普通高校高等职业教育学博士、硕士研究生深入研究中国高等职业教育提供有用学术支持。

第一章

破题背景：中国高等职业教育的跨界转型

跨界与转型是中国高等职业教育发展进程中的首要命题，是中国高等职业教育的国家需求、社会需求和经济发展需求。实现中国高等职业教育的跨界转型发展，必须破解产教融合、体系建设和微观运行过程中的瓶颈问题。这些瓶颈问题包括：产教融合理念与运行的矛盾冲突，产业系统与教育系统对接的上层建筑问题，高等职业教育体系一体化、产业化和社会化取向的发展问题，微观运行过程中的体制创新、运行机制和教学改革问题。践行中国高等职业教育跨界转型的发展道路，需要探索发现国家资格框架下的中国产业大学建设，中国高等职业教育体系在中国高等教育类型和层次边缘之间的跨界转型，中国高等职业教育产业联盟与学分制度的创新与融合。

中国高等职业教育改革和创新的深水区，是践行社会主义市场经济体制下产教深度融合，高等教育学术人才和应用人才分类培养体系[1]与职业教育高层次技术和技能人才培养体系双重定位，职业教育与高等教育共同作用下的中国特色高等职业教育"创新、协调、绿色、开放、共享"[2] 发展的伟大实践。高等职业教育的跨界转型，是

---

[1] 国务院办公厅：《国务院办公厅关于深化产教融合的若干意见》（国办发〔2017〕95号），成文日期：2017年12月5日，发布日期：2017年12月19日，http://www.gov.cn/zhengce/content/2017-12/19/content_5248564.htm。

[2] 中共中央：《中共中央关于制定国民经济和社会发展第十三个五年规划的建议》，人民出版社，2015年10月29日。

高等职业教育产业和国民经济市场化运行产业部门之间双向融合的跨界转型。从跨越的视角来看，是高等职业教育产业和国民经济市场化运行产业之间的相互跨界，即高等职业教育与国民经济其他产业部门在社会化大生产背景下的融合和市场化运营。从转型的视角来看，是高等职业教育体制由计划模式向市场运行机制的转型，是学术导向下的普通高等教育向应用型高等职业教育的转型，是高等职业教育由计划模式向市场机制发展方式的转型，是高等职业教育主体由外延式增长方式向内涵式发展方式的转型。

第一节 高等职业教育跨界转型发展的现实需求

中国高等职业教育是20世纪80年代计划经济向市场经济转型过程中的产物。近40年的发展历程，中国高等职业教育已经成为世界上规模最大的应用型高等教育和层次最高的职业教育。高等教育和职业教育双重属性的融合发展，已经构成世界高等教育发展进程中的重大命题。中国高等职业教育跨界转型发展的现实需求，是高等教育和职业教育双重属性融合发展的国家需求，高等职业教育体系细分类型和层次之间跨界转型的国家需求，高等教育产业与国民经济其他产业部门融合发展的国家需求。

一 中国高等职业教育跨界转型发展的国家需求

1. 中国高等职业教育体系跨界转型发展的国家需求

根据中共《国家中长期教育改革和发展规划纲要（2010—2020年）》《国务院关于加快发展现代职业教育的决定》《国务院办公厅关于深化产教融合的若干意见》等文件的描述，到2020年中国应当建成技术技能型人才和高等应用型人才分类培养，高等职业专科、应用技术本科和专业学位研究教育纵向衔接，高等教育、职业教育与产业系统横向融合，适应经济发展方式转变和产业结构调整要求，体现终身教育理念的现代高等职业教育体系。可见，中国高等职业教育具有普通高等教育的一般属性，也具有职业教育的共性特征。作为普通高等教育的一般属性，高等职业教育应当具有能够与国际接轨的学历层次和学位系列；作为职业教育的共性特征，高等职业教育应当实现学校教育与社会生产运行产业之间的高度融合。要实现"紧密围绕产业需求，强化实践教学，完善以应用型人才为主的培养体系。推进专业学位研究生产学结合培养模式改革，增强复合型人才培养能力"①的人才培养目标，就必须破解目前高等职业教育学位残缺（中国的高职院校没有专科层次的学位授予权）、产教融合两层皮、完全学分制度建设滞后等诸多瓶颈问题。而破解这些难题的先决条件，就是实现部分普通高等学校向应用型转型，学校部门与产业部门之间的相互跨界，高等职业学历教育与学位教育与国际接轨。

2. 中国高等职业教育体制跨界转型发展的国家需求

2017年12月国务院办公厅发布的《国务院办公厅关于深化产教融合的若干意见》指出：深化产教融合，促进教育链、人才链与产业链、创新链有机衔接，是当前推进人力资源供给侧结构性改革的迫切要求，对新形势下全面提高教育质量、扩大就业创业、推进经济转型升级、培育经济发展新动能具有重要意义②。可见，促进教育链、人才链与产业链、创新链有机衔接对于实现国家宏观经济发展目标，推进产业结构转型升级，实现国家创新战略，推进国民充分就业的重大意义。高等职业教育的深化改革的重要作用就是促进国家教育链、人才链与产业链、创新链有机衔接和协同发展。推进市场经济体制下国民教育部门、科学与技术部门、产业部门、人力资源市场多部门和多主体的创新发展和协同发展，就是要创新高等职业教育体制，改变以高等学校为单一主体的教育运行模式，实现教育、科技、产业、家庭、社会、政府多主体融合跨界转型的发展态势，构建"形成适应经济发展方式转变和产业结构调整要求、体现终身教育理念、中等和高等职业教育协调发展的现代职业教育体系，满足人民群众接受职业教

---

① 国务院办公厅：《国务院办公厅关于深化产教融合的若干意见》（国办发〔2017〕95号），2017年12月5日，http：//www.gov.cn/zhengce/content/2017 – 12/19/content_5248564.htm。

② 国务院办公厅：《国务院办公厅关于深化产教融合的若干意见》（国办发〔2017〕95号），2017年12月5日，http：//www.gov.cn/zhengce/content/2017 – 12/19/content_5248564.htm。

育的需求,满足经济社会对高素质劳动者和技能型人才的需要"的高等职业发展格局①。

3. 中国高等职业教育产教融合跨界转型的国家需求

中国高等职业教育的特殊属性决定了其发展路径的个性轨迹。从高等教育的视角来看中国高等职业教育使命,是培养能够适应国民经济可持续发展的高等应用型人才;从职业教育的视角来看中国高等职业教育的使命,是培养能够满足地方经济可持续发展,服务国民经济产业结构不断优化的高技术与高技能型人才。中国高等职业教育的发展虽然需要学习和借鉴国内民国时期和中华人民共和国成立初期职业教育产教融合的成功经验,学习和借鉴国外高等教育和职业教育产学研、"双元制"、项目导向教学模式、模块式教学等一系列产教融合的成功经验②,然而不能照搬和照抄,因为今天中国现代高等职业教育的发展环境已经颠覆了民国时期的政治背景和中华人民共和国成立初期的计划经济体制,今天中国的综合国力还不完全具备现代西方发达国家推进教育强国的经济实力,穷国办大教育仍然是中国国民教育发展的基本国情。因此,随着时代的发展,要实现中国高等职业教育产教融合发展的国家需求就必须走符合中国国情、适应中国社会主义市场经济体制和经济发展不充分和不平衡基本国情的发展道路。在未来十年内,构建高等职业教育与区域发展布局融合发展,高等职业教育融入国家创新体系和新型城镇化建设,高等职业院校学科专业建设与产业转型相适应,健全和完善学科、专业建设与产业转型相适应的高等职业教育发展格局③。实现中国高等职业教育产教融合的国家需求,步步紧逼中国高等职业教育主体(高等职业院校、行业企业、政府部门)在各项工作之间的跨界和转型。

---

① 教育部:《国家中长期教育改革和发展规划纲要(2010—2020 年)》,2010 年 7 月 29 日,http://www.gov.cn/srcsite/A01/157048/201007/t20100729_171904.html_gs_ws=tqq_635879677144434007。

② 刘蓓、汪长明:《高等职业教育产教融合体系建设的探索》,《中国农业教育》2017 年第 2 期。

③ 国务院办公厅:《国务院办公厅关于深化产教融合的若干意见》(国办发〔2017〕95 号),2017 年 12 月 5 日,http://www.gov.cn/zhengce/content/2017-12/19/content_5248564.htm。

二 中国高等职业教育跨界转型发展的社会需求

1. 中国高等职业教育推进终身教育的社会需求

从2002年党的十六大报告提出要"形成全民学习、终身学习的学习型社会，促进人的全面发展"①到2018年党的十九大报告提出"加快建设学习型社会，大力提高国民素质"②的16年间，建设学习型社会和终身教育的提法多次出现在党和国家的重要文献当中。可见，建设学习型社会和终身教育已经成为中国社会发展的一个重要的风向标。在建设学习型社会的过程中，继续教育、职业培训、学前教育和老年教育是国家终身教育的重要组成部分，而高等职业教育的学校教育、继续教育、职业培训和参与社区教育的特殊功能决定了其在建设中国终身教育体系过程中的重要地位和作用。纵观2006—2018年党中央、国务院和教育部关于高等职业教育内涵发展和深化改革的战略决策和顶层设计，工学交替、校企合作、产教融合、学分制度改革、普通高校向应用型转型等关键词频频出现在党和国家的政策文件当中，这预示着中国高等职业教育的发展格局将彻底颠覆专科层次断头教育、以学校为主体学校教育的办学模式和运行机制，高等职业教育已经开始走向学历、学位层次合理，面向国民经济各个产业部门深化产教融合、多主体跨界转型、协同创新的发展道路。在终身教育的理念下，"努力让每个人都有人生出彩的机会"③已经构成中国高等职业教育向终身教育跨界转型发展的时代追求。

2. 中国高等职业教育实现国民充分就业的社会需求

实现国民充分就业是世界上大多数国家宏观经济调控的目标之一，也是中国宏观经济调控的主要目标之一。中国高等职业教育跨界转型发展，实现国民充分就业的社会需求是：建立能够解决中国由于

---

① 江泽民：《全面建设小康社会，开创中国特色社会主义事业新局面——在中国共产党第十六次全国代表大会上的报告》，《人民日报》2002年11月8日第2版。

② 习近平：《决胜全面建成小康社会 夺取新时代中国特色社会主义伟大胜利——在中国共产党第十九次全国代表大会上的报告》，人民出版社2017年第1版，第58页。

③ 《习近平：加快发展职业教育 让每个人都有人生出彩机会》，2014年6月23日，人民网，http://politics.people.com.cn/n/2014/0623/C1024-25188997.html。

经济发展不平衡和由于经济结构调整而带来的结构性失业和摩擦性失业,即因技术进步、产业结构、劳动年龄和需求偏好变化而引起的职业转换过程中的暂时性失业的"蓄水池"。这个"蓄水池"的主要作用是减少失业人员带来的社会压力,提升全社会劳动力的就业水平和质量,创造每一个从业者职业人生出彩的机会。高等职业教育的这个"蓄水池"与社会职业培训既具有密切的联系又具有本质的区别,这个密切的联系是在推进国家终身教育体系建设进程中,社会培训机构与高等职业教育机构的协同推进;这个本质的区别是,高等职业教育的这个"蓄水池"不只是解决失业者实现就业的简单问题,而是促使失业者人生出彩,提升国家劳动力大军整体职业素质的问题。从国家的利益上看,这个高等职业教育的"蓄水池"需要在经济波动的情况下缓解整个社会的就业压力,在中国人力资源大国向人才强国转型的过程中起到催化剂的重要作用;从社会公众的利益上看,这个"蓄水池"需要满足从业者在失业或者隐性失业①的过程中提升职业资本,实现职业人生规划不同阶段的人生目标;从家庭的利益上看,这个高等职业教育的"蓄水池"是实现家庭安居乐业的避风港和走进小康社会的必经之路。

3. 中国高等职业教育自身可持续发展的社会需求

2015年10月中国共产党第十八届五中全会提出了"创新、协调、绿色、开放、共享"的五大发展理念,这五大发展理念是中国社会发展的指导思想,是中国高等职业教育深化改革和创新发展的方向。要实现中国高等职业教育"创新、协调、绿色、开放、共享"发展,就需要推进中国高等职业教育在宏观、中观和微观不同层面的跨界和转型,这是中国高等职业教育实现可持续发展的社会需求。从宏观的视角来看,这个社会需求是实现国家教育行政部门对高等职业教育多头管理的协调发展。具体地说,就是实现国家教育部门、人力资源和社会保障部门、国家财政部门、国家民政部门和地方政府的行

---

① 隐性失业,是指具有劳动能力并在职工作但工作量不足,不能通过工作获得社会认可的正常收入,虽有工作岗位但未能充分发挥作用的失业,或在自然经济环境里被掩盖的失业。——笔者注

政职能，在共同推进高等职业教育可持续发展的进程中的协同推进。从中观的视角来看，这个社会需求是实现社会主义市场经济对高等职业教育资源配置的基础性作用，具体地说就是充分利用市场的杠杆作用，推进高职院校、应用型普通高校、科研院所、行业企业、社会培训部门实现高等职业教育资源的共享，实现中国特色的高等职业教育产业化发展、网络化发展和国际化发展。从微观的视角来看，这个社会需求是实现高职院校、应用型本科高校推进高等职业教育的开放发展、创新发展和共享发展。具体地说就是实现高职院校、应用型本科高校创新办学体制、开放办学模式、共享教育资源，推进产教融合的社会化发展。

三 中国高等职业教育跨界转型发展的经济需求

1. 人才培养供给侧和产业需求侧均衡发展的动态需求

实现人才培养供给侧和产业需求侧的均衡发展，是中国经济对高等职业教育深化改革的现实需求。进入 21 世纪以来，中国高等职业教育深化改革的压力只增未减，一个突出的问题是："受体制机制等多种因素影响，人才培养供给侧和产业需求侧在结构、质量、水平上还不能完全适应，'两张皮'问题仍然存在。"[1] 从本质上来说，人才供给侧与产业需求侧非均衡发展的矛盾运动，其根源同时存在于矛盾的双方，并且同时处在一个统一体当中。从高等职业教育供给侧来看这一矛盾运动，是高等职业教育主体对政府和市场机制双重需求。这个双重需求一方面表现在高等职业教育主体（地方政府、高职院校、应用型本科高校、行业企业）对中央政府财政投入的巨大需求，对国家在高等职业教育体制改革的政策性扶持，对解决高等职业教育区域不平衡问题的战略和策略选择；另一方面表现在对市场机制调节高等职业教育均衡发展的法治需求。即通过国家立法建立高等职业教育主体优胜劣汰的准入和退出机制，高等职业教育主体的资源市场化准入

---

[1] 国务院办公厅：《国务院办公厅关于深化产教融合的若干意见》（国办发〔2017〕95 号），2017 年 12 月 5 日，http://www.gov.cn/zhengce/content/2017-12/19/content_5248564.htm。

和退出机制。从中国产业需求侧来看这一矛盾运动，是国家、地方政府、国民经济各个产业部门对高等职业教育主体深化改革的巨大需求，这个巨大需求首先体现在对高等职业教育深化产教融合的巨大需求，其本质是高等职业教育融入社会化大生产和产业融入高等职业教育的双重需求；其次体现在对变革高等职业教育生产关系的巨大需求，即对高等职业教育主体在学科（指应用型本科高校）、专业（指高职院校）优化、师资队伍建设职业化（即双师结构或双师型）、教学模式多元化和产教融合一体化。

2. 国民经济转型升级对高等职业教育的内在需求

高等职业教育是国民经济的产业部门，以产教融合为主线的教育改革的实质是高等职业教育产业与国民经济其他产业在体制、增长方式和经济结构之间相互融合过程的跨界转型，这一过程对国民经济转型升级具有重大的现实意义和实践价值。从体制变革的角度来说，高等职业教育产业与国民经济其他产业相互之间的产教融合，客观要求计划体制和市场运行这两种不同体制的产业跨越不同经济制度的边界，通过机制转换构建相对稳定的运行模式。这样两种不同经济体制下的两种产业的跨界运行，无疑是国家经济体制变革的重大命题。从经济增长方式变革的角度来说，以产教融合为主线的高等职业教育深化改革的必然结果，是改变高等职业教育产业资源入口和出口的现状，改善国民经济产业部门的经济增长方式。具体地说，就是深化改革高等职业教育的招生制度和办学模式，将高等职业教育的运营过程嫁接到国民经济不同的产业部门，进而实现高等职业教育产业和国民经济其他产业部门在经济运行过程中的双赢。从经济结构变革的角度来说，以产教融合为主线的高等职业教育变革的结果，是健全和完善高等职业教育产学研和教学作为一体的教育体制，实现高等职业教育以就业和终身教育为导向的增长方式和发展格局。

3. 高等职业教育参与国民经济市场化运行的潜在需求

早在文艺复兴时期，英国人文主义教育家莫尔在其《乌托邦》中提出的儿童边学习边参加农业生产劳动的设想，马克思和恩格斯根据辩证唯物主义和历史唯物主义原理，指出教育与生产劳动相结合的现代教育发展规律，列宁继承和发展了马克思主义关于教育与生产劳动相结合的思想，提出无论是普通学校还是职业技术学校，都应实施综合技术教育，使学生掌握现代生产的基本原理和基本技术。毛泽东思想和邓小平理论在教育与生产劳动结合的内容和方法上不断有所创新。邓小平指出："教育同生产劳动相结合，重要的是整个教育事业要同国民经济发展的要求相适应。"进入21世纪以来，习近平中国特色社会主义思想进一步发展了教育与生产劳动相结合的马克思主义理论，提出了产教融合这一国民教育发展战略构想。产教融合战略构想的提出，意味着高等职业教育参与国民经济市场化运行的可能。从国民经济市场化运行的基本前提预期高等职业教育发展态势，将会呈现科学研究为先导，国家和地方重大经济发展项目为支撑、行业企业为载体、高等职业教育主体（高职院校、应用型本科高校、行业企业、社会培训机构）为先导的高等职业教育市场化运行。这样的发展态势，势必把高等职业教育推向国家指导下产业化改革和市场取向创新、融入社会化教育与生产合二为一的中国特色高等职业教育外延扩张和内涵发展双向推进的发展格局。

第二节　高等职业教育跨界转型发展的难点问题

中国职业教育体制、体系建设现状和教育运行的传统模式，与实现产教融合的客观需求存在着巨大的差距，第一是多元化理念与"两张皮"运行的矛盾冲突，产业系统与教育系统对接的重重困难，"合二为一"产教融合战略的缺失；第二来自体系建设的细分类型与层次衔接，即体系建设进程的一体化、社会化和产业化发展问题，第三来自高等职业教育运行的产教融合问题，即体制、制度和机制创新发展问题。

一　中国高等职业教育跨界转型发展的产教融合问题

产教融合是实现产业与教育合二为一的人才培养活动，是实现职业院校教学过程的社会化生产，推进国家教育体制的深化改革和跨界与创新。

1. 多元化理念与"两张皮"运行的矛盾冲突

中国学者关于产教融合的研究起步于2007年，国家层面最早出现"产教深度合作"文字的文件出现在 2011 年①。2007—2017 年中国知网（CNKI）全文数据库平台显示的关于"产教融合"的文献共计 712 篇②。从应用型本科层面，盛正发（2018 年）分析认为，中国普通本科高校产教融合的模式可以分为四个方面，即：产教融合共建模式、产教融合研发模式、"双主体"育人模式和横向项目牵引模式。从高职院校（专科）层面，王丹中总结出"企+校""行+校""行+企+校""政+校""政+企+校"和"政+行+企+校"六种模式③。可见，在中国专、本高等职业教育的两个层面，产教融合的基本模式是多主体的多轨运行。从 2007 年到 2018 年党和国家关于产教融合相关文献的进展来看，目前产教融合还存在着多元化理念与"两层皮"运行的矛盾冲突。国务院办公厅发布了《国务院办公厅关于深化产教融合的若干意见》文件提出要"深化产教融合，促进教育链、人才链与产业链、创新链有机衔接"④。要实现高等职业教育的深化改革，推进高等职业教育产教融合的深入开展，解决学校和产业在产教融合方面的多元化运作的"两张皮"问题，已经成为中国高等职业教育深化改革和创新发展的一大难题。

2. 产业系统与教育系统融合的难点问题

从确立社会主义市场经济体制起，由过去计划经济时期所形成的"产教一体"制度便失去了存在的基础，基于社会分工所形成的"产业"和"教育"两大系统在市场化的洪流中"分道扬镳"⑤。从此，市场机制的基本规律导致中国的"产业系统"和"教育系统"开始

---

① 《教育部等九部门关于加快发展面向农村的职业教育意见》（教职成〔2011〕13 号）中出现："按照以服务现代农业为目标……等方面开展合作，促进产教深度合作，共同推进农业产业发展，提高为区域经济发展的贡献率。"

② 《国家中长期教育改革和发展规划纲要（2010—2020 年）》，教育部网站，2010 年 7 月 29 日，http://www.gov.cn/srcsite/A01157048/201007/t20100729_171904.html_gs_ws=tqq_635879677144434007。

③ 王丹中：《基点・形态・本质：产教融合的内涵分析》，《职教论坛》2014 年第 35 期。

④ 国务院办公厅：《国务院办公厅关于深化产教融合的若干意见》（国办发〔2017〕95 号），2017 年 12 月 5 日，http://www.gov.cn/zhengce/content/2017-12/19/content_5248564.htm。

⑤ 李政：《职业教育的产教融合：障碍及其消解》，《中国高教研究》2018 年第 9 期。

有了各自的运行机制、发展策略、行动准则和改革取向。"产业系统"利益最大化的"利己本性"与"教育系统"公益性的社会需求造成了中国社会主义市场经济初级阶段产教融合难以调和的社会矛盾。在 21 世纪初期,由于国家立法、政府监管和制度建设上的缺位,使得"产教融合"在"资本逐利"的影响下失去了原有的价值,甚至走向了违法的禁区①。一些高等职业教育机构所践行的"工学结合和企业实践"实质上已变成了"变相输出免费劳动力"。然而,市场经济体制下却不缺少实现产教融合的政治环境和经济基础。有研究显示,在德国建立了市场经济体制下完整配套的产教融合法律体系;在新加坡,"教学工厂"的产教融合发展模式也取得了成功的经验;在美国,"合作教育"产教融合的发展模式成果斐然;在英国,现代培训框架的产教融合发展模式成效显著;在荷兰,"产教融合、合作共赢"的校企合作的发展之路越走越宽广②。追其根源,中国高等职业教育实现产教融合的障碍,是社会主义计划经济向市场经济转型初级阶段的发展中问题,是国家政治体制改革和经济体制改革的发展中问题,是国民经济产业之间深层次调整的发展中问题,同时也是中国高等职业教育生产力和生产关系创新发展的深层次问题。

3. 产业与教育"合二为一"产教融合国家作为的缺失

从教育体制的角度来看,产教融合是政府、教育与产业多主体组织形态下的有机结合;从运行机制的角度来看,产教融合是教育与产业通过产权融合和生产方式嫁接构建的"合二为一"的教育经济运行单元。中国是世界高等职业教育规模最大的国家,也是高等职业教育发展环境最为复杂的国家。因而,实现中国高等职业教育的产教融合,照搬世界上任何国家产教融合的成功模式都是很难行得通的。这是中国的政治制度、市场经济发展进程、教育资源区域性失衡和高等职业教育自身多细分类型、多层次和多重体制所造成的。因此,实现中国经济社会现状下的产教融合,更需要国家方案和国家战略下的国

---

① 李政:《职业教育的产教融合:障碍及其消解》,《中国高教研究》2018 年第 9 期。
② 刘蓓、汪长明:《高等职业教育产教融合体系建设的探索》,《中国农业教育》2017 年第 2 期。

家作为。实现中国式的产教融合的过程,其实质是实现对高等教育和职业教育的深化改革,是实现高等职业教育颠覆式变革。国家作为与社会主义市场机制的有机结合,能够起到实现教育和产业这两大系统实现产教融合桥梁和纽带的关键性作用。这个关键性作用的具体体现,第一是提供推进高等职业教育开放和创新发展,实现产教融合以就业为导向,以社会化生产为载体,以教育教学创新为宗旨,以实现国家教育链、人才链、产业链、创新链有机结合为目的的国家项目(如乡村振兴项目、国防教育项目、国家治理沙漠项目、环境治理项目);第二是为产教融合的高等职业教育主体提供制度和政策支撑;第三是加快建立健全保障国家产教融合项目、高等职业教育产教融合主体、高等职业院校实施产教融合创新实践的法律规范和制度体系。

二 中国高等职业教育跨界转型发展的体系建设问题

1. 中国高等职业教育体系建设的一体化问题

中国的高等职业教育具有多重属性,它先是职业教育体系的较高层次,然后又是普通高等教育体系中部分普通高校向应用型高校转型的产物。因此,中国高等职业教育体系建设,必然是高等教育体系与职业教育体系之间的跨界融合,必然会遇到高等教育和职业教育两个类型的国民教育一体化发展现实问题。实现中国高等职业教育体系的一体化建设,需要解决纵向多层次一体化发展的问题,横向多主体产教融合一体化发展的问题,纵向衔接与横向协同下的类型和层次之间一体化协同发展的问题。高等职业教育纵向发展的一体化问题,是多部门(教育部高教司、职成教司、国家人力资源保障部门)的协同管理问题,跨体系(高等教育和职业教育体系)纵向衔接的教育创新问题,不同层次(专、本)之间招生制度的改革问题;高等职业教育横向多主体产教融合一体化发展的问题,是实现产教融合之后的教育主体问题,即以学校、产业为主体还是以经济项目建设为主体的社会化发展问题;高等职业教育纵向衔接与横向协同一体化发展的问题,是高等职业教育体系建设进程中的完全学分制改革问题,以就业为导向的受教育群体的充分就业问题,高等职业教育体系建设融入国家终身教育体系的问题。

2. 中国高等职业教育体系建设的产业化问题

高等职业教育是国民经济的产业部门。由于高等职业教育产业直接参与国民经济的经济运行，因而与国民教育其他产业部门具有重要区别。第一，高等职业教育是直接融入市场化运行的产业部门，高等职业教育不仅具有服务社会的公益性，也具有直接或间接获得市场利益的盈利性。第二，高等职业教育的产教融合使其教育资源同时具备了社会化生产性资源的属性，高等职业教育资源因而能够由教育资源转向教育资本，能够在教育生产的过程中获取租金形式利润。第三，高等职业教育的人力资源具有教育和产业的双重属性，因此在教育运行过程中能够在教育和产业之间跨界流动。第四，高等职业教育创新不仅是教育创新，而且还是服务社会和服务产业发展的创新。因此，高等职业教育体系建设需要融入社会和经济的双重运行。

然而，中国目前的高等职业教育还没有推进到以政府为主导、以市场为驱动、以社会为载体的发展阶段，因而存在市场经济导向下的诸多经济问题。第一是高等职业教育的盈利性问题，即高等职业教育运行不能直接为社会提供服务经济和社会的劳动产品。第二是高等职业教育资源向生产性资源的转化问题，即高等职业教育资源还不能向资本转化，不能取得应有的租金形式的利润。第三是高等职业教育师资的属性问题，即高等职业教育师资还不能实现教育和产业双重身份的职业人。第四是高等职业教育创新的经济属性和社会属性问题，即高等职业教育科研向服务社会和生产倾斜，高等职业教育科研成果向服务社会和产业部门转化问题。

3. 中国高等职业教育体系建设的社会化问题

从中国高等职业教育国家发展战略的层面来看，高等职业教育体系社会功能包括推进国民充分就业，服务地方经济转型和优化发展，协同社区终身教育体系建设，支持国家以新型城镇化建设、反哺农村职业教育、推进老龄化人群养老事业发展等国家创新工程建设等。因此，高等职业教育体系建设的客观要求，是构建以服务社会发展为纽带的教育链、产业链和创新链。要构建服务社会发展教育链、产业链和创新链，必须实现高等职业教育系统、产业系统和社会系统各自运行边界的跨越，必须推进高等职业教育系统、产业系统和社会系统各自运营职能的转型,必须实现这三大系统的协同创新和协调发展。站位于这一高度来思考中国高等职业教育体系的社会化建设,还存在诸多的问题。第一,高职院校服务地方社会发展能力还比较薄弱,要支持家政、健康、养老、文化、旅游等社会领域专业发展[1],还需要高职院校在学科(本科及其以上)和专业(专科)的建设上加大改革和创新力度,推进与社区职业培训和相关机构的合作办学。第二,高等职业教育在推动新型城镇化建设、反哺农村职业教育方面也比较薄弱,突出问题是高职院校与新型城镇化建设之间协同创新的能力较弱,特别是学校与地方横向科技创新、科学立项、科技成果转化动力不足;高职院校与农村职业教育之间缺乏有效协同的桥梁,专业建设和农业产业的关联性不强,因而反哺农村职业教育的能力较弱。第三,在协同推进终身教育方面,高等院校涉及幼师和老龄教育的专业以及参与社区相关项目建设方面也存在巨大的差距。

三 中国高等职业教育跨界转型发展的微观运行问题

1. 中国高等职业教育跨界转型发展的体制创新问题

中国高等职业教育产业既是国家财政的重要支出部门,同时也是中国教育市场的巨型消费部门。然而,中国的高等职业教育不是义务教育,也不是市场取向下的产业化教育。中国高等职业教育的资本运作主要来自国家的巨额投入,同时也包括家庭部门的学费支出。在产教融合的理念下,中国高等职业教育的运行已经跨越了高等教育部门,融入了市场化的国民生产过程。中国高等职业教育微观运行的主体是高职院校和应用型本科高校,这一运行模式没有融入市场化运营产业部门的产权运作。从经济利益的视角来看,中国高等职业教育是国民经济运行中的一块巨大蛋糕,然而分享这块蛋糕的"主人"却只有高等职业教育主体自身,这样的产权结构必然会出现这样或那样的经济问题,必然会导致中国高等职业教育规模与服务国民经济能力

---

[1] 国务院办公厅:《国务院办公厅关于深化产教融合的若干意见》(国办发〔2017〕95号),2017年12月5日,http://www.gov.cn/zhengce/content/2017-12/19/content_5248564.htm。

之间的巨大反差。中国高等职业教育产权问题的根源是国家对高等职业教育的垄断，尽管国家允许非公有资本进入高等职业教育产业，但相对苛刻的门槛条件使得大量的民营资本望而却步。中国高等职业教育事业需要国家垄断，但是也需要融入社会主义市场机制下的创新和开放。从这一层意义上来看，中国高等职业教育跨界转型发展的体制创新问题，是国家垄断与市场机制双重作用下高等职业教育主体的边界问题，即在国家重大高等职业教育项目，如国家产业大学建设、双高项目工程建设上的国家垄断；在高等职业教育融入产业发展和民营资本，实现跨界转型市场导向下的资本运作和开放创新。

2. 中国高等职业教育跨界转型发展的运行机制问题

中国高等职业教育的跨界和转型发展，面临主体多元化、产权市场化、资源社会化的发展路径。以国家为主体的国家垄断高等职业教育项目、以双高建设为龙头的高等职业院校建设、以产业学院项目为突破口的高职院校（含应用型本科高校）产业化运作是这一路径的基本方向。在这样的发展格局下，改革和创新目前高等职业教育的运行轨迹，构建适应中国政治、经济和社会背景下的运行机制是摆在政府、教育和产业部门面前必须应对的时代命题，破解这些命题第一要搞清楚这一命题的解题思路和步骤。这一命题的解题思路是在国家政治利益、经济利益和社会利益的导向和驱动下，围绕中国"两个一百年"的发展战略打造21世纪中国特色的中国方案和国家项目，推进21世纪初以产教融合为主线的高等职业教育开放式发展和市场化创新，实现国家垄断和市场化运作两条路线下双轨运行目标的融合。第二是破解这一时代命题的步骤和方法，步骤是构建中国高等职业教育跨界转型的运行机制，方法是健全和完善保障高等职业教育跨界转型的国家法治框架。从这个意义看是，中国高等职业教育跨界转型发展的运行机制问题，第一是国家垄断和市场的融合问题，第二是国家方案和国家作为的滞后和缺失问题，第三是微观运行主体开放创新运行的国家扶持和政策保障问题，第四是教育部门庞大的生产型资源和产业部门庞大的教育型资源相互转化和利用的资源配置问题。

3. 中国高等职业教育跨界转型发展的教育教学改革问题

2017年10月18日，习近平总书记在中国共产党第十九次全国代表大会上的报告中提出,"中国特色社会主义进入新时代,我国社会主要矛盾已经转化为人民日益增长的美好生活需要和不平衡不充分的发展之间的矛盾"①。"我国社会主义建设的根本任务,是进一步解放生产力,发展生产力,逐步实现社会主义现代化,并且为此而改革生产关系和上层建筑中不适应生产力发展的方面和环节。"② 当今中国高等职业教育事业,就是要满足人民日益增长的对美好生活的需要,就是要满足国民经济发展生产力的需要,就是要满足国民充分就业的需要,就是要满足中华民族为实现伟大复兴而终身学习的需要。从人民的需要和国家的需要来认识中国高等职业教育跨界转型发展,目前的高等职业教育在教育教学改革和创新的进程中还存在很多问题。从纵向高等职业教育的衔接上来看,目前高职院校的教育质量和水平还不能满足受教育者的基本需求,在通识教育和专业教育课程的教学方面,教师教不会学生、学生听不懂教学内容和看不见生产过程的情况还普遍存在;教、考一体化应试教育的弊端,导致教师和学生应对教育评价协力同心;信息社会的负外部性和教学管理的无能为力,使得手机成为学生的"第二课堂",因而导致学生接受课堂教育的机会成本无限上升。从横向校企合作、产教融合、协同育人的方向来看,目前高职院校"两张皮"的现象还比较突出,学生就业所学非所用的情况、就业后因所学专业不对口而隐形失业的情况仍然比较突出。从根源上剖析,这些问题的焦点是高等职业教育生产力水平比较低下,教育生产关系还不能满足深化改革和教育创新的国家需求。

第三节　高等职业教育跨界转型发展的节点问题

实现高等职业教育的跨界转型发展,就是践行党和国家"创新、协调、绿色、开放、共享"的发展理念,全面推进国民教育体系和国家终身教育体系的协调发展,构建高等职业教育推进国民经济结构调

---

① 习近平:《决胜全面建成小康社会　夺取新时代中国特色社会主义伟大胜利(中共中央十九大报告)》,人民出版社 2017 年版,第 14 页。
② 《中国共产党章程》,《人民日报》2017 年 10 月 25 日第 2 版。

整和降低国民经济下滑风险的经济基础。

高等职业教育跨界转型发展是高等职业教育主体（高职院校、应用型本科高校、参与高等职业教育的行业企业和社会培训机构）共同推进高等职业教育的社会化发展。如果从产业经济学的视角描述和诠释高等职业教育的跨界转型发展，建设"创新、协调、绿色、开放、共享"①的高等职业教育体系，是高等职业教育跨界转型发展的时代使命。破解高等职业教育跨界转型发展的时代使命，是"十三五"期间推进高等职业教育可持续发展的必要前提。从国家终身教育体系建设的长远目标界定高等职业教育的跨界转型发展，这个跨界转型发展的轨迹具有三维立体的结构特征：第一个维度是高等教育体系内部职业教育的跨界转型发展，第二个维度是职业教育体系的跨界转型发展，第三个维度是社会职业培训事业的跨界转型发展。高等职业教育跨界转型发展的节点问题，其实质是高等职业教育的生产力要素问题。即：人（教育管理者、教育者和受教育者）的问题、资源的问题、不变资本和可变资本的问题。

一　高等职业教育跨界转型发展的第一类节点

高等职业教育跨界转型发展的第一类节点是人②（教育管理者、教育者和受教育者），如果将三维的高等职业教育看作一个整体，那么这类节点的作用是链接这个机体的动脉系统。在高等职业教育体系的发展链条中，高等职业教育的经济基础（高等职业教育生产关系总和）必须由人来链接和实现，因而人是高等职业教育经济基础的桥梁和纽带。

（1）从思想观念上来看高等职业教育跨界转型发展中人的问题。高等职业教育是高等教育的一个类型，高等职业教育肩负着全面提升人力资源素质和水平的重任。实现国民充分就业和大众创业万众创新是高

---

① 2015年中共十八届五中全会上，习近平总书记提出了党在新时期"创新、协调、绿色、开放、共享"的治国理念。

② 笔者注：这里所说的人是指高等职业教育的管理者、教育者和受教育者。包括应用型本科高校、高职院校、高级技工学校、技师学院、特色学院的院校长，教师群体、职业技术科研院所的科研人员、行业企业的工程技术人员及能工巧匠。在校大、中专学生，在职或失业的高等职业教育受教育者群体。

等职业教育的重要使命，高等职业教育跨界转型发展是我国高等教育改革、创新的突破口。从我国国民经济发展对高等职业教育跨界转型发展的现实需求来看，高等职业教育跨界转型发展还处在理论探索的入口处，高等职业教育主体还没有理清教育管理者、教育者和受教育者的使命和责任。在高等职业教育跨界转型发展的进程中，作为高等职业教育跨界转型发展节点的管理者（应用型本科高校、高职院校、技师学院、特色学院①的院校长）必须在理念上、决策上和行动上紧跟党和国家加快发展高等职业教育的战略决策，敢于实践、大胆创新。根据教育部《高等职业教育创新发展行动计划（2015—2018年）》，在"十三五"期间创新办学体制、开放教育资源、调整专业结构、改革教学模式、实现对外开放将成为高等职业教育跨越发展的改革取向，这将成为应用型本科高校、高职院校、技师学院、特色学院院校长们推进高等职业教育跨界转型发展的重大挑战；作为高等职业教育跨界转型发展节点的教育者（应用型本科高校、高职院校、技师学院、特色学院的教师群体）需要树立职业技术素质教育理念，从就业形势教育、职业生涯规划教育、创业教育、创客培育、大学生创业等多种职业技术教育创新的渠道提升职业技术素质教育的质量和水平。从市场机制下的资源配置、大学生就业和创业的高度规划教育教学的改革和创新。作为高等职业教育跨界转型发展节点的受教育者（应用型本科高校、高职院校、技师学院、特色学院的学生群体）必须摆脱应试教育的阴影，学院包分配的传统观念，确立正确的职业生涯规划和职业发展目标，加强自身职业修养，大胆走向自谋职业、自主创业的自我发展道路。

（2）从国家顶层设计看高等职业教育跨界转型发展的人的问题。2014—2015年期间，教育部等六部委出台了《现代职业教育体系建设规划（2014—2020年）》，教育部制定了《高等职业教育创新发展行动计划（2015—2018年）》，这两个文件的出台对高等职业教育的跨越发展做出了重大的战略部署，是国家层面对高等职业教育的顶层设计。深入领会这两个文件对高等职业教育未来发展的总体规划，能够找到高等

---

① 笔者注：这里说指的特色学院是行业企业、科研院所、高职院校和社会培训机构通过各种资源配置形式所构建的高等职业院校和职业培训机构。

职业教育跨越发展的逻辑主线。如果站位于高等职业教育跨界转型发展的高度深入研读这两个重要文件，不难发现国家顶层设计对高等职业教育跨越的重大举措。对于高等职业教育主体的管理者、教育者和受教育者来说，这既带来了史无前例的重大机遇，也形成了很难驾驭的重大挑战。对高等职业教育管理者（应用型本科高校、高职院校、技师学院、特色学院的院校长）来说，所带来的机遇是办学自主权的进一步扩大，共享和配置市场机制作用下的教育资源，办学体制和办学空间得到无限的释放；所带来的挑战是来自外围高等职业教育主体对教育资源、生源和办学环境的激烈竞争，教育主体内部教育生产力不断释放对教育体制、机制和制度创新压力的膨胀，自身教育生产关系与外界社会生产方式不断加大的矛盾运动。对高等职业教育主体的教育者来说，所带来的机遇是从事职业教育改革和创新的时空越来越大，课程改革和创新的局限越来越小，教师团队和个人提升学术、教改和职级的机遇越来越大；所带来的挑战是来自自我知识、技能、技术的局限越来越大，教育教学改革与创新对自身教育核心竞争力的要求越来越高，教学团队合作、教师与学生合作、教学与社会结合对教师职业素质的要求越来越高，职位、岗位晋升的难度和压力越来越大，教育教学创新提升的空间受到同行竞争者越来越大的排斥和挤压。对高等职业教育受教育者来说，所带来机遇是能够选择的学习环境越来越好，接受高等职业教育的自由度（专业选择）越来越高，就业和创业机遇越来越大，学历教育、职业教育和创业的提升空间越来越开放；所带来的挑战是转变应试教育对在校学生学习理念的束缚，形成团队合作、自主创新的自我发展理念，由被动学习走向主动学习，确立长远的职业生涯规划，学会自主择业、自主创业和职业创新。

二　高等职业教育跨界转型发展的第二类节点

高等职业教育跨界转型发展的第二类节点是资源（教学场地、实践环境、设施和设备、课程和教材、就业和创业基地、学徒制工厂、教师工作室等），如果将三维的高等职业教育体系看作一个整体，那么这类节点的作用是链接这个机体的静脉系统。在整个高等职业教育体系中，高等职业教育的微观运行必须由这个系统提供强力支撑，因而资源是高等职业教育跨界转型发展的桥梁和纽带。高等职业教育跨界转型发展的资源问题，主要来自有效资源供给不足问题、职业教育资源配置和建设问题。

（1）有效资源供给不足问题。高等职业教育跨界转型发展节点的作用，是实现高等职业教育体系的三维（横向、纵向、社会化发展）链接。能够实现这一功能的有效资源包括教学场地、实践环境、设施和设备，课程和教材、就业和创业基地、学徒制工厂和教师工作室。导致高等职业教育跨界转型发展进程中有效教育资源供给不足的主要原因，并不是这类教育资源的极度稀缺，而是高等职业教育体系本身的体制残缺。从高等职业教育跨界转型发展的纵向发展方向来看，专科层次高等职业教育与应用型本科高等职业教育还没有实现开放、协调和共享发展，无论从教育体制（高等职业教育集团）还是从资源配置的市场机制来看，都还没有形成有效的运行机制。导致这一现状的基本原因：一是来自高等职业教育体系的分类管理（应用技术类本科高等职业教育归高等教育司管理、专科层次高等职业教育归职业与成人教育司管理）；二是来自高等教育体系自身的矛盾运动（即部分普通高校向高等职业教育的转型一直处于现在进行时）；三是来自高等职业教育体系建设的发展进程（例如专科层次高等教育学位问题还没有解决）。这些问题的存在，阻碍了高等职业教育资源在不同类型、不同层次高等职业教育主体间的流动，致使应用技术型本科院校职业技术教育资源与专科层次高职院校学术教育和技术教育的智力资源不能实现资源配置。从高等职业教育跨界转型发展的横向发展方向来看，有效资源供给不足问题来自高等技工学校（技师学院）与高职院校之间技术教育与职业教育资源配置的渠道还没有形成。从高等职业教育跨界转型发展的社会化发展方向上来看，有效资源供给不足问题来自社会培训机构的职业教育资源还不能为高等职业教育所用。导致这一问题的直接原因是高职院校与社会培训机构在学历教育与职业资格教育之间还没有形成有效的沟通渠道，社会培训机构所进行的职业教育还没有被教育行政部门授予学历、学位教育的办学资格，解决这一问题还有待于高等职业教育学分积累与转换制度的发展和建设。

（2）职业教育资源配置问题。构建三维的高等职业教育跨界转型发展链条，需要大量的人力、物力、财力、智力和技术资源，如果只依赖国家投入和政策支持不可能满足这一巨大需求。这是因为，我国是发展中大国，人均职业教育资源相对不足是不争的事实，从协调发展的角度来看国家有限的职业教育资源也不可能全部投入到高等职业教育事业，这就使得资源配置成为高等职业教育跨界转型发展极其重要的节点问题。实现高等职业教育跨界转型发展的资源配置，有两条主要的渠道。第一条是高等职业教育的体制建设，第二条是市场机制对高等职业教育资源配置的基础性作用。

高等职业教育的体制建设有两条途径，第一条途径是走职业教育集团的发展道路，第二条途径是实现高等职业教育一体化发展。职业教育集团化发展，是目前我国高等职业教育实现教育资源配置的主要运作模式，然而从目前大多数高等职业教育集团的运行现状来看，还存在体制上的突出矛盾和问题。这些矛盾和问题的焦点表现在高等职业教育集团的组织形式和产权制度。组织形式的问题，来自高等职业教育集团内部松散的契约机制，突出表现是高等职业教育集团内部高职院校之外的集团成员没有真正履行高等职业教育的基本义务；产权制度的问题则更加突出，主要特征是高等职业教育集团中除了高职院校之外其他成员都不具有高等职业教育的法人资格。

市场对高等职业教育资源配置的基础性作用，是高等职业教育得以跨界发展的重要保障。实现市场对高等职业教育跨界转型发展资源配置的基础性作用，需要高等职业教育改革开放的背景和社会环境。然而，对于目前高等职业教育主体（高级技工学校和技师学院、高等职业院校、应用型本科高校、普通本科高校、行业企业、社会职业培训机构、职业技术科研院所）来说，实现市场对高等职业教育资源配置的基础性作用，还需要一个难以预期的时间周期。

（3）职业教育资源建设问题。作为高等职业教育跨界转型发展节点的教育资源，必须具备适应不同高等职业教育主体实现资源共享的本质特征，作为高等职业教育不同主体（高级技工学校和技师学院、高等职业院校、应用型本科高校、普通本科高校、行业企业、社会职业培训机构、职业技术科研院所）所占有的职业教育资源，要实现在高等职业教育体系发展进程中的资源共享,需要经历加工制作的工作过程。因此,对不同高等职业教育主体所占有教育资源的加工制作工作过程,笔者称之为职业教育资源建设。职业教育资源建设的主要内容,包括能够满足高等职业教育跨界转型发展运行的课程(仿真实训设施,案例教学、工作过程教学和项目教学模块的课程)建设,学徒制教学车间建设,就业和创业训练基地建设,大学生创客工作室建设等。这些职业教育资源建设工作需要高等职业教育主体单位共同协作才能完成。具体地说,仿真实训设施,案例教学、工作过程教学和项目教学模块的课程可以由专科层次的高职院校来实现;学徒制教学车间建设可以由高级技工学校(技师学院)或者企业和科研院校联办的特色学院来完成;就业和创业训练基地建设由企业和社会职业培训基地来完成;大学生创客工作室建设由高职院校或应用型本科高校来完成。总之,职业教育资源建设的目的是满足三维高等职业教育体系发展的微观运行,在高等职业教育体系发展进程中,每一个高等职业教育主体都是职业教育资源的建设者,同时共享职业教育资源建设的全部成果。

三 高等职业教育跨界转型发展的第三类节点

高等职业教育跨界转型发展的第三类节点是资本(资金、股权、技术、科研成果、品牌等),如果将三维的高等职业教育体系跨界转型发展看作一个整体,那么这类节点的作用是链接这个机体的毛细血管体系。在高等职业教育跨界转型发展进程中,高等职业教育的整个机体必须由这个系统提供血液和能量,因而资本是决定高等职业教育跨界转型发展动力的"食粮"。

(1)静态资本问题。静态资本是指在高等职业教育跨界转型发展中不能够发生转移的教学场所、实训设施和设备,用于实践教学的企业生产车间和环境,社会提供的就业和创业培训基地。在高等职业教育跨界转型发展进程中,任何一个高等职业教育主体都难以做到拥有理想状态的静态资本。比如,应用型本科高校和高职院校就很难建设起能够满足现代学徒制高等职业教育的教学工厂,而现代大型工业企业也很难建设从事高等职业教育的教学大楼。因此就出现了这样一个问题,任何高等职业教育主体自身都不可能做到教育运行的十全十美。要实现高等职业教育的尽善尽美，必须实现高等职业教育资源的社会化配置和教育教学的动态运行。从目前高等职业教育微观运行的现状来看，实现资源配置的动态运行还存在相当大的问题。以高职院校为例：第一个问题是高等职业教育主体单一产权结构问题。单一产权结构是目前大多数高职院校的客观实在。由于单一产权结构，造成高等职业教育校企合作深度不够，再加之目前高职院校技术教育、技能开发和职业创新进展还远远滞后于社会生产一线的需求，客观形成了校企合作在所得利益上的不均衡，进一步加大了校企之间产学合一与资源配置的难度。第二个问题是管理问题。改革开放是高等职业教育跨越发展的第一需求。推进高等职业教育的跨界转型发展，需要高职院校改革相对封闭的管理体制。一方面高职院校要充分利用一切有利于自身发展的社会资源，另一方面还要将自身的教育资源（教学场所、实训设施和设备、仿真教学基地）对外开放，允许企业和社会职业教育主体配置高职院校的教育资源。

（2）动态资本问题。对于高等职业教育跨界转型发展来说，动态资本的外延很大，包括金融资本（货币资本、股权资本）、自然资本、教学资本（知识资本、智慧资本）、社会资本、人力资本、物质资本、技术资本、财政税收和金融政策以及就业岗位等等。从宏观上讲，高等职业教育跨界转型发展建设需要高等职业教育主体的共同努力，从微观上讲，高等职业教育跨界转型发展是高等职业教育（法人）个体的规模扩张和内涵发展。在"十三五"期间，有些普通高校需要向高等职业教育转型发展，有些高职院校需要改善办学环境、扩大办学规模，投入巨资异地搬迁。无论是普通高校向高等职业教育转型发展，还是高职院校改善办学环境、扩大办学规模，投入巨资异地搬迁，都会存在资本运作的实际问题。例如，某高职院校"十三五"期间的异地搬迁，首先遇到的是土地置换的资本运作问题。在目前国民经济下行风险不断加大的情况下，土地置换的资本运作很难实现预定的目标，就是说异地搬迁存在较大的资金缺口。这还仅仅是表面现象，更深层次的问题是异地搬迁带来的教育环境变化、教学运行成本增加、教师队伍不稳定因素上升等实际问题。这些问题无疑会给这所高职院校带来两种截然不同的路径选择，一种选择是墨守成规、按既定方针办，另一种选择是异地搬迁的实际问题倒逼办学体制、教学模式的深化改革。笔者认为上面的两条路径前者是一条死路，后者才能给这所高职院校带来勃勃生机。"创新、协调、绿色、开放、共享"的发展理念，是办学体制和教学模式深化改革的战略选择。对于这所高职院校来说，"创新、协调、绿色、开放、共享"发展就是开放办学体制，引进和参与高等职业教育的资本运作，创新高等职业教育的办学体制和办学模式，实现高等职业教育跨界转型发展中高等职业教育体系成员的协调发展和共享发展，从理念上和办学环境上推进高等职业教育体系的绿色发展。

第四节 高等职业教育跨界转型发展的路径探析

中国高等职业教育跨界转型是国家发展战略的策略选择，是高等教育体系、职业教育体系和产业系统的跨界和融合。中国高等职业教育跨界转型是中国高等职业教育体制的横向跨界和纵向衔接，是高等职业教育产教联盟构建及其市场化运营的中国方案；是以国家产业大学为载体，国家重大科学技术项目为纽带的中国高等职业教育的伟大实践。

一 中国高等职业教育体系横向跨界与纵向衔接

1. 中国高等职业教育纵向与横向发展边界的划分

中国高等职业教育跨越了高等教育与职业教育两大体系，涵盖了从专科到研究生阶段的不同层次，承担着工程应用型人才和技术技能型人才培养的双重重任，肩负着推进服务地方经济发展、促进产业结构调整和优化升级的国家使命。高等职业教育的特殊性决定了高等职业教育跨界转型发展的复杂性，科学界定高等职业教育纵向与横向发展的边界，对于高等职业教育的跨界转型发展具有重大的现实意义。从纵向的层次上划分，技术技能型高等职业教育与工程应用型高等职业教育，是中国高等职业教育在体系设计中的类型边界；从横向产教融合的纵深划分，教学研与教学做是中国高等职业教育在产教融合体制设计的层次边界。高等职业教育纵向和横向发展的边界划分，使工程应用型和技术技能型高等职业教育得以分类发展和有序运行。这种划分并非将高等职业教育体系割裂开来，而是从类型细分和功能上将不同层次高等职业院校的发展轨迹和办学模式科学定位。具体地说，就是实现应用型本科高校横向推进产学研、纵向实现以向上（本、硕、博）衔接为主的跨界转型，更注重工程科学研究、教育教学产学研深度融合的实现，更注重实现产教联盟以科技和高等教育为轨迹的科技创新和教育创新。实现技术技能型专科高职院校横向推进教学做一体化、纵向实现向下（职业中学、中专、行业企业）衔接为主的跨界转型，更注重职业教育科学研究、职业教育教学做一体化的实现，更注重实现产教联盟以技术和职业教育为轨迹的职业创新和教育创新。

2. 中国普通高校向应用型转型的横向跨界与纵向衔接

推进部分普通高校向应用型转型是中国高等教育结构调整的国家战略，应用型人才为主、学术型人才为辅是应用型本科高校人才培养的基本方向。部分普通高校向应用型高校转型是高等学校在国家导向下的自我抉择，是普通高校深化教育体制改革在学术型人才和应用型人才培养方向上的科学组合。普通高校向应用型高校转型不仅是某一层次普通高校的转型，也包含"双一流"[①] 建设高校在内所有普通高校在人才培养方向的科学定位。从应用型高等教育的视角界定高等学校向应用型高校转型，这一转型是实现培养学术型人才和生产一线工程技术人才的结构调整。因此，并不排除应用型本科高校培养学术型人才的基本职能。普通高校向工程应用型高校转型的横向跨界，是构建以学校和产业实现产教融合一体化不同发展模式下的策略选择和制度安排，是建立以科学研究部门、高等教育部门、产业部门协同发展的产教联盟，是推进中国人才链、产业链、创新链与国家充分就业目标协同发展的微观运行。从应用型高等教育的视角界定高等学校向工程应用型高校转型的纵向衔接，是构建本、硕、博纵向发展的高等职业教育产业链，是培养服务工程技术、学术研究和科技创新人才链的科学组合，是普通高等学校在教育改革和教育科学创新双重方向的策略选择和制度安排，是搭建专科层次技术技能与工程技术应用不同层

---

① "双一流"，指一流高等学校和一流学科。

次高等职业教育的衔接平台。

3. 中国高职院校技术技能型人才培养横向跨界与纵向衔接

大学专科教育是中国高等职业教育的经济基础，体现着中国职业教育所有的生产关系。高职院校技术技能型人才培养的横向跨界与纵向衔接，其实质是高等职业教育生产关系的横向跨界与纵向衔接，高等职业教育生产资源的社会化配置和市场化运作，高等职业教育生产力在高等教育系统和产业系统的协同发展。高职院校技术技能型人才培养的横向跨界，就是跨越教育系统与产业系统的产权边界，建立产教融合多产权主体、产教合一运行机制的生产关系，实现教育性生产资源和生产性教育资源市场化运行的双重跨界。实现跨越教育系统与产业系统产权边界的运作，就是打破以国家资本为主体的高等职业教育产权制度，确立国家、产业和社会投资者相同投资主体的法律地位，盘活和界定社会职业教育资源的教育资本属性，并以此为契机构建产教一体的高等职业教育联盟，实现真正意义上的产业项目导向，以完整的工作过程为教学载体、以完整的工作环节为实现目标、以创业和就业为宗旨的教学改革。高职院校技术技能型人才培养的纵向衔接，就是实现专科层次高等职业教育与中专以下职业教育和社会职业培训机构的衔接，推进服务地方经济发展和地方产业结构转型，推进以社区为基本单元的终身教育体系建设，实现地方经济和社会环境的和谐发展。虽然高职院校技术技能型人才培养的纵向衔接是向下发展，但是并不排除向上发展，实现受教育者由技术技能型人才向工程应用型人才的过渡，只不过这种过渡更侧重于受教育群体社会生产力的提升，更侧重于受教育群体职业资格的升级，当然也同时尊重受教育者选择接受更高层次学术和技术教育的基本权益。

二 高等职业教育产教联盟构想与市场化运营

1. 高等职业教育产教联盟设想及其必要前提

高等职业教育产教联盟（以下简称产教联盟），是以高等职业院校、科研机构、生产企业产教融合的法人单位，以产业、行业或地方产教融合法人集群为组织架构的职业教育产业组织。产教联盟的基础性单元，是产教融合所形成的高等职业教育法人。这个法人的名称可以叫作产业学院、职业培训基地、学徒制教学工厂。这个法人的使命，是推进中国高等职业教育开放创新发展，实现应用型本科高校产学研一体化、专科层次高职院校教学做一体化教学改革和创新。这个法人的教育运行，可以依托高等职业院校（含应用型本科高校），可以依托行业企业，可以依托科学研究机构，还可以独立运行。产教联盟是建设国家产业大学的组织基础，产教联盟的法人单位是国家产业大学建设的基本单元。如果按照这样的设想推论国家产业大学建设和高等职业教育的深化改革，产教联盟对国家政治体制、经济体制和教育体制创新的需求，将成为产教联盟建设的必要前提。这个必要前提包括以下内容：第一，是国家教育行政部门对产教联盟的法人负有评估、监管、指导的责任和义务，地方教育行政、工商、税务部门为产教联盟的法人发放执照、依法收税和监管的责任和义务；第二，国家建立高等职业教育学位制度，特别是专科层次高等职业教育的学位制度，建设国家职业教育资历框架，实现高等职业教育运行过程的完全学分制度；第三，国家扶持高等职业教育产教联盟项目，例如：沙漠治理、城市治污、乡村振兴项目，需要政治、经济制度建设方面的国家作为。

2. 产教联盟运行的项目导向

如果用产业学院的称谓替代产教融合所形成的高等职业教育法人，产教联盟是产业学院的组织形式，每一个产教联盟在高等职业教育协调发展过程中扮演着不同的角色，每一个角色在实现对受教育者的专业选择、职业取向、创业方向选择具有不同的定位。产教联盟的基本职能，向上是在国家产业大学互联网+和国家学分银行的网络平台下，向社会公布不同类型、不同教育层次的产业教育内容，不同创业和就业方向的高等职业教育项目；向下是为地方、产业、行业的发展提供平衡产业项目，平衡教育资源和受教育资源的相关服务。因而，产教联盟的工作重心是以项目为导向，为国家产业大学和产业学院提供双向服务。在这样的体制机制下，产业学院产教融合项目就构成了产教联盟的工作单元。产教融合项目是产业学院向职业教育体系提供的职业教育产品，购买这一产品的消费者是职业教育体系的全体受教育群体。产教融合项目实行市场导向的运行机制，项目成果根据产业学院所提供的项目类型和复杂系数具有不同的市场价值，因而其成果也具有高低不同的价格。产业学院所提供的产教融合项目包括科技创新项目、技术服务项目、工作过程导向的社会生产项目、环境保护项目、乡村振兴项目、信息化网络建设项目、服务社区养老项目等，因而其服务对象涵盖了国民教育体系的在校学生、在职从业人员和社会失业群体。产业学院对受教育者的管理实行高等职业教育体系完全学分制和市场取向的成本导向制，具体地说就是对普通应用型本科和技术技能型专科按照其学校制度的学分标准收取学费，对在职人员和社会失业群体按照市场价格收取学费。

3. 产教联盟市场化运作的制度选择

产教联盟具有自身特色的体制、机制和制度体系。产业联盟在遵循国家法律的前提下采取市场化运行。产教联盟组织既可以是政府行政部门的事业单位，也可以是依托高等学校、科研院所和产业部门的企业单位。如果作为政府部门的事业单位，产业联盟的运营经费来自国家财政。如果作为企业单位，产业联盟采取收取产业学院、职业培训基地、学徒制教学工厂等产教融合单位管理、服务费用的办法自负盈亏。产业学院、职业培训基地、学徒制教学工厂等产业融合单位的制度体系，产教联盟对其成员管理的制度集合，是构成产教联盟的制度组合。在这样的体制框架下，产教联盟应当采取这样的制度选择。

第一是弹性学习制度下的完全学分制，这一制度的核心内容是产教联盟成员以及相关高职院校在学分收取上采取按学分量化学费，在学制设置上采取弹性学习制度。第二是采取教育教学的双导师制度，即本科及其以上层次教育采取导师责任制和导师项目资助制[①]；专科及其以下层次教育采取"双师"结构的校企融合的项目负责制。第三是产教联盟采取教育与职业培训项目公示与协调制度。第四是产教联盟成员的员工管理采取职业人（高校教师、科学研究人员、工程技术人员、能工巧匠）制度下的聘用制度，即对分别来自政府、企业、学校和科研院所的相关工作者采取的劳务合同制度。

---

① 《国家中长期教育改革和发展规划纲要（2010—2020 年）》，教育部网站，2010 年 7 月 29 日，http://www.gov.cn/zhengce/content/2017-12/19/content_5248564.htm。

三 国家产业大学构想、理论模型及其社会化运行

1. 国家产业大学的构想及其基本前提

中国高等职业教育跨界转型需要国家、地方和高职院校的协同推进。从国家管理体制层面，需要实现产业与教育两大系统国家行政部门的协同管理。从地方行政层面，需要积极参与大力支持国家产业大学、地方产教联盟以及高职院校和应用型本科高校的创新发展。从高职院校和应用型本科高校的层面，需要加速推进各项工作的改革和创新，特别是在推进学分制度改革、教学模式创新、翻转课堂改革、教学评价改革等方面的协同推进。这是国家产业大学建设的基本前提，是论证国家产业大学体制、机制和制度框架的逻辑线条。

国家产业大学是教育部、人力资源和社会保障部协同管理，从事高端产业项目教学的事业单位，是地方产业大学教育运行的组织、管理、指导和协调单位。国家产业大学采取市场导向下的社会化运行模式，其主要职能是：开展以高等学校、国民经济产业部门、科学研究机构为依托的高等职业学历、学位和职业资格教育，开展以终身学习为导向的非学历职业教育、幼师教育和老年教育。国家产业大学的生源，来自高等学校（含职业院校）学生和社会从业人员，为其提供产教融合的第一（生源所在学校）或第二学历学位教育和非学历高等职业教育；师资来自产教联盟。国家产业大学的教学模式是项目教学，生产过程教学，科研成果和通识课程专题教学，应用国家开放大学和高职院校互联网＋（教育资源）的开放教学。国家产业大学教学项目的来源，是国家科技项目和省（市）科技项目；国家人文社科项目和省（市）人文社科项目；国家软科学项目和省（市）软科学项目；国家产业创新项目和地方产业创新项目。国家产业大学开展教学工作的合作单位是国家开放大学、普通高等学校、高职院校、科研院所和行业企业。国家产业大学为非学历高等教育机构提供从事高等技术、技能教育的资质鉴定和质量评估，为受教育者建立学分银行，提供来自不同教育主体认定后学分的积累和转换服务。国家产业大学为完成相应技术与技能项目学分，并取得高等学校认定学历学位标准学分的受教育者颁发相应层

次（专、本、硕）的学历和学位证书，为取得非学历终身教育项目的受教育者颁发荣誉证书。

2. 国家产业大学的结构及其理论模型

中国高等职业教育改革的深水区，是怎样实现国家垄断下的学校教育与市场导向下产业运行的产教融合，怎样实现计划体制下高职院校与普通本科高校系统内改革与产教融合系统外创新的双向共赢。推进这样的深化改革无疑会对高等职业教育开放和创新发展带来生机，但是也会给体制内的高职院校和应用型本科高校优越的生存环境带来巨大的威胁。然而，中国高等职业教育的发展需要引入竞争机制，需要实现对人民负责的优胜劣汰。中国国家产业大学建设的重大意义，就在于建立高等职业教育市场化的竞争机制，就在于实现高等职业教育主体内涵发展和深化改革的优胜劣汰。本着这样的思维逻辑，国家产业大学结构及其运行机制模型如图1-1所示：

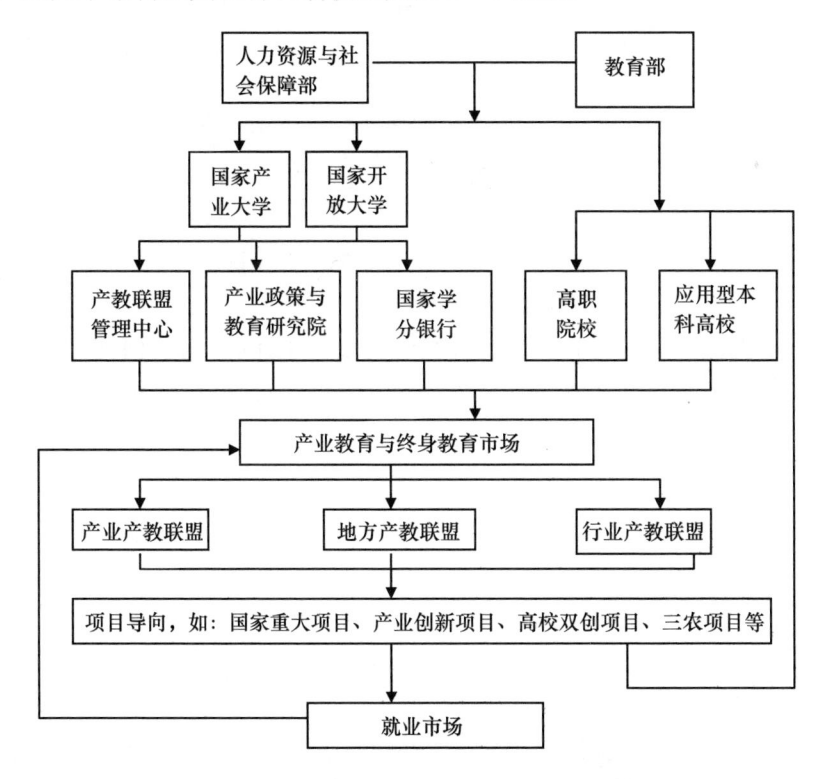

图1-1 国家产业大学结构及其运行机制模型

3. 国家产业大学社会化运行的传导机制

国家产业大学社会化运营的保障机制，第一是教育部、人力资源和社会保障部对产业教育系统和高等职业教育系统的协同管理；第二是学校教育与产业教育融入市场化的双轨运行；第三是国家开放大学与国家产业大学的协同创新，产教联盟系统项目课程体系的数据库建设；第四是产业教育与学校教育产教融合、服务国民经济协调发展的产业教育循环。国家产业大学运行机制模型的传导机制如下。

（1）教育部与人力资源和社会保障部直接管理和协同推进国家产业大学建设，协同推进高等职业教育的深化改革。

（2）国家产业大学与国家开放大学共同构筑国家终身教育体系，共同推进产业系统和教育系统的产教融合。

（3）实现由产业大学—产业学院—产业项目，职业学院—学科或专业—课程＋职业技能证书，产业导向和学校导向的高等职业教育双轨运行。

（4）国家产业大学和国家开放大学协同建设国家学分银行和国家高等职业教育资历框架，发挥学分银行在高等职业教育体制改革、机制创新、课程改革等一系列深化改革中的节点、工具、桥梁和纽带的重要作用。由"国家产业大学＋国家开放大学"构建数字化高等职业教育联合体，直接参与产业学院和高等职业院校的教育教学改革。

（5）国家产业大学主要职能机构。

产教联盟管理中心。负责对产教联盟企业开展产业教育项目的评估和审批，负责产业教育项目学分制度建设，对学习者学习成果学分的认定与证书发放。

产业政策与教育研究院。负责对产业联盟企业产业教学项目的研究。主要包括产业项目的类别，如国家重大项目、"一带一路"项目、振兴老工业基地项目、新农村建设项目、科学技术转化、复制和粘贴项目等；产业项目的周期，根据需要一般可为一至三年；产业项目实现的形式，包括学徒制、双导师项目制、新农村建设志愿者服务制、治沙项目的解放军服役制等。产教融合机制研究，如公有教育资源向资本转化问题研究，产教融合法人（学校、产业）产权问题研究，产教融合企业收入分配问题研究，产业教育模式、质量研究等等。

（6）国家产业大学的办学机构包括项目导向的产业教学基地，产教融合高等学校、科研院所、图书馆以及校内建设的互联网+信息教育数字平台。

（7）学分银行。学分银行是产业大学（或国家开放大学）的下设单位，负责产教融合企业和学校受教育者学习成果的学分积累与转换，负责向社会公布产业学分项目、标准、教学单位、教学周期、考核标准等内容，公示产教融合企业注册和注销、受教育者学习成果的等级和学分等相关信息。

（8）实现公有制国家教育资本由教育行政部门向产业主导的产业大学转移，允许不同所有制高等职业教育产权市场化运作，产教联盟体系在市场机制下运行，产教联盟企业的产品是产业教育项目，产教联盟项目直接与国民经济运行和人力资源市场对接。

四 简要结论

中国高等职业教育跨界转型发展，是人民日益增长的美好生活愿望对变革高等职业教育生产关系的时代需求，是高等职业教育生产力发展瓶颈倒逼国家教育体制变革的当务之急。牵一发而动全身的体制变革，势必会撕裂现行高等职业教育的生产关系，势必会导致高等职业教育主体利益的重新洗牌，甚至带来部分高等职业教育办学单位的生存危机。然而，不变革就不能满足人民对美好生活的期望，不变革就不能实现一代国人的中国梦，不变革就难以实现社会主义新时代的宏伟事业。

变革国家教育体制虽然意义深远而重大，但是却不能一蹴而就，需要相关管理者和践行者的深思熟虑，需要准确定位示范性产教融合项目的示范和引领，需要国家给予先行者政策和制度上的大力扶持，需要地方政府和相关部门（包括人民军队）的合力前行。

第五节　关于成立北部湾产业大学的构想

探寻新时代中国特色高等职业教育创新发展路径是政府部门、产业部门、高等学校和行业企业的共同使命。通过北京航空航天大学北海学院从办学失利、起死回生到引领高等职业教育创新发展的可行性分析，论证成立"北部湾产业大学"，践行产教融合、校企融通、跨界发展是中国特色高等职业教育改革和创新的路径选择。

北京航空航天大学北海学院（以下简称北航北海学院）是经国家教育部批准、原国防科工委确认于2005年设立的，由北京航空航天大学、北海市人民政府联合举办的全日制本科高等院校（独立学院）。由于多方面原因，北航北海学院从2013年开始停止了招生。2019年4月1日北海市教育局发布公告，宣布要将该校转设为独立建制的本科高校。因而，从官方的角度宣布了北航北海学院的彻底失败。

根据国务院2019年的战略部署，今后将建立公开透明规范的民办职业教育准入、审批制度，探索民办职业教育负面清单制度，建立健全退出机制。北航北海学院的失败与退出，为我国应用型本科和高等职业教育的改革创新提出了一个全新的课题，这就是体制改革和产权制度的重新洗牌。然而，根据北海市教育局发布的《北航北海学院转设项目招商书》（报名截止日期为5月1日）第五条和第八条之规定（即：起拍价约9亿元，项目合作方式为独资）以及原北航北海学院目前的办学现状，即使找到项目合作伙伴，在短期（1—3年）实现北海市教育部门的办学定位（学科专业以工科为主，多学科协调发展，特色鲜明的高水平应用型本科学校，发展规模为全日制在校生12000人以上）只能说是天方夜谭。

一　高等职业教育发展瓶颈与产业大学命题的提出

对于高等职业教育（含应用型本科）的微观运行来说，可持续发展的瓶颈问题是体制改革和产权制度创新，这是目前所有公办和民办高职院校不能回避又难以解决的现实问题，不解决这个问题就不能真正实现高等职业教育的产教融合、校企合作和跨界发展。但是，对于北航北海学院就要启动的转制来说，情况恰恰相反，甚至可以说是天赐良机。在北航北海学院转制过程中实现产教融合、校企合作和跨界发展，第一，不存在公办高校难以解决的行政化问题，因为只要按照国务院 2014 年以来出台的建立现代高等职业院校办学体制（股份制、混合所有制）的相关要求建立现代办学体制，这一问题自然就会化解在胚胎之中。第二，不存在民办高校难以解决的产权纠纷问题，因为现代高等职业院校办学体制的制度体系能够彻底解决教育运行过程中办学主体的利益问题。第三，不存在产教融合、校企合作和跨界发展的瓶颈问题，因为北航北海学院的转制过程本身就是实现以产业为主导、企业为主体、学校为依托的办学模式，就是践行高等职业教育的产教融合、校企合作和跨界发展。那么，怎样通过北航北海学院的转制来实现党和国家关于高等职业教育的顶层设计，怎样实现在国家相关法律法规不完善的情况下在发展中前行，可以通过实践来检验的一条出路就是建立具有中国特色的产业大学。

二 产业大学：从理论到实践层面的逻辑推论

产业大学对于我国高等职业教育可持续发展来说，既是一个全新的理论问题，又是一个前人没有走过的实践问题。从理论的层面，产业大学的内涵是产业主导的大学，这就与目前我国以学校为主导的职业大学理论相矛盾。如果要实现产业主导的高等职业教育，这便形成了一道高等职业教育跨界发展的命题。产业大学的内涵是产教融合的大学，这种产教融合不仅是办学模式的融合，同时也是产权制度、分配机制和社会利益分配的融合，这与目前我国高等职业教育现行的以学校为主导的办学理论、产权制度和分配机制格格不入，同时也很难找全与之相适应的法律诠释与规范评说。产业大学的内涵是校企合作，因为产业大学是以产业为主导，学校为依托；以高等学校、行业企业、科研院所、地方政府和社区大学的组织形式，所实现的校企合作不是双轨运行的校企合作，而是校企合一、教学合一的校企合作。这与目前高等职业教育理论前沿所讨论的"双元制""现代学徒""完全的工作过程教学""项目导向课程改革"解题思路也存在很大的差异。产业大学的内涵是完全学分制度，这个完全学分制度不仅对学生来说打破了学年学制，同时还要解决办学主体参与高等职业教育在利益分配的后顾之忧。这样的基本前提显然与我国目前学年学分制度的办学体制相矛盾，同时也找不到相关的法律或法规作为理论支撑。产业大学的内涵是双师结构，就是说产业大学需要学术大师但更需要企业工程师、技术师和能工巧匠的团队依托，就是说产业大学内部具有更加细致的分工与协作。从实践层面，产业大学践行产权的混合所有制发展。产业大学的办学体制是混合（股份）所有制，办学资源来源于高等教育办学机构、研究部门和行业企业。通过混合所有制形式的产教融合、校企融合体制构建，实现不同投资主体和投资规模的资源整合，通过现代企业制度实现不同教育主体经济利益和社会效益的最大化，通过现代学分制度实现不同投资机构教育资源（产业大学、学分制企业）的优化配置。产业大学践行学历与学位双轨运行的发展模式。产业大学是举办应用型本科、专业硕士学历教育的办学机构，同时也是举办非学历学位教育与高端职业技术培训的高层次职业学术与职业培训办学机构。产业大学的双重职能决定了其发展轨迹的社会性、产业性和市场化，决定了服务社会的职业导向。产业大学践行以办学主体承担学分课程为运行机制，具体地说就是产业大学的教学场所不仅在学校而且在企业，这种说法是指作为产业大学参与主体的企业具有设立相关专业、课程和建立教学平台（课堂）的权利和义务，具有取得产业大学学分收入、教育财产折旧、原材料成本收益的权利，具有享受国家给予相关政策和税收减免的权利。产业大学践行教育主体进入与退出的市场机制，具体地说就是根据不同办学主体需求，践行以学分项目（专业学分项目、课程学分项目）的进出机制。产业大学践行以职业为导向的办学理念，以服务产业经济和地方经济为己任，服务人才移民、产业结构转型升级、国家核心产业区域建设等国家战略。

三 成立"北部湾产业大学"的动因与路径选择

从北航北海学院转设为独立学院过程参与者的层面来看，如果严格按照北海市教育局《北航北海学院转设项目招商书》的程序运行，不加入任何其他创新因素的话，那么这次招商活动一是有可能流拍，二是给将拍胜利者带来发展初期巨大的经济和社会利益损失。因而，成立"北部湾产业大学"的构想是对北航北海学院转制具体案例的理性推论。北部湾是中国广东雷州半岛、海南岛和广西壮族自治区及越南之间的海湾,全部在大陆架上。北部湾具有广东的湛江,广西的北海、钦州、防城港等重要的港口城市,北部湾经济区处于北部湾顶端的中心位置,主要包括南宁市、北海市、钦州市、防城港市所辖区域范围,同时包括内陆城市玉林市、崇左市的交通和物流。在北部湾北海市具有得天独厚的经济地位和地理位置,因此在北海市建立"北部湾产业大学"不仅必要而且可行。无论从理论还是从实践的层面,截至2019年3月还不能总结出我国高等职业教育(包括应用型本科教育)实现产教融合、校企合作和跨界发展具有引领作用的成功案例。因而,探索"北部湾产业大学"的创新发展路径,对于我国处于可持续发展十字路口的高等职业教育具有重大的实践价值。这个重大的实践价值体现在"北部湾产业大学"的创新发展能够减少来自传统自体制内和体制外的主要障碍,实现全新发展理念的创新发展;体现在"北部湾产业大学"能够践行以混合所有制改革为导向的高等职业教育体制改革,为今后公办高职院校(含应用型本科高校)和民办高校教育大规模体制改革和产权制度创新提供可汲取的经验和教训;体现在"北部湾产业大学"的创新发展能够创造应用型本科高校全新的教育模式,从国家层面来看能够利用最小的成本和代价推进高等职业教育的深化改革。

四 成立"北部湾产业大学":政府与申办者的双重责任

成立"北部湾产业大学"需要政府和市场的双重作用,即需要在国家顶层设计的引领下通过市场机制调节政府与投资者的双重责任。对于政府来说最起码要履行以下责任:第一,要从政治和社会层面评估投资者的申办资格。举办中国第一所产业大学(北部湾产业大学)的投资者,必须从党的组织建设、学校的体制建设和制度创新与党的教育方针保持高度的一致,必须负有促进北部湾社会稳定、经济可持续发展的社会责任,这一点容不得半点马虎。第二,要从高等教育的本质属性评估投资者的申办资格。举办中国第一所产业大学的投资者,必须对习近平新时代中国特色社会主义高等职业教育思想具有清醒的认识,必须对党和国家高等职业教育改革和创新理念具有清醒的认识,必须对北部湾区域高等职业教育发展的领军责任具有清晰的定位。第三，要从教育经济和北部湾发展的视角评估投资者的申办资格。举办中国第一所产业大学的投资者，必须对服务北部湾经济发展（如：自贸港建设、海南人才移民项目、北部湾区产业园区项目）具有负责任的担当意识。第四，要从办学体制和教育资源水平评估投资者的基本资格。举办中国第一所产业大学的投资者，从管理体制上必须坚持党的领导；从产权的组织形式上应当具有产业联盟运行机制下多主体（普通高校、科研院所、行业企业、个人投资者）投资的产权结构；从办学体制上应当体现以产业集群教育项目（学分项目课程）为主体，学校教育为依托；从分配机制上应当体现对所有投资者依据教育资源投入产出的经济和社会效益按贡献分配。对于申办者来说需要认真做好以下准备：第一，重组具有举办高等学校资质的教育资源，根据相关法律和教育部的基本要求制订申办组织的企业章程，根据投资单位投资比例（控股单位不低于总投资的50%，其他投资主体的投资额度不低于1亿元人民币）明确投资产权。在现金投入达到申报要求的前提下，吸收高等学校、科研院所、行业企业的智力资本、技术资本和生产性其他资本。第二，根据地方教育行政部门相关要求和北部湾区域经济发展规划合理配置投资者的教育资本，构建具有中国特色的第一所产业大学的产业教育组织机构，把高等职业教育办在企业、办在社会、办在市场。第三，成功申报后的"北部湾产业大学"在办学初期应当以服务北部湾职业技术发展为己任，在生源不足的情况下首先解决地方高层次非学历教育需求，非学历高等职业学位教育需求，为地方职业技术水平提升发挥重要作用。第四，通过三到四年的缓冲期，实现学校招生规模、办学层次（包括专业硕士）和办学社会效益的全面提升，实现中国产业大学办学特色的全国唯一，为中国高等职业教育深化改革和创新发展提供可复制粘贴的成功经验。

第二章

发展进程中的高等职业教育变革

21世纪20年代是高等职业教育跨界转型发展的重要窗口期。这一时期，高职院校将要突破产、教融合，校、企合作，工、学交替实质性教育体制改革、运行机制创新和制度体系建设的一系列发展进程中的难点问题。然而，对于高职院校来说，2020年年初暴发的新冠肺炎疫情，导致了极为被动的线上教学，客观的造成了高等职业教育跨界转型发展进程中的一系列问题。这些问题包括"停课不停教、停课不停学"期间教学模式创新问题，包括教学资源在大数据时代的优化配置与合理利用问题，包括高职院校师生在网络时空静态和动态教和学的互动推进问题，这一系列问题的基本保障需要新的教育生产关系与之相适应，而学年学分制度和课程学分制度在这一背景下遇到必须改革的时代性问题。

第一节 线上教育运行模式的学分制度危机

一 线上教学：高职院校的学分制度需求

1. 弹性学制的学分制度

我国的高等职业教育的主要功能是学历教育，学年学分制和课程学分制是与之相适应的学分制度。由于缺失学位教育，导致高等职业教育与普通高等教育衔接出现难以弥补的裂痕，中国高等职业教育与世界高等教育的接轨也遇到了巨大的挑战。在学年学分制度体制下，高职院校学生完成学业被限定在 2 年学制到 3 年学制的学习期限内，学生延期毕业和弹性学习都需要满足苛刻的条件。由于没有非学历教育学位制度，没有非参加高考社会成员注册入学制度，高等职业教育的职业性受到不能克服的局限，因此中国的高等职业教育的基本运行状态还基本停留在专科层次的，既不是三重属性（高等教育、职业教育和终身教育）徘徊状态。在课程学分制度体制下，大多数高职院校的课程设置根据专业需要设定相应的课程。这种课程设置从数量上看比本科高校少 10 门左右，从教学要求上又比本科院校教学要求低的很多。虽然可以解释为这样的学分制度设计有两重原因，第一重原因是高职院校入学是第三批次，也就是说高考成绩最不好的那部分高中学生，还有中等职业学校学生；第二重原因是高等职业教育的职业属性，即满足知识够用、能力过硬。

这样的学年学分制度和课程学分制度面对当今世界的社会需求和经济需求显然已经力不从心，越来越暴露出与世界接轨与中国社会和经济发展对接的弊端。首先是学年学分制的问题。学年学分制的基本特征是计划的前瞻性、稳定性和不可变性，网络时空的线上教学彻底颠覆了这一特征的"正确性"。为了应对世界经济波动风险，中国出现了大型国有企业、规模民营企业的产业结构调整，接下来又在世界范围内接踵而至，中国经济结构调整和世界经济格局变化已然成为不争的事实。由此看来，中国高等职业教育学年学分制度就不是单纯的制约在职人员接受职业教育和非学位教育的问题，而是直接关乎高等职业教育与国民经济和世界经济对接和协调发展的问题。第二是课程学分制的问题。停课不停学的线上教学极大地影响了高职院校的正常教学，但在课程学分制面前，根据教学计划开展线上教学却是每一位教师不能更改的现实。线上教学使得大多数高职院校教学质量大打折扣，虽然可以解释为网络数据传输、教学设施不足、学生学习环境等客观原因，但是大多数老师不会应用最新的办公软件制作幕课、微课，不能根据学生宅家学习的偏好组织教学内容，不能合理配置教育部提供线上教学资源也是不容分辨的事实。这个事实背后的深层次原因是世界的数字化发展与高职院校教育生产力的不对称，课程学分制度与现代小微课程体系建设出现了矛盾冲突。停课不停学的的线上教学，需要弹性学制与之相适应，但是这还不是唯一的原因。停课不停学对线上弹性学制教学的需求，只是使学校、教师和学生规避网络与教学时空不对称的风险，而推进弹性制度改革的幕后原因却是实现高等职业教育三重属性的社会化发展，推进高等职业教育产教融合、校企合作，实现受教育者充分就业的深化改革。

2. 国家教学资源的学分认定

2020年2月5日，教育部《关于在疫情防控期间做好普通高等学校在线教学组织与管理工作的指导意见》不建议每一位教师录制线上教学课程，而是要求高等学校、高职院校充分利用国家在线教学资源，这对于高职院校教师在停课不停学期间的线上教学自然是福音。但从教育部公布的数据来看，国家高等教育数字资源包括：22个在线课程平台，2.4万门课程，覆盖本科12个学科门类，专科18个高职专业大类，2000余门虚拟仿真实验课程[①]。对于高职院校来说，完成教学工作量是教师的职责和义务，因此少有组织专门力量对线上国家教学资源进行分类、重组和配置。对于高职院校教师来说，最大限度地减少教学成本并实现教学最优是自身的己任，这就导致教学人员不愿意投入较多资金去购买录制线上教学课程的设备，不情愿付费购买线上教学资源，因此必然会影响国家教学资源的应用和线上教学效果。从学校教育教学管理的角度来看，一些高职院校对教师应用线上教学资源的时长有着硬性的规定，比如不许超过20分钟，如果高职院校教师都遵从这样的规定，那么，利用国家教育资源从事线上教学就受到了极大的阻碍，高职院校教师的线上教学只能回到自制线上教学课件和利用网络直播的道路。应当说，无论是在停课不停学的网络教学期间，还是在高职院校恢复正常校园教学秩序以后，国家教学资源对于高职院校的可持续发展都是宝贵的物质财富。对于任何一所高职院校来说，配置和利用国

---

① 教育部：《关于在疫情防控期间做好普通高等学校在线教学组织与管理工作的指导意见》，2020年2月5日，tthp：//www.moe.gov.cn/jyb_ xwfb.

家教学资源都是利在千秋的大好事。那么，这么好的事情为什么难以实现呢？问题还是与学分制度有关。首先，是全国高职院校发展的进程差异很大，南方与北方、公办与民办，四年学制本科与三年学制专科，三年学制专科与二年学制专科在生源学习基础、教师核心竞争力、学校发展水平都具有较大的差别。这样就会出现国家教学资源与高职院校教学需求不同步的情况，而解决这一问题就涉及到不同教学资源的评价、配置、和学分认定问题。然而，由于高职院校大都采用学年学分制和课程学分制，因此不可能实现这样的运作。从学生的需求来看，全国数字革命的风暴早以波及中国的整个国民教育体系，高职院校学生对于科技手段在教不宫的应用都兴趣盎然。"大数据+互联网"使得高职院校的课堂已经不能再有学生陌生的事情，改革现行学分制度已经成为高等职业教育能否可持续发展的瓶颈问题。在为了人民生命安全践行线上教学的特殊时期，实现教学质量不降低的阶段目标有必要充分利用国家教学资源，有必要对国家教学资源与高职院校教学课程进行正确的评估和科学的学分认定，有必要科学整合、优化配置、合理利用国家线上教学资源，充分发挥国家教育资源的正能量。

3. 自选学习内容的学分转换

教育部《关于在疫情防控期间做好普通高等学校在线教学组织与管理工作的指导意见》指出，要"引导学生在疫情防控期间积极选修线上优质课程，增加学生自主学习时间，强化在线学习过程和多元考核评价的质量要求[①]。"就是说，在这一特殊时期，高职院校教师具有引导学生选修线上优质课程的义务，学习者具有选择线上优质课程自主学习的权力。教育部的这条指导性意见不仅在这一特殊时期具有重要的指导意义，而且在未来较长的时期内高职院校教育教学改革中也同样具有重要的实践价值。从目前我国高等职业教育的现状来看，任何一所高职院校都不敢保证满足每一个学习者的基本需求，即使是在全国排名靠前的高职院校。道理很简单，一是

---

① 教育部：《关于在疫情防控期间做好普通高等学校在线教学组织与管理工作的指导意见》，2020年2月5日，tthp：//www.moe.gov.cn/jyb_ xwfb.

因为教育生产力原本就落后于社会生产力，二是因为社会发展进程不均衡背景下的高职院校学年学分制度，三是因为目前全国的高职院校还做不到以每一个学生为本实施职业素质教育。因此，教育部的这条建议具有推动高等职业教育变革的前瞻性。然而，要做到这一点却是几乎不可能的事，这就需要高等职业教育工作者进行认真和深刻的反思。难点之一是实现学生自主选课学习需要学生所在学校的制度安排，而对于大多数高职院校来说这一点是滞后的；难点之二是因为教育资源的选择大都需要付费，作为教师来说，大多数教师对于付费（甚至是较高的费用）索取教学资源是不情愿的；第三是在没有教师指导下，学生对于线上优质教育资源的辨别能力普遍较弱，在没有学校相关制度安排的前提下没有可能自主选择线上优质教育资源自主学习。这就出现了高等职业教育的制度缺失，这个制度缺失的焦点问题是学分积累与转换制度的缺失。可以试想一下，如果高职院校具有健全和完善的学分积累和转换制度的体制机制，学生能够选择自己适合的时间、空间、学习内容进行自主学习，就能够减少因被并不畅通的网络控制下的学校管理而带来的麻烦，在专业人才培养方案和导师指导下根据个人兴趣爱好完成学习任务。相比之下，学生选择自主学习与被动学习，哪一个方法更好的标准答案一定会不辩自明。

二　线上教学凸显高职院校学分制度问题

1. 学习绩效失控态势的学分制度失灵

从教育管理学的角度讲，学习绩效是指学生（学生团队）特定时间内的可描述的学习行为和可衡量的学习结果。学习绩效包括"绩"和"效"两层含义。所谓"绩"，是指学生的学习业绩（完成学习任务的量）；"效"是指学习的效率、效果、态度、品行、行为、方法、方式。学习中取得的"绩"是数量的概念，可以利用实证的方法讨论分析，学习中所取得的"效"是可以用序数衡量的概念，可以用规范的方法来进行讨论和分析。学习中的"绩"看得见、摸的着，但学习中的"效"则是学生学习态度、学习质量的无形考量。在特殊时期的线上教学期间，无论是学生学习中的"绩"还是"效"，作为授课教师一方都不能有效地进行考量，因为在线上教学的特殊情形下，由于网络原因有可能使学生上课时无法签到，由于学生原因有可能教务部门和教师在上课时无法监控，还可能教师端能够显示学生学习，但此时学生可能在做其他的事情。因此，学生在线学习的绩效从某种程度上来看是学生自主学习的自觉行动和学习态度的真实反映。保证线上教学使学生取得很好的绩效是很难做到的事情，这需要教师本身数字教学本领过硬，包括幕课、微课的制作，录制教学课件时教师的教学姿态，授课时的语言表达及语速等等。还需要授课内容适合每一个学生的学习偏好，适应学生线上学习的网络环境和硬件条件。显然，这是一件难以办到的事，因为在特殊时期的线上教学期间无法保证教师课件制作的理想条件（许多教师被封闭在家不可能具有录制教学课件的基本环境和硬件条件），无法满足学生在线学习的理性需求（网速、学习环境、学习时间）。因此，在学校教学管理不到位、教师教学准备不充分、学生学习条件还存在一定问题的情况下，学校和教师对学生学习绩效的管理难免会失控，这种失控的直接原因是学年学分制度和课程学分制度的失灵。在特殊时期的线上教学期间，假如采用弹性学分制度情况则会大相径庭。第一，在弹性学分制度下，学生可以优化学习时空，什么时间网络好、什么时间学习状态最佳就选择什么时间学习，这样就避开了线上学习的拥堵。当然，这样做的前提是学校教学管理制度创新和教师以学生为本高度负责的师德。第二，弹性学分制度下，教育部提供的线上教学资源能够发挥最大的教育效能。在弹性学分制度下，学生被赋予了选择性学习资源的自主权，不仅可以在时间和空间的选择上能够实现最优，而且在学习内容的选择上能够实现自主，还能够发挥学习的兴趣爱好，最大限度的提升学生自主学习的主观能动性。当然，这样的学习方式，会对教师提出严峻的挑战，需要教师深厚的学术功底和全心全意为学生奉献的师德情怀。

2. 实践教学环节的课程学分问题

在高职院校的人才培养方案中，实践教学环节是重要的特色内容，实践教学包括校内仿真实践教学、电子沙盘实践教学、校内实习工厂实践教学、校内技能大师工作室实践教学，校内实践教学的主体是"双师型"教师。校外实践教学包括对行业企业、市场的认识实践教学，专业技能实践教学，学徒制实践教学，毕业生就业实习实践教学。校外实践教学的主体是双师结构的高职院校教师和行业企业的专业技术人员。在学年学分制度体制下，实践教学环节的设计者、指导者、引领者都是高职院校教师，行业企业的专业技术人员、能工巧匠只能处于辅助的地位。但在实践教学的教学环境下，行业企业的专业技术人员、能工巧匠就处于十分尴尬地位，其实质是无形地被剥夺了授课的权力。在这样的情形下，高职院校教师责无旁贷的冲在抗疫教学的第一线，实践教学环节线上教学的重担必然落在任课教师的肩上。然而，在线上教学期间高职院校实践教学也不是没有科学的选择，教育部为高职院校提供的 2000 余门虚拟仿真实验课程，国家开放大学录制的高质量系列化技术应用类课程，行业企业投放到网络空间大量的技术应用培训课程，能够为高职院校在这个特殊时期实现实践教学破解燃眉之急。然而高职院校的现行学分制度却出现了状况，这个状况使得高职院校教师的大量理想化构思成为泡影。这是因为高等职业教育还不是市场化运作，市场机制对于国民教育体系外的教育资源无能为力。高职院校现行学分体制下的授课主体（教师）不具有自主转换教学角色（由教的角色转换为导的角色）的权力，高职院校办学主体也不愿意付费购买适合学生学习的在线实践教学课程。在这样的情况下，高职院校的任课教师只能宅在家中肩负很难承担的责任和使命。这是一个突出的问题，也是一个当前教育体制下难以协调和解决的问题。那么有人会问，难道就没有解决的办法了吗？回答是肯定的，有！在这个问题上，香港教育资历架构为我们提供了很好的借鉴。这个资历架构能为我们破题的第一个依据，是特区政府通过立法确认行业企业、社会职业培训机构的教育主体地位，就是说这些教育主体能够市场化运作，开发、制作和出售职业教育产品；第二个依据是特区政府授权教育机构、包括非学历教育机构，通过学分转换的办法互通有无、共同推进职业教育事业发展；第三个依据是香港教育机构已经开始了与欧洲、苏格兰等国家的学分互认，而这个学分互认的基本前提是弹性学分制度。这就给了我们一个破题的思路，这个思路就是：推进高等职业教育的弹性学分制度改革，通过立法确立行业企业、社会培训机构等非学历教育主体的职业教育主体地位，建立国家学分积累与转换体系，实现整个社会职业教育资源的市场化运作。除此之外，还要引入优胜劣汰的市场机制，学生有条件的选择教育资源机制。

3. 毕业生毕业环节的学分制管理问题

毕业生毕业环节关乎学生三年来的学习成效，关乎学生的职业选择和就业，无论对高职院校还是对学生来讲都至关重要。在正常情况下，学生在学校就读最后一个学期的主要学习内容是撰写毕业论文或毕业设计。有些学校已经取消了这一环节，直接安排学生到相关企业进行专业实习。还有部分学校采取让学生先离校、后毕业的做法，即在第六学期直接安排学生参加工作。由于抗击疫情，一些企业正常运转出现了麻烦，学生宅在家中不可能参加任何社会活动，导师制、学徒制、大师工作室的教学运行也失灵了。照此推论，在学年学分制度下，如果不降低毕业生学业（特别是职业技能）质量考核标准，那么在抗击疫情的非常时期将会有大量高职院校毕业生不能按期毕业，但是将要发生的事实一定会否定这个论断。这会是一个事实，无论如何都不会有哪一所高职院校（无论是公办还是民办）因线上教学带来的学生学习质量下滑而影响学生毕业，影响学校的就业率，影响学校的办学声誉。降低学生学业质量而采取的特殊政策，将会成为一些高职院校的无奈选择。影响高职院校毕业生学业和就业质量的原因无疑和抗击疫情有关，这是不可分辨的事实。但是对于学生的损失来说，把这顶帽子严丝合缝地扣在抗击疫情头上又不能以理服人。因为抗击疫情的主体承担不了任何法律法规、教学管理和服务学生就业的责任。那就追究一下学分制度的问题吧。假定我国已经构建了学分积累与转换制度，高职院校采取弹性学分制度，那么就能够在践行线上教学时期，对于应届毕业生采用以下的应对措施，那么情况就可能发生与之相反的转变。具体做法是：第一，根据线上教学的需要，凡在此期间宅家在线学习抗击或预防"新冠"疫情知识，直接参加抗击"新冠"疫情社区工作或其他工作，根据学习工作的时间和效果给以相应学分；第二，允许学生根据疫情影响下的国家产业变动情况、学生根据自身就业或选择升学的计划变动情况，自选国家提供的在线课程、国家开放大学课程、行业企业职业技能课程，学校承认主办单位给与的学分。当学生取得相应学分总量等同于毕业环节学分总量时，认定学生完成全部学业。第三，允许学生毕业直接参加工作，但需要在高职院校学分银行系统贷分（即向学分银行借贷毕业环节的学分），在疫情过后，或返回学校完成学业，或在工作岗位线上学习，完成学业。

三 来自线上教学的高等职业教育制度危机

1. 线上教学凸显高职院校闭环运行的制度危机

高职院校闭环运行制度，是指对应于封闭运行的高职院校体制、机制制度。要揭示线上教学凸显高职院校闭环运行的制度危机，就要揭示我国高等职业教育封闭运行的体制机制。高等职业教育是我国国民经济产业，这是具有法律依据的客观事实。现阶段这一产业的管理体制还是国家大一统管理下的半封闭运行体制，现阶段这一产业的运行还是非市场化运行。不仅公立高等职业院校，即使民办高职院校的运行，从办学理念、发展模式、招生制度都必须与国家教育行政部门给予的配额和政策导向高度一致，虽然现阶段我国绝大多数应用型本科高校、高职院校（包括民办高职院校）还不存在生存危机，但是这仅仅是我国改革开放以来国民经济一直可持续发展，高等教育不断扩张，国民对高等教育依赖不断增强的产物。世界范围内"新冠"疫情的全面暴发，引发世界经济的动荡不可能不波及中国，中国高等职业教育平稳运行的发展态势将会被打破，中国处于世界经济产业链的核心枢纽地位也很难不被动摇，这个核心枢纽的地位一旦动摇，肯定会影响高等职业教育的常态化运行。这个全面暴发，不可避免地会影响世界政治和经济发展格局，改变世界经济的产业结构，将会波及我国的经济发展和民生稳定，这不仅仅是政治家和经济学家的预言，也是大多数具有一点政治、经济常识国民的共识。在这样的世界背景下，高等职业教育难免会受到冲击，这个冲击的周期是几年还没有教育经济学家的预测。这一特殊时期对高等职业教育闭环运行的冲击，直接表象是生源危机、毕业生就业危机和教师职业危机，但更深层次的危机是制度危机。高等职业教育在这一特殊时期下的制度危机是招生配额、主体垄断、机制闭环运行的制度危机。首先，是招生配额制度危机。招生配额制度是我国高等教育的基本制度，在这样的制度下，应用型普通本科高校、高职院校、民办高职院校招生录取批次依此递增，假如发生因国民经济衰退而带来的高等教育招生危机，那么将是民办高职院校、高职院校、应用型本科高校依此递减。第二，是主体垄断危机。主体垄断是指我国高等职业教育主体地位的国家垄断，非学历教育机构没有自主开设高等职业教育专业、课程、甚至是高等职业教育项目的权力，这已经与国家倡导的产教融合、校企合作、工学结合的发展理念产生巨大的制度冲突。第三，是机制闭环运行危机。机制闭环运行，是指高职院校从教学计划到课程实施的始终，以我为大、故步自封，并没有行业企业的多大事情，但毕业生就业则反其道而用之。

2. 线上教学凸显高职院校学年学分制度危机

计划性、稳定性、封闭性，是高职院校学年学分制度的基本特征。所谓计划性，是指高职院校人才培养方案的计划性，这个计划性的主要根源是高职院校招生制度的计划性，高等职业教育学制的制度性，高技能人才培养与输出的周期性。第一，是高职院校人才培养方案的计划性。高职院校制定专业人才培养方案的依据是教育部关于高职高专的专业设置，地方经济及其行业企业对应用型和技能型人才的需求。这种计划性对于均衡发展的经济模式和封闭运行的教育体制具有天生的优势。第二，是高等职业教育学制的制度性。我国的高等职业教育是中等后的高等教育，也是中等后职业教育的高级层次教育，因而具有严格的学制。其中专科层次高等职业教育的学制是高中后二到三年（初中后五年），应用型本科教育的学制是四到五年（这里将医学专业也纳入进来）。如果按照国民经济均衡发展和教育封闭运行的前提评价高等职业教育学年学分制度，这个制度安排无可厚非，具有合理性。第三，是高技能人才培养与输出的周期性。根据高等职业教育学制，我国高等职业教育人才培养与输出具有周期性（在校生服兵役除外）。在高等职业教育周期内，学生没有中途停止学业的权力。在国民经济平稳运行的时期内，这种周期性有助于教育资源配置，有助于高等教育公平。但是，特殊背景下的线上教学，情况就可能发生不可预料的逆转，这个逆转将怎样挑战中国经济的平稳定运行，怎样影响高职院校的办学规模，怎样干扰高职院校毕业生的充分就业。这样的影响是不以人们的意志为转移的客观现实，这样的影响关乎中国高等职业教育事业的健康发展，甚至会直接影响部分高职院校的生死存亡。在这样的背景下，高职院校学年学分制度已经遭遇前所未有的危机，这个危机是计划性、稳定性和封闭性的三重危机。疫情全球化蔓延对世界政治格局和经济格局的影响，会通过中国经济结构和人才结构的变动机制传递给高等职业教育，并带来对高等职业教育学分制度新的需求，这个新的需求将是对高等职业教育学分制度市场取向发展的需求，即市场化、动态发展和开放创新。所谓市场化，是指高等职业教育学分制度改革更适应学生注册入学、弹性学习和自主择业；所谓动态发展，是指高等职业教育学分制度改革更突出专业、课程、和课程项目单元基于经济波动态势下的动态需求；所谓开放发展，是指高等职业教育学分制度改革，融入非学历高等职业教育主体，推进产教融合、校企合作机制下多主体的协同创新。

3. 线上教学凸显高职院校课程学分制度危机

在学年学分制度框架下，学年学分的最小单元是课程学分，一个专业的课程学分总和构成了这个专业的总学分。课程学分的最大特点是不可分割，就是说在课程学分制度下，一门课程的课程学分不可以分解为若干个项目内容的学分单元。因此，在高等职业院校一门课程固定由一位教师担任，虽然有些技术、技能型课程可以由两位教师（专业教师和职业教师）担任，但这并不是主流。课程学分制度的优点是便于实现对专业课程的学分管理，便于实现对在职教师工作任务的分配，便于实现对学生学习成果的管理和控制。在采用班级教学、特别是大班化教学（班级学生数大于50人）的模式下，课程学分制度容易实现规范化管理和运行。在应试教育、学科教育模式下，课程学分与之对应具有相对科学的合理内核。随着高等职业教育的深化改革，应试教育和学科教育模式已经开始逐步退出，随之而来的课程学分制度问题开始地浮出水面。首先，是课程学分制度不利于学生满足对知识、技术和技能的有效需求。一所高职院校无论怎样发展,其教师是有限的,课程开设的数量是有限的。以课程学分为单位的课程建设,包括公共选修课的课程建设,需要投入大量的人力、物力和财力,而在当今经济社会因抗击疫情而将出现不稳定的发展态势下,大数据时代的学习资源及线上学习,使学生对自身知识和技能需求的评估将会发生变化,对自身专业以外的知识和技能需求将会膨胀,在这样的发展态势下,无论高职院校怎样加大对课程建设的投入,在相对封闭的环境下(行业企业不参与课程建设)都不可能满足广大学生群体对知识需要的膨胀式需求。线上教学凸显了高职院校课程学分制度的危机,尽管在目前并没有给高等职业教育的运行带来明显的影响,然而这个课程学分制度危机却不能不引起高等职业教育先行者的高度关注。课程学分制度危机来自课程学分的不可分割,课程学分不可分割的直接后果,首先是专业课程在运行过程中的授课内容不能调整;第二是专业课程教学组织难以实现从群体教学向以学生团队(或者说以个体学生)为中心的教学模式转型;第三是难以快速实现教师个体知识快速更新能够给教学工作带来的改进与创新;第四是在实现产教融合、校企合作、工学结合的高等职业教育改革进程中,与之相适应的弹性学分制度与课程学分制度的运行机制难以调和。

第二节　疫情防控期：高等职业教育发展与学分制度变革

在世界新冠疫情仍然快速传播的态势下,中国实现了疫情防控的决定性胜利。然而,只要世界范围内还有新冠病毒存活,中国的疫情防控就能止步。疫情防控对于中国的高等职业教育来说,需要历经一个难以确定的时间周期。尽管中国已经进入了数字化时代,但是由于信息技术、网络大数据发展与高等职业教育发展进程不协调的矛盾,中国高等职业教育面临教育数字化革命的挑战和冲击。变革不适应数字革命背景下高等职业教育生产关系,提升网络在线教学的生产力水平,正在引发疫情防控时期倒逼下的高等职业教育生产力、生产关系以及学分制度的发展与变革。

一 高等职业教育发展与生产力变革

（一）在线教学、网上学习教学运行模式的现实问题

我国在线教学、网上学习的起源，是20世纪70年代末中央广播电视大学的视频教学。发展到今天，已经形成了以22个在线课程平台，2.4万门课程，覆盖本科12个学科门类，专科18个高职专业大类为依托的线上教学体系[①]，在线教学、网上学习教学模式已经发展到基本成熟的阶段。然而，这一成功模式的产生和运行无一不是集体智慧的结晶，无一不是团队合作的结果。可是，今天高职院校面对的疫情防控阻击战，无论对于教师还是学生来说都是各自为战的阻击战，都是被封闭于被隔离空间的阻击战，都是完全不具备在线教学、网上学习理想环境的阻击战。在这样的背景下，高职院校打赢这场阻击战，实施在线教学、网上学习需要满足近乎苛刻的充分必要条件。这个充分条件是线上教学、网上学习模式对网络传输速度和容量的苛刻要求，即优质网络信号在全国范围内的全覆盖；高职院校教师对国家提供网络教学资源的优化整合、细心求索和科学利用，即高职院校每一个教师都具有甄别适应学生学习能力、利用所任课程的相应教学资源、独立选择和利用网络平台教学软件的能力和权力；高职院校绝大多数学生具有利用网络平台自主学习的兴趣和动力，熟练选择性学习和研究性学习的方法和潜质。这个必要条件是高职院校教育教学管理系统的与时俱进，具体地说是教学管理平台的高效运行，教学授课计划的科学调整和在线教学团队的合理组合，学生弹性学习的制度安排，学生线上学习与线下（学生返校后）学习的无缝衔接。显而易见，无论是高职院校还是学生所在的家庭部门（特别是贫困地区和偏远地区家庭部门），在疫情防控时期满足这样的充分必要条件需要面对巨大的挑战。这个挑战一方面来自网络经济发展进程的客观原因，另一方面来自高职院校和学生家庭部门的实际困难。因而，打赢疫情防控阻击战需要

---

① 教育部：《关于在疫情防控期间做好普通高等学校在线教学组织与管理工作的指导意见》，2020年2月5日，tthp：//www.moe.gov.cn/jyb_xwfb。

提升高职院校教师和学生之间线上教学、网上学习的教育生产力，调整不适应线上教学、网上学习的教育生产关系。

（二）疫情防控倒逼高职院校教育生产力发展

虽然疫情防控期间对高等职业教育生产力有了更高的要求，但是这并不构成否定当今高等职业教育生产力还相对低下的理由。疫情防控特殊时期的特殊需求，使得高职院校生产力短板毫无遗漏地显现出来。这个短板是高职院校网络信息化教学机制的缺失，在校大学生自主学习、创新学习的动力不足。有教无类、因材施教、知行合一是近百年来职业教育的中国文化，本科12个学科门类、专科18个高职专业大类的2.4万门线上课程，2000余门虚拟仿真实验课程资源，是高职院校打赢疫情防控阻击战的国家力量。中国文化和国家资源需要与高职院校的生产力实现融合，这是抗击疫情防控时期高等职业教育深化改革的重要契机，更是高等职业教育实现国家"两个一百年"战略目标的策略选择。形势所迫、疫情所逼，疫情防控已经在倒逼高等职业教育生产力的变革。这个倒逼就是要求教师教学模式的转型，即由学校教的模式向学生自主学习导的模式转型；这个倒逼就是要求学生学习模式的转型，即由在校学习模式向以家庭为单位自主学习和创新学习模式的转型。疫情防控期间高等职业教育生产力的变革，是双重主体实现自身内因与外因转换的变革，是双重主体通过自我提升实现与高等职业教育资源融合的变革。这个双重主体，就是高职院校的教师与学生；这个高等职业教育资源，就是2.4万门线上课程和2000余门虚拟仿真实验课程。无论是高职院校的教师还是学生，这个外因是疫情防控期间的中国力量、白衣天使的奉献精神和中华儿女的爱国情怀；这个内因是高职院校广大师生在外因作用下的自我激励、自我挑战、忘我工作和努力学习。目前，抗击疫情防控阻击战进入到了最吃紧的阶段，这一特殊阶段高职院校教育生产力变革的重心工作，是广大教师认知初心和践行使命的责任担当，是广大学生接受爱国主义洗礼，为振兴中华而读书的实际行动。这一特殊阶段高职院校教师和学生的砥砺前行，是每一位教师的自我革命和每一个学生的自主创新。每一位教师的自我革命，就是革不清楚高等职业教育本质的命，革不了解每一个学生受教育需求的命，革不会配置和利用社会高等职业教育资源的命,革不会使用网络教学软件、进行线上教学的命,革践行有教无类、因材施教、知行合一教育理念差距的命,革不清楚在疫情防控这一特殊时期创新教学手段的命。每一个学生的自主创新,就是坚守不能流动的学习阵地,转换学习方式和角色,学会在浩瀚网络空间找寻知识的养分,践行线上学习和网络学习,从更深刻的意义上认知自己的"导师"(学校教师和线上教师),利用一切有利于自身成长的开放学习资源,与全国人民一道对疫情防控展开殊死的搏斗。

(三)疫情防控倒逼高职院校教育生产关系变革

教育生产力与教育生产关系协调发展,是高等职业教育生产力变革的永恒主题。在疫情防控防控的特殊时期,保障高职院校"在线学习与线下课堂教学质量实质等效","提高教学效率、保证教学质量、完成教学任务",不仅是广大教师和学生之间的共同努力,更重要的是教育教学管理部门、二级学院、教研室和教学团队的协同作战,高效配置和利用国家和社会提供的教育资源,实现教育生产力与生产关系的无缝对接,这是高职院校打赢疫情防控阻击战的唯一选择。只有满足这样的前提条件,才能够实现疫情防控防控期间教育教学效用的最大化。这是教学管理与教学组织之间的生产关系,其运行机制是:教育教学管理机构科学调整教学计划,实现对国家优质教育资源的高效利用;创新学分转换机制,实现学生弹性学习、选择性学习和自主学习;创新教学团队和教学方法,实现对每一个学生因人施教;实现学生线上学习和复课后线下学习的有序衔接。从短期来看,疫情防控倒逼高等职业教育生产关系变革是高职院校的不得以而为之,但理性分析高等职业教育正在进行的以产教融合、工学结合、校企合作、项目课程导向等改革举措,这样的生产关系变革只不过是弥补高等职业教育生产关系的短板,诠释高等职业教育生产关系的特殊性罢了。这还不够,要打赢高等职业教育抵御疫情防控阻击战,更重要、更关键的还有创新教师团队与学生之间教学运行的生产关系,这个生产关系大体分为四种模式:第一种模式,线上互动、线下引领。具体做法是,选择与授课教师教学内容完全相同的线上课程,包括国家精品课程、虚拟仿真实验课程和慕课。授课教师和学生在线同步学习,在教师深入领会教学内容后,根据所在学校的实际情况针对学生进行课后线上辅导,并衔接学生返校的后续教学内容。第二种模式,自主选课、学分转换。具体做法是,根据教学需要调整教学计划,为学生选定与人才培养目标一致的课程组合,包括国家精品课程、虚拟仿真实验课程、慕课以及有关流行病学、传染病学的慕课专题。学生有选择地选取线上课程,在线考试合格后,学校通过学分转换的方式认定学习成绩和相应学分。选取这种教学方式,教师的作用是线上指导教学。第三种模式,团队协作、视频研讨。具体做法是,针对不能找到相应线上教学内容的课程,包括国家精品课程、虚拟仿真实验课程、慕课,采用一位教师主讲、团队协作指导、视频师生研讨的教学方式完成教学内容。第四种模式,就业导向、教导结合。具体做法是,针对毕业年级毕业设计(毕业论文)以及全校的创新创业实践课程,通过任课教师利用线上教学,指导学生选择学习资源(国家精品课程、虚拟仿真实验课程、慕课,线下学生已收集整理的数据资源),给出学习方法、选题方向、解题思路和研究框架,针对每一个学生进行在线指导、难点答疑和论文撰写,在学生返校后衔接毕业答辩等后续课程。

二 疫情防控期:高职院校的学分制度变革

中国虽然是疫情防控控制最为得力的国家,然而准确地预期当今疫情防控的结束时间,准确地预期疫情防控对中国经济所带来波动的时间周期,还没有哪一位医学专家或者是经济学家能够给出明确的判断。高等职业教育与中国经济具有密切关联和直接的因果关系,在抗击疫情防控的战役中,高等职业教育的努力作为,能够对因疫情防控所带来的经济波动带来积极的影响。当前,高等职业教育的努力作为正在受到疫情防控的影响,推进高职院校学分制改革对于有效消除对高等职业教育努力作为的不利影响发挥积极的作用。

(一)疫情防控期:高职院校学分制变革的基本假定

1. 疫情防控:高职院校学分制变革的时间周期

从疫情防控暴发到被有效控制,从世界经济衰退、萧条、复苏到繁荣,这是疫情防控严重影响中国高等职业教育发展的两个时间周期。对于目前全国范围内高职院校正在进行的深化改革，这两个时间周期具有极大的阻碍作用。如果说，学分制改革本来就是高职院校深化改革的重中之重，那么这两个时间周期又会给这一改革雪上加霜。

在疫情防控时期，高职院校学分制变革是为了消除疫情对教育教学的干扰，提升学生宅家学习的绩效水平，但这是从短期描述高职院校学分制改革的作用。这个短期指学生宅家到返回学校一段时间后的时间周期，在这个时间周期，学生的学习活动具有三个基本特征：第一个基本特征，是学生宅在家中主要通过网络实现在线学习；第二个基本特征，是学生返校后一段时间的分散学习。根据各省（市）教育行政部门对学习环境的要求，学生分批次返校后还不能集中学习，需要学校合理安排学生在不同时空开展教学活动；第三个基本特征，产业复产复工后，学校开始继续产教融合、校企合作、工学结合正常的教学活动。在疫情防控的后期，高职院校学分制改革是为了推进高等职业教育产教融合、校企合作、工学结合的跨界和转型发展，助力消除中国经济因疫情防控影响而带来的国民经济问题。这里所说的国民经济问题，包括高等职业教育体系内在校学生的就业问题，疫情防控造成的在职人员失业问题，转业军人、农民工失业群体和其他非自愿失业群体的转岗培训和就业问题。这是一个比较长的时间周期，这个时间周期不是由中国经济的发展的脉络来决定，而是涉及世界经济从衰退、萧条、复苏到繁荣的整个时间范围。

2. 疫情防控期：高职院校的教学模式选择

根据疫情防控态势下高职院校学分制变革时间周期的基本假定，在疫情防控控制和由于疫情防控导致的世界经济发生动荡的两个周期内（一个短周期和一个长周期），高职院校的教学状态有三种具体模式。第一种模式是完全封闭的办学模式，第二种模式是半封闭的办学模式，第三种模式是完全开放的办学模式。与之相对应，第一种办学模式所对应的是疫情防控期从学生宅家到返校后不能集中上课的时期。在这个时期高职院校的教学方式以网络教学为主，与行业企业相关的实践教学完全处于停滞状态。在理想状态下（即教育部《关于在疫情防控期间做好普通高等学校在线教学组织与管理工作的指导意见》被高职院校认真贯彻落实）广大学生所接受的教学内容包括学校开设的计划内课程，教育部提供的国家在线课程、包括仿真实训课程，社会职业培训机构和行业企业技术技能课程。第二种办学模式所对应的是高职院校实现集中授课到高等职业教育完全开放的时期，即疫情防控暴发前的办学模式。第三种办学模式并不存在。在疫情防控暴发后的两个时间周期到未来更长的时间周期内，高等职业教育的改革方向是第三种办学模式，即完全开放的办学模式。只在完全开放的教育模式下，高等职业教育才能真正地深化改革，为中国和世界经济波动下的社会发展做出巨大贡献。作为实现高等职业教育深化改革重要支点，学分制改革才能发挥应有的巨大作用。说目前并不存在高等职业教育开放的办学模式，这样的观点会有很多职业教育专家站出来反对，论据也似乎充分，因为在全国范围内正在进行产教融合、校企合作、工学结合的高等职业教育改革，学徒制改革、技能大师工作室项目改革等等，尽管这一系列改革步履艰难。不妨假定这种开放的高等职业教育办学模式存在，那就要具体论述一下其存在的必要条件，如果必要条件不充分，那么这种假定则被判定错误。条件之一：国家有明确的法律规定，非高等职业教育主体（行业企业、社会培训机构、网络公司等）具有依法独立从事高等职业教育的权力，这个权力最小到能够开设高等职业教育课程，甚至是由课程分解后的课程项目单元。条件之二，高等职业教育市场化运行，至少职业培训项目市场化运作。言外之意，就是说任何非高等职业教育机构，只要参与高职院校的教育运行（产教融合、校企合作、工学结合等等）都能够直接获得经济利益和社会效益。条件之三，高等职业教育具有非学历学位教育的属性，非高等职业教育办学机构的高等职业教育主体，具备从事非学历学位高等职业教育的办学资格。条件之四，国家具有成熟的高等职业教育学分积累与转换体系，无论学历教育和非学历教育办学机构，所从事教学活动的同类型、同层次、同质量的教学成果（学生的学习绩效）都能够在相应的学分积累与转换系统中实现同等条件下的转换。

3. 疫情防控期：高职院校学分制变革的工具选择

根据时间周期和办学模式的基本假定，在疫情防控控制和对中国经济负面作用的较长特殊时期内（这个特殊时期少则3年多则5到10年），高职院校学分制度变革工具分别是弹性学分制、学分积累和学分转换制度。与封闭和半封闭状态办学模式对应的是弹性学分制，与开放状态对应的是在弹性学分制度下的学分积累和学分转换制度。根据我国控制疫情防控的发展态势，在2020年4月上旬到6月上中旬，大部分高职院校的办学模式基本属于封闭或半封闭状态，这个时间段，高职院校的教学工作面对多种复杂的情况。第一个情况是网络问题。网络教学最可怕的是网络信号中断。在教学过程中，教师端网络信号不好直接影响线上全体学生听课，学生端网络信号不好只涉及个别学生，即信号不好的听课学生。这是不可避免的问题。信号不好、哪怕是微弱信号，也将导致学生学习端电脑失灵，这种情况下学生只能举着手机在可能的范围内找信号，因此学习效果大打折扣。第二种情况是教学内容多样化。由于教师录制课程的条件所限，许多教师在选择教学内容时寻求国家提供的线上教学资源和网络上的相关资源，应当说这是一种很好的教学资源配置模式，问题却是这样的资源配置要受到教学管理相关规定的制约，即不能利用线上教学资源完全替代教师全部的授课内容。第三种情况是承担网络授课教师的数量限制。由于线上教学无固定时空、无课堂边界、无学生准入的限制，因此由多位教师承担的同一门课程能够由一位教师来讲授，这样做的直接后果是不能担任网上教学任务的教师潜在失业。在高职院校网络教学封闭状态运行时，课程内容被分解为若干形式（讲授内容、视频短片、微课、研讨、学生自选内容等等），教学方法形式多样（直播、录播、直接收看网络课件、在线仿真学习等等），这些新情况使得以课程为结算的学分制度出现了全新的问题，而弹性学制下的弹性学分制度，没有教学时空的局限，能够实现按课程项目内容的学分分解，因此在高职院校实际运行的学分管理过程中，会自觉或不自觉地采纳应用。疫情防控过后，学生将重新回到正常的学习状态。然而与之相对应的社会环境和经济环境却会出现很大的变化，而这个变化时间周期的不确定性，又将直接导致高职院校传统的学分制度失灵。无论国家层面和高等职业教育主体（应用型本科高校、高职院校、技师学院、参与高等职业教育改革的企业和其他职业教育机构）是否推进实质性的学分制度改革，世界经济发生周期性波动（经济衰退）都将要波及中国，中国经济结构、人力资源结构和失业率都会发生不以人们的意志为转移的波动。这一时期，稳定国民经济、调整经济结构、保障国民充分就业的宏观经济政策，将是世界经济（包括中国在内）宏观经济政策的无二选择。在这样的大背景下，高等职业教育必须担负扩大办学规模（学历教育规模和非学历教育规模）的时代使命，非学历教育机构也将会服务国家充分就业的宏观经济政策。因而，全面推进国家高等职业教育资历架构和技能架构建设，全面推进高等职业教育（含非学历教育）的国际接轨，全面推进目前断头高等职业教育的纵向衔接（中等职业教育文凭、高等教育学历学位）和横向融合（产教融合、校企合作、工学结合、学徒制改革等等）的历史机遇期已经来临，高等教育学分积累与转换制度建设将被推上高等职业教育巨变时期划时代的历史舞台。

（二）疫情防控：高职院校学分制变革的策略选择

1. 双导师制与双师结构的策略选择

所谓双导师制度，是指高职院校"双师型"教师指导下的教学制度，双导师制度适应目前高职院校正在实施的大师工作室建设项目，教学实训基地实践教学项目，"学校工厂"教学项目。所谓双师结构是指高职院校专业教师+行业企业师傅（技术工程师、能工巧匠）的师资结构，双师结构适应现代学徒制，毕业生社会实践教学和毕业生下企业实习的教学环节。在疫情防控战役取得重要成果的防控期，双导师制度是高职院校推进教学改革的无奈选择。这是因为在这一特殊时期（2020年2到4季度）学校只能封闭或有条件地半开放实施教学活动，解决技能型师资问题只能自给自足。在双导师制度下，高职院校技能大师工作室建设项目、教学实训基地实践教学项目，"学校工厂"教学项目能够在封闭的办学模式下有序运行，这些教改项目的特点无一不是教学与实践一体、教师与导师同一、学习与"工作"融合、项目课程单元主导、计划与变化同在。因此，传统的学年学分制度与课程学分制度，已经严重干扰了以技能大师工作室项目为突破口的教育教学改革。在这样的背景下，弹性学制的学分制度变革是与之相匹配的最佳组合。在后疫情防控较长的一段时间周期，尽管国民经济受到冲击，行业企业生产经营活动受到严重影响，但这并不影响高等职业教育的改革进程。在这一时期，双师结构师资队伍主导下的产教融合、校企合作、工学结合，将成为这一时期高职院校深化教育教学改革的策略选择。除此之外，在这一时期高职院校实施产教融合还具有特殊的时代使命，这一使命是在国家调控下，完成数以百万计在岗潜在失业人员群体[①]、转业军人、农民工待就业群体、下岗失业群体的职业培训。从中国人力资源向人才资源转化的视角来看，让全体没有接受过高等教育数以亿计的劳动者大军接受高等职业教育，实现高等教育全民化的高等职业教育目标并不为过。这是一项巨大的国家工程，又是一项推进国家终身教育的全民工程，从这项巨大工程对教育主体高职院校的制度需求来看，弹性学制是保证这一工程顺利实现的制度保证，学分积累与转换制度是推进高等教育全民化和国家终身教育的中坚力量。

2. 线上资源与线下资源优化配置的策略选择

疫情防控迫使国民教育体系进行线上教学，也引发了数字国民教育的浪潮，网络数字平台、线上教学软件、在线学习课程都出现了市场化发展的萌芽。在线教学使国民教育体系的教育工作者开始认知在线教育资源，特别是高等职业教育工作者，线上教育资源为之破解了燃眉之急。通过在线教学，高职院校的教师开始不自觉地学习资源配置、资源整合、资源利用等本应属于经济学的应用内容，通过教学实践的学习和应用他们开始尝到了甜头，开始解放自己的教育生产力，开始自觉不自觉地实施以资源配置为中心的教学改革。无论从国家的视角还是从高职院校的角度，教育资源配置其实本应属于教育运行再平常不过的管理工具。然而，这个管理工具在疫情防控的背景下却堂而皇之地显现出改革钥匙的痕迹。果真把教育资源配置当作一把改革的钥匙，其实也不能算错。因为教育资源配置不仅能够为高职院校带来巨大的经济利益，还能帮助高职院校创新教育生产力，这对于高职院校和教师来说是一举两得的大好事。但是，还是有解不开的矛盾。

[①] 潜在失业群体是指具有工作岗位但工作任务不饱满或者没有工作任务的在职在岗人员群体。

线上教学资源取代了高职院校教师应当付出的劳动,那么怎样扣除教师无偿使用了线上教学资源而取得的不应有收益。可以说在疫情防控期间,任何教育机构应用别人无偿或应当有偿但并未付费的教育资源都无可厚非,疫情过后呢?疫情过后不仅会有更多的线上教育资源,还有更多的线下教育资源,这下子就不仅仅是线上教育资源配置这样单纯的问题。在疫情过后,教育资源配置问题将成为高等职业教育跨界转型发展,全面实现产教融合、校企合作、工学结合等一系列深化改革目标的重大课题,因为资源配置问题背后的重大命题是高等职业教育的市场化变革。对于高等职业教育变革,这是一道十分清晰的命题。因为只有市场化取向的变革,才能破解产教融合、校企合作、工学结合等一系高等职业教育面临的瓶颈问题。从更大的角度来说,高等职业教育主体(应用型本科高校、高职院校、技师学院、非学历高等职业教育办学机构)只有实现高等职业教育产教融合、校企合作、工学结合的深化改革,才能为抵御世界经济衰退风险,服务国家充分就业宏观经济政策做出重大贡献,担负起后疫情防控时期国家赋予高等职业教育的历史使命。

3. 弹性学习与学分借贷的策略选择

由于疫情防控,高职院校的教学活动会遇到许多问题。比较常见的问题有教师在线教学问题,学生宅家学习问题,特殊情况学生无法学习的问题。教师在线教学的问题,包括:课程录制质量问题,网络失灵问题和教学互动问题。学生宅家学习的问题包括:无法签到问题,视频、音频信号卡顿问题,教师在线答疑问题。特殊情况学生无法学习的问题包括:不具备网络学习条件,不具有上网学习时间(生病、住院)。比较特殊的问题有,线上教学与线下教学的衔接问题,网络教学资源与学生教材(包括老师线下教学内容)脱节问题,实训课程线上教学偏差问题。除了常见问题还有比较特殊的问题,即毕业生毕业环节教学,在企业的毕业生实习,毕业生求职问题等。为了保障在疫情期间教学质量不降低,高职院校教学管理部门需要出台相应的管理办法,寻求解决这些问题的策略选择。显然,传统的学分制度对于解决上述问题无能为力,继续延用课程学分制度和学年学分制度的办法只能牺牲教学质量,影响学生毕业和就业。找到既能够保障学生学习质量、又能够适应网络在线教学（包括应用线上教学资源）、还可以保障毕业生就业不受影响三全策略，是目前高职院校教学管理部门需要努力解决的难点问题。必须实事求是地承认，在目前情形下的线上教学质量与线下教学相比会大打折扣；高职院校毕业生在毕业环节问题，客观造成毕业生质量的下滑。因此，能够断定：如果按照传统的学分制度给与所有学生线上学习的课程学分，如果允许毕业生在疫情防控期间毕业，那么无论是课程学分和毕业生质量都是不合格的。弹性学习下的学分制度与学分借贷策略选择能够破解上述难题。基本思路是：第一，利用弹性学习下的学分制度解决因线上教学所带来的教学质量下滑问题，具体操作如下：客观评价学生线上学习成果，给以学生应得的学分，不足部分可通过教师指导下的在线学习或返校后的公选课学习补齐学分。第二，建立学校学分银行，对毕业生就业采取学分借贷策略解决毕业生求职就业问题。具体操作如下：先解决毕业生就业问题，再解决就业学生毕业环节的学业问题。即通过学校学分银行贷给毕业生学业合格与之差距的全部学分，毕业证照常办理并由学校代为管理，并向毕业生发放毕业证明。学生在工作岗位上，通过线上学习或选择合适时间返校学习，完成在校期间所欠学分，通过学校学分银行归还学校教务管理部门后，取回毕业证书。

第三节　后疫情时代高等职业教育学分制度改革取向探析

中国新冠肺炎疫情的有效控制并不意味着疫情的结束，世界"新冠"疫情的有效控制也不能说明疫情风险的解除。在后"新冠"疫情较长的时间周期，"新冠"疫情给人类社会造成的巨大危害将会在较长时间缓慢释放。在这样的背景下，中国高等职业教育学分改革需求将会日益膨胀，这是由于后疫情时代世界经济格局变化对中国经济影响的连带反映。后疫情时代中国经济结构调整势必影响人力资源供给侧的变动，势必造成人力资源市场人才供求的波动，势必影响国家充分就业的宏观经济政策。对于人才供给侧的高等职业教育来说，这是一次重大的机遇又是一次艰巨的挑战，学分制度改革是高等职业教育应对后疫情时代运行风险的有效制度工具。

一　后疫情时代高职院校双轨运行的学分制度改革

1. 后疫情时代逐渐显现高职院校传统学分制度弊端

后疫情时代的经济波动对高等职业教育的影响，首先是对高职院校大学生职业选择和就业的影响，第二是国家决策下接受社会潜在失业人员转岗培训、农民工和转业军人群体职业培训导致的教育结构变动。对高职院校大学生职业选择和就业的影响并不涉及学制问题，而弹性学习是高职院校应对这一影响需要思考和解决的主要问题。接受社会潜在失业人员转岗培训、农民工和转业军人群体职业培训导致的教育结构变动则与高职院校的学制有关，因为在具有学分积累与转换功能的学分制度下，这部分受教育群体接受职业教育的成果不仅仅是职业技术和技能，也包括应得的相关绩效证明，这个绩效证明可能是高等职业教育学位，也可能是国家承认的职业资格和从业资格证书，而无论是高等职业教育学位、还是职业资格和从业资格的证书，必然与学制、学分、课程这些高等教育术语有关。但是具有较大不同的是，学制的长短与学历教育具有截然的不同。显而易见，后疫情时代高职院校学年学分制度显现出十分明显的弊端。后疫情时时代高职院校学分制度的瓶颈问题是非学历教育学制问题，弹性教学问题，学分积累与转换问题。第一是非学历教育学制问题。非学历教育包括学位教育和职业资格教育，而学位是高职院校学生毕业文凭不可分割的组成部分，其授予权在高职院校；职业资格的授予主体是人力资源和社会保障部门的相关机构，其授予权在相关的人力资源和社会保障部门。学位教育与职业资格教育在时间和空间、教学主体和学习内容具有明显的差异。学位教育和职业资格教育学制不同，学位教育具有学术性、职业资格教育具有职业性，学位教育与职业资格教育是高职院校不能单独解决的问题，破解这一问题需要高等职业教育学分制度的社会化改革。第二是弹性学制问题。弹性学制是非学历教育学分制度的最佳选择，无论对于在职人员、转岗失业人员、农民工和转业军人群体，只有采用弹性学制才能保障这些不同人群非学历教育的学习需求，因而推进弹性学制下的弹性学分制度改革，是破解后疫情时代高职院校实现国家充分就业目标使命的策略选择。第三是学分积累与转换问题。后疫情时代，高等职业教育主体多元化、办学取向市场化、教育教学弹性化变革，是每一类型高等职业教育主体（应用型本科高校、高职院校、行业企业、社会培训机构）难以回避的现实问题，只有在国家法治框架和产教融合的大前提下，高等职业教育主体才能实现自身的利益最大化。而学分积累与转换问题是包括政府和各类高等职业教育主体共同面对的难点问题，积累与转换问题同时也是高等职业院校学分制改革的重大课题。

2. 后疫情时代高职院校传统学分制度的渐进式改良

学分制改革是后疫情时代高职院校深化改革的瓶颈问题，不改不行。然而，对于目前高职院校生产力和生产关系现状来说，面对牵一发而动全身学分制改革并没有作好充分的准备，在这样的情况下盲目推进学分制改革，对于高职院校来说，将是一改就乱、一改革就死，因此关系到高职院校的生存和发展。对于民办高职院校来说，则关系到学校发展的生死存亡。高职院校的学分制改革不能一蹴而就，需要高职院校作好相关的前期工作准备，渐进式推进、分时段改革。高职院校学分制改革涉及的问题很多、改革难度也很大，因此不能全盘推进。以弹性学分制度改革为例：如果将后疫情时代高职院校弹性学分制度改革分为三个阶段，那么这三个阶段的划分可以分为教育生产力和教育关系提升，教学项目弹性学分制探索，弹性学分制度应用和普及。首先是高职院校教育生产力和教育关系提升阶段。后疫情时代高职院校将要面临生源危机（例如外贸定单减少导致的外贸专业生源下降问题）、专业结构和师资结构调整、非学历教育供给侧等难点问题。这既是高职院校教育生产力问题，同时也是教育生产关系问题。高职院校生产力问题，表现在"双师型"师资供给不足和知识结构的跨界提升。"双师型"师资供给不足的压力，一方面来自高职院校之间核心竞争力的较量，另一方面来自高等职业教育市场化发展而带来的非学历高等职业教育主体的竞争。知识结构跨界提升，源于世界范围数字革命导致高职院校的教育生产力滞后，源于后疫情时代需求多变而带来的高职院校发展危机。高职院校的生产关系问题，表现在高职院校教学计划与社会人才需求动态波动的突出矛盾，表现在教材与教学内容与经济社会现实脱节，表现在相对稳定的教育供给与市场多变用人需求的严重失衡。对于高职院校来说，改革教育生产关系是满足国家经济结构和人才结构调整，满足经济社会（特别是在后疫情经济波动时期）应用型人才需求，提高应用型人才培养质量的必要前提。改革教育生产关系的重心，是改善高等职业教育与产业、高职院校与行业企业、学校与教师、教师与学生教与学的关系。提升教育生产力水平的主要途径，是高职院校关于教师群体的制度安排。改革教育生产关系与提升教育生产力水平具有相辅相成的关系，二者缺一不可，必须同步推进。第二是教学项目的弹性学分制探索阶段，教学项目弹性学分是指在学年学分和课程学分体制下，科学分解专业课程，将专业课程分解成为若干课程单元（可以是工作过程导向的项目课程单元、教育核心竞争力提升的职业素质教育单元、工学结合的劳动与生产单元），并按照新的课程单元改革学分制度，推进弹性学分制度的实践和探索。第三是弹性学分制度应用和普及阶段。通过个别教学项目弹性学分制度的探索积累成功经验，再由特殊到一般，由课程学分制改革向学年学分制开刀。

3. 后疫情时代高职院校学分制度的双轨运行

在后疫情时代，由于世界经济的影响，中国人力资源结构、失业结构、职业教育结构的动态变化，高职院校的教育运行将会改变原有的运行轨迹，在改革中发展、在发展中生存是摆在高职院校面前的现实问题。中国高等职业教育规模巨大，如果将应用型本科高校、技师学院也纳入高等职业院校序列，那么中国高等职业教育已远超普通高等教育的规模。高等职业教育不仅规模庞大，而且发展进程极不均衡，应用型本科高校、高职院校、技师学院、民办高职院校的发展差距巨大。在国家财政支持、招生规模、学生入学批次、毕业生就业、学生就读学费等方面都有明显的差别；在办学质量和改革进程的推进方面，有国家双高职业院校①和普通职业院校办学水平的差距；在南北、东西、沿海与内陆不同的办学方位，也存在发展进程的巨大反差。对于这样规模庞大、发展极不平衡的高等职业教育体系，任何一项改革举措都不可操之过急、搞一刀切。高职院校在较长的一段时间内，学年学分制和课程学分制还不能被废除，这是因为高职院校不能脱离国民教育体系独立运行，而变革国民教育体系学年学分制和课程学分制，在较长的历史时期内既不可能、又不现实。在这样的前提下，推进学分制度改革双轨运行是高职院校的策略选择。所谓学分制度的双轨运行有两层含义，第一层含义是指学年学分制与弹性学分制双轨运行，课程学分制与项目学分制双轨运行；第二层含义是指学年学分制与弹性学分制交叉运行，课程学分制与项目学分制交叉运行。学年学分制与弹性学分制双轨运行的基本假设，是高等职业教育市场化发展的二重性（学历教育属性和非学历教育属性），学历教育延用学年学分制、非学历教育（技能资格教育、学位教育）采用弹性学分制；课程学分制与项目学分制双轨运行的基本假设，是高职院校不同课程的非同质性，具有基础教育和学术教育特征的课程延用课程学分制，具有职业教育特征的课程采用课程单元项目学分制；学年学分制与弹性学分制交叉运行的基本假设，是后疫情时代高职院校应对毕业生就业问题的对策选择。即对毕业生采用双重学分制度，对有就业出路的毕业生采用弹性学分制，暂时找不到就业出路毕业生的延用学年学分制度；课程学分制与项目学分制交叉运行基本假设，是以学生为本的职业教育理念。即有部分课程能够使学生在理论学习和技能实训两个方向上双向选择，对于选择理论学习的同学延用课程学分制，选择以完整工作过程项目实习的同学采用课程单元项目学分制。

二　后疫情时代非学历高等职业教育弹性学分制度创新

1. 后疫情时代非学历高等职业教育主体的崛起

扩大高等教育规模，是后疫情时代中国抵御经济下行风险，缓解

---

① 2019年12月18日，教育部公布"双高计划"学校名单，197所高职院校入选中国特色高水平高职院校和高水平专业建设计划名单。

就业压力，保障社会稳定的政策选择。2020年3月4日，中国教育部及时作出了扩大专升本招生规模，扩大研究生招生规模的决定。决定指出："扩大今年普通高等学校专升本规模，主要由职业教育本科和应用型本科安排向产业升级和改善民生急需的专业招生——"①，这是从国家应对"新冠"疫情的战略层面发出的信号。依靠国民教育体系扩大研究生和专升本规模，只是解决高职高专院校和普通高校应届毕业生就业压力的燃眉之急。从全民的视角来看，在经济衰退时期更大的就业问题，是整个社会失业率不断攀升的问题，在职群体因短期失业而造成的潜在失业和转岗问题。解决社会失业率不断攀升和在职群体因短期失业而造成的潜在失业和转岗问题，本应是高等职业教育的职责和使命，因为高等职业教育的国家导向是就业，高等职业教育的本质特征是满足地方经济和行业企业对应用型和技能型人才需求。客观地说，学历教育只是狭义的高等职业教育，广义的高等职业教育还包括非学历教育。非学历高等职业教育涵盖应用型本科高校、高职院校举办的非学历学位教育，非高等教育办学机构（行业企业和社会培训机构）举办的高等级职业资历教育。在目前高职高专院校无学位教育，国家无学分积累与转换体系的状态下，中国的高等职业教育还是断层的高等教育，难以与国际高等教育衔接的高等职业教育。健全和完善高等职业教育体系，是完善高等教育和职业教育体系的双重国家需求，一定会实现，这是没有争议的全民共识。然而建立高等职业教育学位制度，构建国家学分积累与转换体系的先决条件是高等职业教育市场化，因为学位即是高等教育学历文凭的组成部分，又是非国民教育序列高级别职业资历教育的重要成果（高等职业学位、高级别职业技能证书）。在后疫情时代，解决社会失业率上升和在职群体潜在失业问题，与完善高等职业教育体系的国家需求不谋而合。因此，高等职业教育的市场化发展，国家学分积累与转换体系建设只是时间问题。在这样的推论下，社会上一切团体和组织都有可能成为高等职业教育的主体，都有机会从事本应属于高职院校的高等职业学位教育。后疫情时代非学历高等职业教育主体的崛起也只是时间问题，

---

① 环球网：《扩大今年硕士研究生招生规模》，《人民日报》2020年3月4日。

这个时间取决于国家关于高等职业教育学位问题的立法，取决于国家学分积累与转换体系的建设进程。

2. 后疫情时代非学历高等职业教育的基本假定

非学历高等职业教育，特指高等职业教育类型的学位教育和职业资格教育（以下简称"高等职业学位教育"）。高等职业学位教育与学历教育在办学体制、办学规模、教学方式、教学管理等诸多方面截然不同。职业学位教育办学体制具有多样性，职业学位教育的办学主体即可以是公立高职院校，也可以是非学历教育单位；即可以公办、也可以民办。公办的办学主体，可以是高职院校、国有企业、科研院所。民办的办学主体，可以是民办高职院校、民营企业、非赢利民营事业单位、职业培训机构、创新创业项目组织和团队。这样界定高等职业学位教育办学单位的基本假定是：高等职业教育学位的非学历教育属性具有明确的法律规定，在关于高等职业学位教育主体市场准入、办学机构、办学条件和办学规模、学位发放主体权限等具有明确的法律界定。在这样的假定下，高等职业学位教育就得以实现市场化。高等职业学位教育的办学规模可大可小，大到举办国家职业资格非学历项目，小到高等职业教育产教融合单位（行业企业、社会培训机构、创新创业团队）实施的项目课程单元教学活动。这样界定非学历高等职业教育办学规模的基本假定是：高等职业学位教育规模型单位（高职院校继续教育学院、行业企业职业培训机构、科研院所职业研究机构、民办高职院校、规模型民营企业等），经省级以上教育行政部门、人力资源和社会保障部门注册，具有独立开展较高层次职业资格培训和高等职业学位教育的资质。高等职业学位教育规模以下组织或团队（市场化运行的社会职业培训机构，创新创业组织或团队），经省级以上教育行政部门、人力资源和社会保障部门注册，在实现与高职院校产教融合、合作办学的前提下，具有独立开展项目课程教学的资质。高等职业学位教育的办学方式灵活多样，这样定位高等职业学位教育办学方式的假定前提是：高等职业学位教育具有学术教育与职业教育的双重属性。因此，开展高等职业学位教育，可以采用产教融合的办学方式（即建立高职院校与行业企业联合的非学历教学组织），也可以由高职院校或科研院所独立开展高等职业学位教育。开展高等职业学位教育的项目课程，可以是私营社会培训机构，也可以是创新创业的组织或团队。高等职业学位教育管理具有产教融合、校企合作的显著特征。这样定位高等职业学位教育管理机制的假定前提是：高等职业学位教育具有学术性和职业性，产教融合、校企合作、工学结合是高等职业学位教育的发展取向，高等职业学位教育管理机构必须具有产、学、研合一的组织特征。

3. 后疫情时代高等职业学位教育与学分制度问题

后疫情时代的高等职业教育需求，不仅是国家高等教育普及化发展的需求，同时也是国家抵御后疫情时代社会风险和经济风险的需求，不仅是提升高等职业教育层次和水平的需求，同时也是成倍数扩大高等职业教育规模的需求。从广义高等职业教育发展理念上推论，满足这一需求既是高等职业院校的时代使命，更是高等职业教育主体市场化准入，推进高等职业教育全社会覆盖的历史使命。推进高等职业教育全社会覆盖并非是一句空话、大话，因为中国要实现人力资源大国向人才强国的跨越，要实现由代加工世界大国向现代制造业世界强国的转化，就必须提升整个国家产业大军科学技术、技术技能的国家竞争力，而高等职业教育市场化取向、社会化发展的中国壮举，必将实现中国高等职业教育宏伟蓝图的国家战略。要实现高等职业教育的跨越发展，需要实现高等职业教育法治框架下国家调控和市场导向的双轨运行，作为国家层面的宏观调控，主要保障国民教育体系内高等职业教育的微观运行，通过调整高等职业教育的层次结构、办学规模、办学水平和教学规范提升国家体制内高等职业教育的质量和规模；作为市场导向的社会化发展，则是在国家的立法和监控下，实现高等职业学位教育的市场化运行。作为国家宏观调控下的高等职业主体（应用型本科高校、高职院校、民办高职院校）有规模和数量的限制，这和国家财政状况和国民对高等职业教育需求正相关。作为市场导向的高等学位教育主体，则多多益善。因为市场导向下的高等职业学位教育发展是一把双刃剑，一方面有利于国家高等教育的全民化发展,另一方面能够实现这一主体拉动就业的社会功能。高等职业学位教育主体多元、办学形式多样、教学时空多变的特征,对国家管控和市场化运行两类教育主体的融合带来了全新的问题。统一学制、统一学分制是这两类主体首当其冲要解决的关键问题,短学制、弹性学制和弹性学分制是这两类主体都能够接受的制度选择。对于市场化运行的高等职业学位教育主体来说,实行短学制、弹性学制和弹性学分制不存在任何问题,关键问题在于国家管控的高职院校。由于高职院校践行的是学年学分制和课程学分制,学位教育又是学历教育的有机构成,这就带来了高职院校在学位教育上实行短学制、弹性学制和弹性学分制的问题。解决的办法还是双轨制,这一次是要求高职院校在学位教育问题的解决策略实行双轨制。具体思路是,第一学位教育实行学年学分制和课程学分制,第二学位教育实行短学制、弹性学制和弹性学分制。

三 后疫情时代高等职业教育学分积累与转换

1. 后疫情时代高等职业教育学分积累与转换的国家作为

国家学分积累与转换体系建设是高等职业教育市场化发展,实现高等职业教育与基础教育、中等职业教育、应用型本科教育、普通高等教育纵向衔接和横向融合的基础性工程,是国民教育体系和非国民教育体系的桥梁和纽带,是职业劳动者和非职业劳动者实现就业和择业、创业和转岗的实现平台。国家学分积累与转换体系建设既是高等职业学历、学位教育主体的共同义务,也是国家有关部门(国务院、教育部、人力资源和社会保障部)的国家作为。建立高等职业教育学分积累与转换的国家作为,包括国家立法、国家管控和建立与之相应的国家工作机构。首先,是国家立法。通过国家立法主要解决高等职业教育学位问题(国外基于专科层次的高等教育学位是"副学士",中国有学者将高等职业教育学位名称定义为"能士"。[①]),高等职业教育主体的市场准入问题。高等职业教育学位问题,是制约高等职业

---

① 曹炳志:《我国高等职业教育学位体系构建对策研究》,《才智》2013 年第 期。

教育横向推进产教融合，纵向实现与中等职业教育、高等职业教育、普通高等教育衔接的关键节点，没有这个节点中国高等职业教育体系建设会出现问题，中国高等职业教育与世界高等教育的接轨也会受到制约。高等职业教育主体的市场准入问题，是关乎高等职业教育能否市场化发展的问题，是关乎中国高等教育用最短的路径实现全民高等教育的问题，是关乎国家抵御国际经济风险和保障国家充分就业目标实现的问题。高等职业教育学分积累与转换体系需要国家管控，这是因为高等职业教育学分积累与转换体系的市场化运作，高等职业学位教育主体的市场准入。从高等职业教育学分积累与转换的对象来看（学位学分、学历学分、职业资历、学历文凭、其他相关证书），高等职业教育学分积累与转换体系管控的国家行政机构，是教育行政部门、人力资源和社会保障部门、市场监管部门。高等职业教育学分积累与转换，需要一个庞大的运行体制，这个体制的运营中心是由国家部门组建的行政机构，这个行政机构上至国务院有关部门，下致省（市）、区县的相关政府职能部门。这是一个从上至下的管理体系，这个管理体系的主要职责是：负责制定高等职业教育学分积累与转换的运行规则，制定高等职业教育资历架构和技能架构的运作规范，建立高等职业教育学分积累与转换的指标体系，构建服务高等职业教育学分积累与转换机构的大数据服务平台。

2. 后疫情时代高等职业教育学分积累与转换动力来源

后疫情时代高等职业教育学分积累与转换的动力，来源于学分积累与转换体系服务国民经济、稳定社会就业、提升公民职业竞争力的重要功能。来源于国家、高等职业教育产业发展、职业劳动者和求职者群体的利益诉求，仅以高等职业学位为例：首先，是国家是利益。高等职业教育学位是学分积累与转换体系运行的关键节点，高等职业学位建立并在学分积累与转换机制下的有序运行，能够对国家教育发展、社会稳定、经济转型和抵御世界经济衰退风险发挥难以估量的作用。这样定位高等职业教育学位其实并未高估，这是因为：高等职业学位具有独特的含金量。这个含金量来源于高等职业学位的本质属性。高等职业学位是什么，至今没有法律上的界定。虽然有学者对高等职业教育学位给出过定义，但从国家教育发展、社会稳定、经济转型和抵御世界经济衰退风险这样更深层次意义上的界定，还前无古人。高等职业学位是高等职业教育资历证明。高等职业教育学位具有学历教育和非学历教育的双重属性，它既能与高职院校毕业证书并列证明高等职业教育学历，又能单独作为非学历高等职业教育资历的凭证。高等职业学位涵义广泛，它包含高职院校学生学习期间取得的学术成果，包括高职院校学生在校期间职业技能修养的绩效成绩，还包括高职院校学生在校期间参加各种职业技能比赛、创新创业活动实践的丰硕果实。这些还仅仅是一层涵义，从整个社会非学历教育的角度讲，高等职业学位是从业者职业资历的化身，是能工巧匠应该获得的荣誉，是中国文化传承人的标志，还是职业创新、就业创新的奖励。高等职业学位的授予对象不仅是在校学生，也包括军队转业从业人员、退伍军人、快递小哥、社区工作者以及农民工群体的全体国民。在学分积累与转换体制的运行机制下，高等职业学位为国家完善高等教育体系、构建高等职业教育体系、推进终身教育体系建设充当了坚实的中坚力量。第二，是助推高等职业教育产业。高等职业教育学位的市场化运作，对整个高等职业教育产业具有推动作用，这个推动作用在于通过第二学位教育，能够使数以千万计的高职院校毕业生转过头来接受继续教育，能够激活非学历较高层次的职业教育市场，能够激起职业工作者、潜在失业和待业群体对职业资本的重新评估，作出接受非学历高等职业教育的判断和选择。第三，职业劳动者和求职者群体的利益诉求。在人力资源市场就业准入和学历高消费的背景下，提升高等职业教育学历和资历有助于求职就业，有助于提职加薪，有助于提升职业工作者和求职者就业竞争的综合实力。除此之外，高等职业教育学分积累与转换体系的运作，又使得职业工作者和求职者的综合竞争力可持续提升进程如虎添翼。

3. 后疫情时代高等职业教育学分积累与转换体系建设问题

破解高等职业教育深化改革的节点问题，破解制约高等职业教育跨界转型十字路口处的焦问题，是后疫情时代高等职业教育可持续发展的重大命题。以学分制改革为突破口，建设学分积累与转换体系是破解这两难问题的导火索和突破口，诸如产教融合、校企合作、工学结合、项目课程改革、毕业生就业等一系列高等职业教育的深层次问题，都能够在学分制改革和学分积累和转换机制运行的基础上，找到最适合的答案和解题思路。高等职业教育学分积累与转换体系建设是国家高等职业教育的基础工程，这项基础性工程的前期工作是构建国家高等职业教育资历架构和国家职业资历架构，中期工作是学分积累与转换国家制度体系建设，后期工作是从国家、地方到高职院校各级各类学分银行建设。首先，是国家高等职业教育资历架构和国家职业资历架构建设。国家高等职业教育资历架构的支点是高等职业教育的学位立法，难点是怎样重新定位我国高等职业教育的基本职能。多年以来，高等职业教育不是精英教育、不是学术教育的论断已经深入人心，一提起高等职业教育人们会马上联想起就业教育，这是一个伪科学的世界观。从世界各国对高等职业教育的定位，没有哪一个国家将高等职业教育定位于培养精英型人才的教育，这是人人皆知的事实，无可分辨。但是没有哪个国家将高中后教育不定位于高等教育，这也是国际惯例。高等职业教育是中国高等教育的一个类型，这是中国官方给与高等职业教育的基本定位。既然是高等教育就应该有学术教育，只不过学术教育更侧重应用技术与技术技能；既然高等职业教育是一个类型，那么在这个类型上就应当有精英教育，只不过这个精英教育是培养应用型高端人才和培育能工巧匠的精英教育。因此，建立中国高等职业教育学位制度，中国政府有十足的底气和充分的理由。第二，是学分积累与转换国家制度体系建设。学分积累与转换国家制度体系建设的难点问题是国家行政的多头管理问题，要实现教育管理与技能管理行政部门的通力合作①，需要国务院重组能够保障高等职业教育与技术技能教育运行的国家权力部门。第三，是国家、地方到高职院校各级各类学分银行建设。这是一项庞大的系统工程，需要

---

① 这里指教育部及其人力资源和社会保障部。

制定科学合理的建设路径。有这样两条路径可以选择，一条是由下至上的建设路径，另一条是由上至下的建设路径。如果求扎实、求稳健，可选择由下至上的建设路径；如果求效益、求质量，可选择由上至下的建设路径。至于选择哪一条路径，在后疫情时代，应当取决于疫情对中国社会、政治和经济的影响程度，影响程度大，则选择后者更有力；影响程度小，则选择前者更稳健。

第三章

学分积累与转换：基于世界多极化发展的实证分析

纵观世界高等教育的发展进程，学分积累与转换机制的产生可追溯到19世纪末20世纪初美国高等教育体制改革，即美国从初级学院发展到社区学院阶段后，为了与国民教育体系有序衔接而创造的学分制度。1947年美国总统杜鲁门在高等教育委员会报告中提出"社区学院"（Community College）取代"初级学院"这一名称后的20年间，以转学为目的的社区学院学分转换制度得到了巩固和加强。20世纪40年代末50年代初社区学院学生通过学分转换，使社区学院学生转入上一级高等学校的转学率提高了33%。在20世纪60年代，欧洲地区的许多高等教育机构建立了互相承认学历学位的服务公约。1987年，欧盟发起的欧洲大学生流动计划，即著名的"伊拉斯谟计划"（Erasmus Programme）。这一计划的实施推动了欧洲学分制的产生。韩国学分银行搭建了不同类型高等教育协调发展的立交桥，为实现韩国终身教育目标做出了有益的尝试。1998年3月，关于学分认证等法律实行规则《教育部令第713号》制定颁布，规定了学分银行制的具体实施规则，学分银行制得以全面正式实施。2012年1月10日，中国国家开放大学学分银行管理办公室（学分认证中心）正式成立。同年3月开始组建。这是面向社会开展的学习成果认证、积累与转换服务的专设机构，是国家开放大学与部委、行业、企业及教育培训机构沟通的纽带，也是非学历教育与学历教育沟通与衔接的桥梁。

第一节　美国社区学院及其学分转换机制的史学分析

从史学的角度推论世界高等教育完全学分制以及学分转换机制的产生，可以追溯到19世纪末20世纪初美国社区学院的创新发展。在美国社区学院的发展进程中，法治建设、制度创新和体制改革推进了学分转换机制的巨大成功。社区学院与学分转换机制的协调发展，为美国终身教育体系建设打造了开放、创新和协调发展的立交桥。

建设学分积累与转换制度是"十三五"时期高等职业教育创新发展的重要任务，也是建立国家终身教育体系的必经之路。建设学分积累与转换制度，不仅是国家层面的顶层设计和法治建设，也是高等职业教育主体体制改革、机制创新和制度体系的全新课题。认真研究和梳理学分积累与转换制度的产生和发展脉络，科学地汲取世界高等教育发展进程中学分积累与转换体系的成果和经验，对于中国高等职业教育学分积累与转换制度建设具有重要的价值和意义。

一　美国社区学院的产生与发展

有史料证明，学分积累与转换制度产生的源头是美国19世纪末20世纪初的高等教育体制改革，萌芽于初级学院（Junior College Movement）的建立，发展并作用在社区学院（Community College）与国民教育体系的有序衔接。自从12世纪意大利、法国和英国出现早期大学开始，到19世纪末世界高等教育的发展历经了起源、孤独、改革和发展四个阶段。15—17世纪，世纪大学孤独前行，19世纪到20世纪中叶的大学则在改革中进行[1]。后发型和没有传统制约是美国社会的基本特点，所以数百年的欧洲大学传统直接为美国所借鉴[2]。

1. 美国社区学院产生的时代背景

在世界高等教育发展史上，18世纪的法国、19世纪的德国和20

---

[1]　张洁：《世界大学发展史浅读》，《江苏教育学院学报》（自然科学版）2009年第3期。
[2]　张洁：《世界大学发展史浅读》，《江苏教育学院学报》（自然科学版）2009年第3期。

世纪的美国,依次成为教育和科学的中心,在繁荣时期先后相继,在逻辑上也有某种程度的先后相承[1]。18、19 这两个世纪中,德国高等教育发展走在了世界前沿,开始成为世界大学中心,1826 年柏林大学的成立,标志着大学自治、学术自由大学制度从思想理念向运行机制的跨越发展。19 世纪,在北美发生了声势浩大的"西进运动",推进了美国工业革命的加速发展[2]。在这样的背景下,一大批"赠地学院"应运而生。从 18 世纪末到 20 世纪初,美国东部居民向西部地区迁移和进行开发的大规模群众性运动推进了工业革命和大学社会职能的创新和发展,这一运动客观上起到扩大国内市场和促进美国经济发展的历史性作用。1862 年美国颁布了《莫里尔法案》(Morrill Act),莫里尔法案通过将联邦政府拥有的土地赠与各州来兴办、资助高等教育机构,开始转变高等教育侧重于服务上层人士子女传授经典学术科目和宗教课程的现状,使服务农业技术教育、培育农业技术人才、推进农业发展的高等教育策略得以实施。根据法案第 40 条,这些大学的宗旨在于教授农学、军事战术和机械工艺,不排斥古典教育,使得劳工阶级子弟能获得实用的大学教育。在《莫里尔法案》的推动下,美国建立了一大批"赠地学院"。19 世纪末威斯康星大学的创办则被认为是开了大学直接为社会服务的先河。许多大学都敞开校门、直接为社会服务,企业也纷纷向学校投资,形成了社会扶持学校、学校服务社会的办学新格局[3]。随着 18 世纪美国领土的不断扩张、大量移民和西进运动,1870—1900 年的 30 年间,美国人口几乎增加一倍,而这一时期美国高等学校的入学人数却增加了 4.5 倍,但仍满足不了需求[4],这样的社会背景直接导致 19 世纪初期美国高等教育资源供求失衡。尽管一些高等教育机构盲目扩大招生,但仍然满足不了当时因科

---

[1] 王春梅、曾晓萱:《他山之石,可以攻玉——德国大学模式对美国大学发展的影响》,《比较教育研究》1992 年第 3 期。

[2] 早在美国独立之前,美利坚民族就开始向北美大陆西部扩张,但直到美国独立之后,美国的西进运动才变得更加积极和有计划,而且一直持续到现在。

[3] 张洁:《世界大学发展史浅读》,《江苏教育学院学报》(自然科学版)2009 年第 3 期。

[4] 杨应崧:《各国社区教育概论》,上海大学出版社 2000 年版,第 51—52 页。

学技术发展、成人教育和职业教育需求膨胀带来的高等教育危机。因此，创新高等教育办学体制、创办新型高等教育机构已经成为这一时期美国高等教育主体的时代使命。

2. 美国社区学院的发展历程

从 19 世纪开始，美国实行初等义务教育和免费公立中学教育，极大地刺激了高等教育需求，"西进运动"导致的工业革命客观要求高等教育的加速发展，进而推进美国社会生产力的进步。推进高等教育体制改革，实现高等教育与社会化大生产相结合，构成了这一时期美国高等教育改革发展的首要命题。然而从国际视野来看，19 世纪的美国高等教育还远远落后于德国，19 世纪末美国高等教育的大规模扩张，致使高等教育资源极度短缺，因而进一步加大了与世界高等教育强国的差距。19 世纪后期，美国许多大学校长对大学体制的问题提出了意见和建议。在这些大学校长当中，有明尼苏达大学校长威廉·福尔惠尔、密苏里大学校长理查德·杰西、伊利诺伊大学校长安德鲁·德雷伯以及斯坦福大学校长戴维·乔丹。这些深受德国高等教育理念影响的教育家不认可美国高等教育的质量和水平，认为美国学院的质量和水平只能相当于德国文科中学，起码美国学院前两年是中等性质[①]。事实上，当时许多美国的四年制学院规模很小。1900—1901 年，在校学生总数 150 人左右的四年制学院超过了 200 所[②]。在这样的背景下，1892 年美国著名教育家芝加哥大学威戴·哈珀（William Rainey Harper）校长提出了初期大学的思想并将传统的四年制大学进行重组。此后，在美国出现了两年制的"阿卡德米学院"和两年制的"大学学院"。1896 年阿卡德米学院改称为初级学院（junior college），大学学院改称为高级学院（senior college）。这样的体制改革使美国四年制大学的体制机制发生了重大改变，因而使得"初级学院"具有了明显的专科院校特征，"大学学院"则直接进入学术教育阶段。1901 年以前，美国的初级学院都是私立性质并且与高级学院

---

① 易红郡：《美国社区学院的形成及其启示》，《有色金属高教研究》2000 年第 2 期。
② 韩芳、李维喆：《美国社区学院的渊源、发展及启示》，《延安教育学院学报》2003 年第 3 期。

共处于四年制高等教育的统一体中。直到 1901 年伊利诺伊州在乔里埃特建立了第一所公立初级学院，即乔里埃特初级学院。1947 年杜鲁门总统在高等教育委员会报告中提出"社区学院"（Community College）取代"初级学院"这一名称，同年度美国高等教育委员会把"社区学院"这一概念在全国各大报纸的头版上进行了广泛的宣传。从此以后，美国的社区学院作为高等教育体系的重要成员规模从小到大、从弱到强。

3. 美国社区学院的地位与功能

美国社区学院在国家高等教育体系、职业教育体系和终身教育体系中具有举足轻重的地位。在美国的高等教育体系中，社区学院是实现通识教育、职业教育和转学教育（社区学院与四年制本科高校衔接）的主要办学机构。社区学院为地方经济服务、为四年制本科高校提供转学教育的双重职能，有效地满足了美国社会低收入群体子女接受高等教育和实现就业的基本需求，有效地保障了在校学生进入四年制本科高校进行深造的求知欲望。在美国的职业教育体系中，社区学院是实现受教育者接受技术技能教育的培训机构，为在校学生取得职业资格提供优质的服务。在美国的终身教育体系中，社区学院充当了沟通中学通识教育、衔接四年制高等教育、对接社会职业培训机构和职业资格鉴定机构的桥梁和纽带。美国社区学院在美国国民教育体系中具有职业教育、社区服务、通识教育、转学教育和补偿教育的重要功能，这五项功能相互关联和融通，构成了美国终身教育体系的重要节点。第一是职业教育。职业教育是美国社区学院的主要功能，这项功能的主要作用是使学生学习到专门的技能和知识，毕业后能够满足不同产业对技术技能型人才的有效需求。第二是社区服务。社区服务是美国社区学院的重要功能，从管理机构（社区学院董事会）、专业设置、课程开发、教育资源配置到生源，一切以社区为中心。因此"社区即校园"成为美国社区学院的最主要特色之一。第三是转学教育。美国社区学院转学功能的主要措施是学分转换，通过学分转换使社区学院学生转学的范围扩大到美国整个高等教育系统，各层次高等学校互签协议，互认课程学分，为学生实现大学梦想提供了更宽广的选择。第四是通识教育。通识教育是社区学院学生接受职业教育和学术教育的基础教育,通过通识教育来整体提升受教育者利用基础知识（如数学、语文、外语）分析和解决问题的能力,通过通识教育为学生将来接受更高层次的高等教育打下坚实基础。第五是补偿教育。补偿教育的目的是实现以人为本的教育理念,通过开设各种文化课程补习班,对每一个学生的学习情况给予特别关注是补偿教育的基本导向。

二 美国社区学院学分转换机制的史学分析

美国的"初级学院"和"大学学院"构成了美国四年制大学统一体,"初级学院"和"大学学院"的衔接必然成为"初级学院"和"大学学院"运行机制的双重选择。学分转移机制因此成为美国"初级学院"和"大学学院"体制衔接的路径选择,自然也就不言而喻了。

1. 美国社区学院学分转换机制产生的环境分析

19世纪末美国高等教育学分转移机制的产生具有极其深刻的时代背景,这个时代背景涉及美国国家的经济体制、政治体制和大学文化。第一是美国国家的经济体制。从1783年美国独立到19世纪末,美国社会得到了极大发展,1860年前后美国自由市场经济体制已经基本成熟,20世纪20—30年代发展成熟。在市场经济体制下,美国的高等教育办学机构在政府相关法律和制度的框架下具有充分的办学自主权,这就使得高等教育办学机构能够采取学生注册入学、宽进严出的制度政策,这样的制度政策给当时的"初级学院"和"大学学院"建立学分转移的高等教育衔接制度创造了最基本的制度基础。第二是政治体制。美国是财政联邦制国家,19世纪末学区制已经在全美各州得到全面实施。学区制保障了美国"初级学院"和"大学学院"在招生就业、服务地方经济、教育资源配置和接受地方经济反哺高等教育发展成为可能。这样的政治体制使得"初级学院"和"大学学院"之间建立在联邦制法律框架下的学分转移契约提供了坚实的制度保障。第三是大学文化。19世纪末美国"初级学院"产生的目的是实施转学教育,满足低收入家庭子女接受高等教育的旺盛需求。随着美国科学技术的不断发展和产业结构的变化,"初级学院"开始关注成人教育和职业教育,这使得"初级学院"突破了传统高等教育的思维理念,开始建立服务地方经济、推进充分就业、服务终身教育的新型大学文化。这一时期美国的"大学学院"则进一步推进向德国高等教育学习的步伐,大学自治与学术自由的大学文化。推进高等教育的学术发展,实现高等教育推进社会科技进步构成了"大学学院"向世界先进高等教育看齐的方向标。这就使得美国的"初级学院"和"大学学院"在办学理念、办学模式和课程设置等方面形成了各自鲜明的特色。这样的高等教育文化给不同层次高等教育办学机构之间实现学分转移,打造了与时俱进的文化基础。

2. 美国社区学院学分转换机制产生的主要动因

从 1896 年以"初级学院"冠名的美国高等教育机构产生到 1947 年美国高等教育委员会把"社区学院"这一概念在全国各大报纸的头版上广为宣传,以学分转移为目的的"初级学院"这一办学机构不仅实现了跨越发展的四大职能,而且从规模上也得到了快速发展。"初级学院"这一办学机构的四大基本职能是:转学教育、职业教育、普通教育和为社区服务。规模扩张是从 1896 年到 1947 年的半个世纪。据统计,仅 1915—1940 年期间,美国的初级学院的数量从 54 所递增 469 所。学生人数从 1920 年的 1.2 万人递增为 1940 年的 23.2 万人[①]。从时间上计算,美国"社区学院"这种高等教育办学形式从产生到今天经历了 70 年的风雨历程。在这 70 年的风雨历程之中,学分转换是伴随美国"社区学院"可持续发展的基本问题。1947 年杜鲁门总统在高等教育委员会报告中提出"社区学院"(Community College)取代"初级学院"这一名称后的 20 年间,以转学为目的的社区学院学分转换制度得到了巩固和加强。据调查统计,40 年代末至 50 年代初主修转学课程的学生比例保持在 75% 左右,转学率提高了 33%[②]。20 世纪 60 年代末到 80 年代初,美国社会受到冷战和实用主义价值观的严重影响,美国科学技术与产业结构的双向推动

[①] 参见滕大春《外国教育通史》(第五卷),山东教育出版社 1993 年版,第 278—280 页。

[②] 续润华:《美国社区学院发展研究》,中国档案出版社 2000 年版,第 39—43 页。

极大地触动了"社区学院"办学理念的变迁。为了有效满足美国社会生产一线对高、中应用技术型人才的需求,"社区学院"开始探寻职业教育的发展路径,这时"社区学院"的许多毕业生选择了到生产一线就业。因而,从 60 年代末美国社区学院转学功能比 60 年代初大幅度下降,这时美国社区学院的学分转换功能被弱化。20 世纪 80 年代至今,美国终身教育理念从萌芽状态逐步走向了成熟,以多种教育互认为目的的社区学院学分转换制度兴起,社会学院开始成为美国社会中等后教育与高等教育衔接的立交桥。

3. 美国社区学院学分转换的策略选择

在国家层面和各州法律构架下的学分转换制度创新,使得美国社区学院实现国家终身教育目标,跨界衔接基础教育、高等教育、职业教育和社会培训成为可能。因此,跨界衔接不仅成为美国社区学院学分转换的策略选择,也为美国社区学院的可持续发展做出了国家层面的战略选择。从学分转换的视角具体分析,美国社区学院学分转换的基本架构如下:

通过学院高中课程(Middle College High School Program,MCHS)学分实现社区学院反哺高中教育。具体做法是建立社区学院和高中之间的课程衔接协议,社区学院负责课程设置和考核标准,高中负责教学和管理。学生学习后所获得的学分可抵作今后就读社区学院的学分和职业证书学分[①]。这里值得关注的是,社区学院所负责的课程设置和考核标准具有通识教育和职业教育的双重特征,所谓通识教育第一是指培养中学生学会工具知识的教育;第二是指培养中学生逻辑思维和独立思考能力的教育。例如语言知识的培养,其根本目的是培养利用语言分析问题和解决问题的能力。所谓职业教育是培养中学生市场意识、职业意识和职业技能的教育,其目的是为中学毕业生就读社区学院作必要的前期准备和学分转换,缩短中学毕业生在社区学院的就读时间。

通过学位课程实现社区学院与四年制本科高校的纵向衔接。美国

---

① 李玲玲:《学院高中课程:美国衔接中学与中学后教育的策略》,《外国教育研究》2014 年第 7 期。

是学位教育体系完善的国家。从副学士学位、学士学位、硕士学位到博士学位，不仅学位体系完善，而且还具有科学的学位衔接运行机制。从转学教育的视角来看，美国的社区学院为在校学生提供二年学制与四年学制高等教育间的转学教育。由于社区学院具有通识教育、学术教育和职业教育相互融通的办学体制和运行机制，因此社区学院与四年制本科高校之间的衔接存在跨界运行的学分转换。这种跨界运行包括职业教育与学术教育之间的跨界运行，通识教育与工程教育之间的跨界运行以及学校教育与远程教育之间的跨界运行。

三　美国社区学院学分转换的运行机制

美国是联邦制国家，法律和经费资助政策是美国联邦政府引导国家教育发展的法治杠杆，美国社区学院产生和发展与美国职业教育法和高等教育法具有千丝万缕的必然联系。

1. 美国社区学院学分转换的法律支撑

美国社区学院产生和发展的法律依据可以追溯到1862年美国政府颁布《莫雷尔法案》以来所有与职业教育和高等教育相关的法律文献。然而，与学分转换最直接的法律依据莫过于美国政府2008年最新修订的《高等教育机会法案》。《高等教育机会法案》是美国高等教育的基本法，1962年通过，2008年是最新修订版。这一版《高等教育机会法案》从高等教育衔接和高等教育衔接的技术支持两个层面为各个联邦州制定高等教育学分转换制度提供了法律依据。从高等教育衔接的层面来看，《高等教育机会法案》第492条明文规定：衔接协议是指两个或多个高等教育机构之间签订的，为达到特定学位或项目的要求，具体规定某些课程在转换时可以互相接受的协议。在这样的法律框架下，美国高等教育办学机构（两年制社区学院、四年制本科高校）之间横向教育项目（通识教育项目、职业培训项目）连接和纵向教育项目（学历衔接项目、学位衔接项目）衔接就具有了名正言顺的法律效力。根据"衔接协议"的概念，《高等教育机会法案》进一步规定了联邦州推进高等教育"衔接协议"进程的具体事宜，指出：联邦政府在全国范围内推动各州与其公共高等教育机构合作，到2010年，各州应在整个州的高等教育机构间发展、促进和实施综合性的衔接协议。各州和公共高等教育机构发展、推进和实施的衔接协议应包括：共同课程编码；通识教育核心课程、课程等值和衔接的管理体系；联邦政府规定的其他因素。从高等教育技术支持层面《高等教育机会法案》第五部分"发展机构"中，第501条特别指出，通过衔接协议和设计学生支持项目，促进学生从两年制向四年制高等教育机构转学[①]。这一特别规定对联邦州政府向公立高等教育机构提供技术帮助进行了法律上诠释。

2. 美国社区学院学分转换的制度框架

在联邦政府法律体系的基础上，美国具体实施和管理教育的权力在各州。每个州在全国性的教育法律法规框架下都制定了本州内适用的学分转移政策。只要是隶属于某个州，该州的所有中等后教育机构都会参与到学分转换的框架中[②]。根据《高等教育机会法案》的相关规定，全美各州制定学分转换法律和制度规范的总体框架由州衔接协议（Statewide Articulation Agreements）、通识教育要求（General Education Requirements）、共同课业要求（Common Prere-quisites）和州课程编码体系（Statewide Course Numbering System）组成。州衔接协议是州范围内学分转换的制度平台，对州范围内高等教育机构进行学分转换制定的基本原则。这些原则包括授予副学士学位和学士学位的要求，副学士学位转换学士学位的必要条件，普通教育中可转换学分的课程，教育衔接委员会目的、作用以及成员资格，州范围内课程编码系统转换学分，考试转换学分的对等课程设定程序，建立共同高等院校学生成绩单等。目前，美国95%以上的州制定了州学分转换协议[③]。通识教育要求是针对州范围内高等教育机构开设通识教育的硬性规定，其目的是培养学生的基本知识、技能和价值观。如佛罗里达州要求高等教育机构开设36学时的通识教育课程，学生在一所公立

[①] 李玉静、程宇：《美国中等后教育学分转换：政策、制度和保障机制》，《职业技术教育》2015年第6期。

[②] 张秀梅：《美国中等后教育领域学分转移实践机制分析》，《中国远程教育》2009年第3期。

[③] *Statewide Articulation Manual*, Office of Articulation, Florida Department of Education, Revised October, 2011.

高等教育机构获得的通识教育学分能够与另一所公立高等教育机构进行转换。共同课业要求是指在州范围内实施的，相关专业高等教育学位计划所共同要求的内容①。共同课业要求的目的是帮助公立社区学院和四年制本科高校之间的学分转换，共同课业要求公开透明、每年更新并在网上公布。课程编码体系是指具有等值学术内容、等值教师教授、给予同样的代号课程编码集合，制定课程编码体系的目的是促进学生在州范围内私立与公立教育机构的学分转换。

3. 美国社区学院学分转换的微观运行

美国社区学院学分转换的微观运行是建立在法治框架下的衔接协议。在国家《高等教育机会法案》和各联邦州教育法律法规的框架下，美国社区学院与社区学院之间、社区学院与本科高校之间通过衔接协议来实现学生转学和学分转换。社区学院与高等教育机构之间进行学分转换的衔接协议有单一协议、双边协议和多边协议。单一协议是由学分转入高校对某些专业课程进行认可的协议；双边协议是由转入高校与转出社区学院签订的对某一个或多个专业课程进行互认的协议；多边协议是由一个转出社区学院与多个转入高等学校或社区学院，多个社区学院与一个高等学校，或多个社区学院与多个高等学校签订的课程互认协议。衔接协议规定了参与学分转换高等教育主体（社区学院、高等学校）之间针对学分转换各项事宜所规定的具体内容，参与学分转的高等教育主体之间的权利与义务关系。衔接协议主要包括以下内容：（1）协议主体，协议有效期，学分转换项目。协议主体是指签订学分转换的高等教育机构名称，协议有效期是指协议生效时间周期，学分转换项目是指具体的项目名称（如副学士学位与学士学位学分转换项目、职业培训学分转换项目、专业项目）。（2）关于课程衔接，即协议规定社区学院与本科高校之间课程一贯性以及双方在教学过程相互合作的条款。（3）合作原则，主要是学分转换的上限规定。（4）学生服务，界定社区学院与高等学校履行衔接协议的基本义务。（5）审议机构程序。规定参与学分转换的社

---

① *Statewide Articulation Manual*, Office of Articulation, Florida Department of Education, Revised October, 2011.

区学院与高等学校共同管理并且接受相关咨询机构监督的相关条款。（6）独立合作关系。对参与学分转换社区学院与本科高校之间独立性课程建设的规定。（7）无歧视原则。对民族、宗教、种族、年龄、性别、国籍学生的无歧视条款，遵从美国《1990年的残疾人法案》的规定。

第二节 基于欧洲学分积累与转换系统的实证分析

高等教育学分转换和职业教育学分积累是欧洲学分体系的两个重要功能。欧洲高等教育学分转换和职业教育学分积累体系的实践探索，对于构建中国横向连接和纵向衔接的高等职业教育体系具有可参考和借鉴的应用价值。

一 欧洲ECTS的实证分析

1. ECTS的产生

20世纪50年代初期，经济一体化发展与欧洲大学竞争力需求之间产生了极大的反差。与此同时，欧盟各国教育体系、教育机构庞杂，又给学生跨国学习带来了很大的困难。提升欧盟各国高等教育的综合竞争力，破解学生跨国深造的障碍急需建立欧盟高等教育体系。1953年，在法国巴黎召开了"关于进入异国大学学习时文凭等值的欧洲大会"，共有32个欧洲国家派代表出席了本次大会。在这次大会上建立了"根据双方约定和派出国大学颁发的证书，东道国大学可以吸纳学生入学"的原则。[①] 于是在20世纪60年代，欧洲地区的许多高等教育机构建立了互相承认学历学位的服务公约。1987年，欧盟发起的欧洲大学生流动计划，即著名的"伊拉斯谟计划"（Erasmus Programme）。这一计划的实施推动了欧洲学分制的产生。1997年，在葡萄牙共和国首都里斯本签订的《里斯本公约》取代了20世纪60

[①] 李联明：《高等教育一体化进程中的欧洲学分转换系统》，《比较教育研究》2002年第10期。

年代欧洲地区互相承认学历学位的服务公约。《里斯本公约》推进了欧洲地区高等教育从"学历等值"到"学历认可"的跨越，解决了不等值高等教育学历之间的转换问题，即处于同一水平的不同高等教育学历只要没有"实质性差异"，处于同一水平的不同高等教育学历实现了互相承认。然而，由于当时欧洲各国历史、文化、社会、教育理念和教育体制方面的多样性，在学制设定、课程组织、教学语言、学位授予方面各不相同，学分计算方法千差万别，为实现学历互认，迫切需要一个共同的学分计算与衡量标准。① 在这样的需求压力下，1999 年，欧洲 29 个国家在意大利博洛尼亚举行会议，会议的目标是：消除欧洲内国家之间学生流动的障碍；提高欧洲高等教育在全世界范围内的吸引力；确定欧洲范围内的高等教育系统的共同框架，并在这个框架之内建立本科和研究生两个阶段的高等教育机构。这次会议签署了博洛尼亚宣言，确定了到 2010 年建立"欧洲高等教育区"（European Higher Education Area）的发展目标，博洛尼亚进程（Bologna Process）正式启动。完善欧洲学分转换体系（European Credit Transfer System，ECTS）是博洛尼亚进程的一项重要内容。博洛尼亚进程统一了欧盟高等教育体系的学分制度，这个学分制度彻底改变了传统学分制的理念。传统的学分代表着一个学分相等于多少学时的课（即上课时间），而新的学分制，一个 ECTS 学分意味着 25 个学习小时，其中包括 5 小时的上课时间，12 小时的课外作业和社会实践，7 小时的老师辅导，1 小时的考试。

2. ECTS 的主要内容

欧洲学分转换体系（ECTS）解决了高等教育学分转换的世界性三大难题。第一是顶层设计问题，第二是微观运行的问题，第三是服务保障问题。在顶层设计方面，ECTS 通过学分标准化解决了不等值学分的转换问题；在微观运行方面，ECTS 通过开放信息、学习协议、学生成绩档案和学生申请表格的指导性文件解决了学生跨国学习和学分转换的具体操作问题；在服务保障方面，ECTS 通过咨询顾问

---

① 宗华伟：《透视欧洲学分转换与积累系统（ECTS）》，《中国教育报》2012 年 3 月 30 日第 8 版。

(counselors)和文凭补充文件解决了学生跨国学习和学分转换取向和毕业文凭的含金量问题。

(1) ECTS 的宏观调控。欧洲高等教育分为三阶段，分别是学士、硕士和博士阶段。学士学位教育为高等教育的第一阶段，学生需要完成 180—240 学分；硕士学位教育为第二阶段，学生需要完成 90—240 学分；博士学位教育为第三阶段，这个阶段不受 ECTS 的影响。以学士阶段为例：ECTS 要解决的学士阶段学分转换的难点问题，是欧洲各国历史、文化、社会、教育理念和教育体制方面的多样性，这个难点问题的焦点是怎样解决欧洲各国高校在教育水平、教育质量和学分标准方面的内在差异。ECTS 用课业负荷量（学习量）计算法和学分等级设定的办法巧妙地解决了这一问题。课业负荷量是指学生完成一定课业所需要的时间，ECTS 规定，全日制学生每获得一个学分的课业负荷量为 25—30 个学时，60 个学分为一个学年的课业负荷量，每个学年的课业负荷量为 1500—1800 个学时。在 ECTS 中，课业负荷量包含了所有与学习有关的活动，学习时间不仅包括上课时间，也包括实习、研讨会、个人工作、实验室工作、在图书馆或在家进行的自学、考试或其他评估的时间。学校所有的教学安排都与学分挂钩。[①]课业负荷量计算法是将每门课程分解为课程单元（模块课程单元、非模块课程单元），每个课程单元 5 个学分或 5 个学分的整数倍，每个课程单元的学时数根据学生的反馈（例如通过让学生填写问卷）数据来确定。ECTS 学分等级设定是为了解决学分计量和不同高校之间不等值学分的转换问题，ECTS 学分等级设定的基本原则是：根据参加课程评估（或考试）总人数的比例确定成绩等级，评估（或考试）结果分为 7 个等级（A、B、C、D、E、FX、F）。其中，前五个等级占学生总数的百分比分别为 10、25、30、25、10，最后两个等级没有比例。但由于不同学校的教学水平和学生综合素质存在差异，各学校在进行外来学生学分换算时需要设定学分转换系数。

(2) ECTS 的微观运行。ECTS 对欧洲高等学校学分转换规定了信

[①] 袁松鹤：《欧洲学分体系中 ECTS 和 ECVET 的分析与启示》，《中国远程教育》2011 年第 5 期。

息传递的关键性文件，有四个方面的内容：第一是开放信息。开放信息的主要目的是使社会了解欧洲各高校的基本状况，如教育资源、课程目录、学生跨国学习基本要求、学校对学生提供的各项服务、学校学生社团等。ECTS 通过将这些信息资料印刷成小册子供学生学习使用，这个小册子也叫作"学习包和课程目录"，这个小册子的主要内容有：学校信息，如校名、历史、提供课程、入学要求、注册程序；课程信息，如课程设置、颁授文凭、学习方式、教学语言、毕业前景；学生信息，如食宿、生活费用、医疗保险、学生团体、体育活动。[①] 第二是建立三方学习协议。在欧洲，一所高校的学生申请到国外学校，需要本人和所在学校以及转入学校签订一份三方协议，签订这份三方协议的目的是实现学生所在学校和转入学校的义务，保障学生在国外学习的基本权益，实现学生在所在学校获得的学分在转入学校顺利转换。ECTS 要求学生在到国外学校学习的时间周期内，每学期或每学年签订一份这样的三方协议。ECTS 还要求接收院校为每一位学生建立一份"认证表格"以作为证明。第三是学生成绩档案管理。学生成绩档案是欧洲高等学校对跨国学习学生提供的学习成果证明，是高等学校学术认证的重要工具。在 ECTS 中，学生成绩档案是一份标准化的格式文件，记录学生的学习情况、学分、课业以及学习成果被评估的等级等。第四是标准化学生申请表格。ECTS 制订标准化学生申请表格的目的，是帮助到其他高等学校学习的学生注册学籍。标准化学生申请表格的主要内容，包括转入高等教育机构需要学生提供的全部信息。

（3）ECTS 的保障性服务。为了保障 ECTS 有效运行，欧洲委员会在系统运行前做了充分的准备。第一是针对相关咨询机构和各高等教育机构举办短期培训。仅在 1997 年 9 月到 1998 年 1 月间欧洲委员会共举办了 48 个培训班，1998 年初还开通了网络服务热线。通过这样的举措，欧洲委员会为咨询机构和高等教育机构提供了卓有成效的技术性服务。这些技术性服务包括回答 ECTS 文件关于学分转换的各

[①] 宗华伟：《透视欧洲学分转换与积累系统（ECTS）》，《中国教育报》2012 年 3 月 30 日第 8 版。

种疑难问题，讲解关于学分转换实现路径的典型事例，帮助有关高等教育机构和学生解决跨国学习实现学分转换的常见问题。第二是聘请资深顾问。欧洲委员会专门聘请许多资深顾问为大学和高等教育机构提供服务，这些服务包括如何准备欧洲学分转换的标准，成为ECTS的认可的机构，以及如何使用ECTS工具来进行学分累计和终身学习这些方面提供建议[1]，进而为执行博洛尼亚进程提供必要的服务保障。第三是建立协调员制度，即在每个国家指定一名ECTS协调人员，协调员的主要职责是做好全国联络点的总负责，为所在国家的高等教育机构提供ECTS的相关服务。第四是建立决策和服务系统。2014年，欧洲委员会建立了庞大的决策和服务系统，即欧洲高等教育质量保证机构网络（National Academic Contact Point，NACP）。这个系统承担了欧洲高等教育质量保证的全部职能，其主要职能是在政府部门、高等学校、质量保证机构和其他相关单位之间传播有关质量评估和质量保证的信息、经验、范例和新动向[2]。

3. ECTS的发展进程

到目前为止，ECTS经历了创立、发展、完善这三个阶段的发展[3]。从时间上界定1988—1995年，是ECTS的创立阶段，当时仅有145所学校参与跨国间的学分转换，仅涉及5个科目。1995—2001年，是ECTS的发展阶段，截至2001年，欧洲共有75万大学生、1800所大学的学生参与跨国间的学分转换。2002年至今，是ECTS的完善时期，截至2009年，共有46个国家和地区签署了《博洛尼亚宣言》，成为欧洲学分转换系统的参与者[4]。

欧洲学分转换制度的实施加速了欧洲国家之间高等教育交流与合作，推进了在校学生的跨国学习和学分转换，促进了欧洲高等学校之间在教学改革、学术研究和学科建设之间的合作，同时也促进了欧盟

---

[1] 顾玲玲：《欧洲高等教育区域背景下的学分互换制》，《高教论坛》2007年第2期。
[2] 顾玲玲：《欧洲高等教育区域背景下的学分互换制》，《高教论坛》2007年第2期。
[3] European Commission: "Focus on Higher Education in Europe 2010: New report on the impact of the Bologna process", http://www.ond.Vlaan-deren.be/. Retrieved on March, 2011.
[4] European Commission: "Focus on Higher Education in Europe 2010: New report on the impact of the Bologna process", http://www.ond.Vlaan-deren.be/. Retrieved on March, 2011.

教育、就业市场的一体化和人才流通。ECTS 的发展进程体现在以下三个方面。第一是开发了文凭附件工具（Diploma Supplement，DS）。文凭附件工具是一个标准化的模板，基本功能是对学习者原始学位中记录的学习属性、水平、背景、内容和状态进行描述，这个文凭附件工具的应用提高了欧洲各国之间高等教育信息的透明度，在保障就业和促进学术认可方面也发挥了重要作用。文凭附件工具在欧洲学分转换系统实现了对学习者原始学习成果记录的标准化，对于实现不等值学分在各个国家的换算和管理的作用显著。第二是推进了高等教育资格框架建设，统一了欧洲高等教育的质量标准。2005 年 5 月，在卑尔根举行的部长会议上通过了欧洲高等教育资格框架（The Framework for Qualifications of the European Higher Education Area，FQ-EHEA）。这是整个欧洲高等教育领域的宏观框架。这个欧洲高等教育资格框架，奠定了欧洲高等教育三个周期（学士教育、硕士教育和博士教育）的政治基础，统一了学士学位教育和硕士学位教育的教学周期和学分计量标准。从执行情况来看，前两个周期结构有多种组合，其中"180 + 120 学分"的模式最为普遍，有 16 个国家将其作为主要模式，有 21 个国家将其作为模式之一。第三是从学分转换到学分积累的质的跨越。以课业负荷量和学习时间为计算单元的学分制度，把 ECTS 的基本功能由学分转换推向由学分转换到学分积累的质的跨越。文凭附件工具的开发和应用为 ECTS 系统实现学分积累和高等教育不同阶段的纵向转换创造了制度平台和基础性的运营条件。

二 欧洲 ECVET 的发展进程

站在世界的角度来看，欧洲的职业教育是一体的。然而，如果解析欧洲内部国家与国家之间历史、文化、经济和政治体制的差异则不难发现欧洲职业教育发展的多样化矛盾。为了解决欧洲职业教育发展不平衡而带来的劳动力市场一体化发展问题，实现欧洲职业教育的平衡发展，从 2002 年开始，欧洲职业教育与培训学分系统的建设开始进入欧洲各国推进职业教育发展的历史进程。

1. ECVET 的产生

ECVET 是"职业教育与培训学分系统"的英文缩写，ECVET 产生于 2002 年 31 个欧洲国家和地区代表在哥本哈根签署的《哥本哈根宣言》。这份宣言强调：为了实现不同国家、不同层次资格证书间的可比性、互认性和透明性，建立一种职业教育与培训学分系统是十分必要的。在《哥本哈根宣言》的推动下，2004 年的《马斯特里赫特公报（2004）》中，欧盟各国职业教育与培训部长、委员会成员及社会伙伴同意了优先发展和实施职业教育与培训学分系统的计划。2005 年的布鲁塞尔会议确立了欧洲职业教育与培训学分转换系统的含义，即"ECVET 是欧洲职业教育和培训领域内的学分累积和转换体系，它为学习者先前学习所取得的资格证书、文凭和学位进行认证、许可和记录，这些学习结果可以是正规培训颁发的，也可以是非正规培训获得的。它聚焦于学习者本人，以知识、技能和能力三个维度对学习者从各种途径所取得的学业成就进行评价"[1]。同年度，关于职业教育与培训学分系统的两项研究得到了欧洲委员会的资助，研究的目的是 ECVET 在欧洲的适应性。研究结果显示，ECVET 在欧洲的应用能够为职业教育和培训注入新的动力，能够作为提升欧洲劳动力市场活力、提高欧洲国家充分就业，改善和提高职业教育和培训质量和水平的重要工具。2006 年 11 月，欧洲委员会针对 ECVET 的关键性问题在全欧洲范围内举行了持续近半年的公众咨询，同年 6 月的慕尼黑会议，欧洲委员会的代表们讨论了公众咨询结果。2008 年 4 月，欧洲委员会发布了《欧洲议会和委员会关于建设 ECVET 的建议书》（简称《建议书》），ECVET 自 2012 年在成员国内开始实施。[2]

2. ECVET 的主要内容

（1）ECVET 中的学分概念。在 ECVET 中，学分是指接受职业教育或培训的学习者在获得知识、技术、能力过程中取得职业资格证书或学习效果单元成果证书的学业证明。因此与 ECTS 的概念不同，在 ECVET 中的学分不是以学习时间和课业负荷量为计量单位，而是以学习效果（职业资格证书或学习效果单元成果证书）为计算依据的

---

[1] Mouillour, I. L., "European Approaches to Credit (transfer) Systems in VET, Luxembourg: Office for Official Publications of the European Communities", 2005.

[2] 杜社玲：《带着你的学分去学习——欧洲学分互换系统对"学分银行"的启示》，《成才与就业》2009 年第 19 期。

学业证明。根据2008年欧洲委员会在《建议书》中提出"学习效果单元"概念，"学习效果单元"是ECVET中学分计量的基本单位，一个学习效果单元包含一套连贯的知识、技能和能力。一个职业资格证书项目由若干的学习效果单元所组成，一个学习效果单元可以为某一资格证书独有，也可以是几个资格证书独有。学习者完成某学习效果单元并获得相应知识、技能和能力后，即可获得该单元学分。根据欧洲学分转移系统相关文件对ECVET学分的诠释，ECVET学分可分解为五个方面，即围绕学分而产生的对学习地点、学习方式、学习时间、学习结果和结果评价的认识。

（2）ECVET中的学分转换和积累。在欧洲，各国有各国职业教育学分评价和计算的实现标准，但从ECVET中所体现的基本原则是不变的，即职业教育学分都体现在资格证书和学习单元成果证书之中，这样做的初衷就是实现学分的转换和积累。按惯例，学习者在正式的、全日制的职业教育机构里学习一年应取得若干个资格证书，获得的总学分为60学分。由于每一个资格证书又被分解成为若干个学习单元，因此这60学分等于若干个资格证书中学习单元学分数量的总和。由于职业资格证书中每个学习单元中知识、技能和能力的描述是每个国家职业教育管理者的权利和义务，任何通过非正规或非正式学习途径获得的资格证书及相应的单元学习成果证书都可以参考正式的学习途径授予相应的学分。由此可见，资格证书中学习单元的独立性是ECVET学分转换的必要前提，学习单元在不同职业资格中的同质性是ECVET学分积累的必然结果。正是由于学习单元在学分转换和学分积累中具有高度的独立性和同质性，因此在欧洲各国ECVET首先通过学习单元的学分转换，然后再通过学习单元的排列组合过程形成资格证书，这样便实现了ECVET学分转换和积累的主要功能。

（3）ECVET的主要工具包括欧洲护照、欧洲资格框架和国家资格框架、谅解备忘录和共同质量保证框架四个内容。第一是欧洲护照。欧洲护照是欧洲一国公民出入本国国境和到国外旅行或居留时，由本国发给的一种证明该公民国籍和身份的合法证件。由于欧洲护照包含5个反映公民职业迁移的重要文件，因此相当于学习者的档案。这5个文件分别是：欧洲通行简历、欧洲通行迁移证明、欧洲通行文凭附件、欧洲通行证书附件和欧洲通行语言记录袋。第二是欧洲资格框架和国家资格框架。欧洲资格框架也叫做欧洲终身教育资格框架（European Qualifications Framework for lifelong learning，EQF），2007年10月24日由欧洲议会投票通过。以学习结果以及获得学习结果所需要的知识、技能和能力要求为依据，欧洲资格框架共分八级，其中一级为最低，八级为最高。截至2011年11月，欧盟有26个国家建议或者决定本国的资格框架层级为八级，其他八个欧盟国家的资格框架的层级分别为五、七、九、十或十二级①国家资格框架。在欧洲资格框架颁布后，欧洲议会和理事会建议各成员国尽快将本国开发的"国家职业资格体系"与该框架联系起来，也即制定国家职业资格框架（NationalQualifications Framework for lifelong learning，NQF）。到目前为止，欧洲有35个国家正在开发国家资格框架，爱尔兰、法国和英国在2005年前就已经实施了国家资格框架制度，在全球则有120个国家正在开发国家资格框架②。第三是谅解备忘录。为了确保ECVET在学习效果单元基础上建立起教育经历互认和累积，需要申请学分转换涉及两个合作伙伴之间签订一份补充协议，即谅解备忘录。第四是共同质量保证框架。在ECVET进程中，需要建立各国对彼此职业教育与培训质量的相互信任，各国对"学习者应该知道什么"和"学习者能做什么"共同拥有一个同样的共识，以增强职业资格与学习单元学分的透明性。

3. ECVET的实现平台

世界终身学习理念是ECVET实现的理论平台。1994年，首届世界终身学习会议在罗马隆重举行，终身学习在世界范围内形成共识。终身学习理念的提出，对ECTS的发展产生了重要的影响。为此，欧洲计划在2010年的最后期限过渡到高等教育新的学分体制框架下，并将职业教育作为欧洲高等教育一体化步伐的重要组成部分。在世界终身学习理念的引领下，ECTS的功能范围不断扩大，欧洲高等教育

---

① 刘育锋：《国家资格框架——职业教育课程衔接的依据——基于比较的视角》，《中国职业技术教育》2013年第18期。

② 刘育锋：《国家资格框架——职业教育课程衔接的依据——基于比较的视角》，《中国职业技术教育》2013年第18期。

资格框架的健全和完善，使得高等教育与职业教育协调发展成为可能。在这样的前提条件下，ECTS 的功能扩大对 ECVET 的运行产生了强大的动力。欧洲开放的劳动力市场和职业资格准入机制是 ECVET 实现的基础平台。欧洲职业教育与培训学分转换系统对劳动力市场具有重要影响，因此，ECVET 被视为开创欧洲劳动力市场新纪元的一股重要力量，并成为欧洲雇佣政策及里斯本会议确立的三大目标——欧洲竞争力、社会和谐、创造就业机会实现的有力补充[1]。国家资格框架是 ECVET 实现的主要依据。国家资格框架是对不同职业岗位学习能力、职业技能和职业目标的总体描述，是各国实现职业教育学分转换和积累的衔接依据，国家资格框架是国家、教育机构、用人单位和劳动者进行资格比较的标准和规范，因此对于欧洲形成统一劳动力市场具有重要作用。欧洲护照框架是 ECVET 实现运行平台。欧洲护照不仅具有实现欧洲国家劳动力自由流动的主要功能，还能够反映欧洲国家劳动者个人简历、工作经历、学历文凭和职业资格的真实情况。因此，欧洲护照框架对于 ECVET 的实现能够起到制度保障和机制衔接的重要作用。

三 欧洲学分积累与转换体系发展的瓶颈问题

1. 欧洲学分积累与转换系统的学分制度差异

ECVET 与 ECTS 这两个系统的发展取向都是实现学分积累与转换，ECVET 系统的发展进程将要实现职业教育和高等教育之间学分的转换和积累，ECTS 的发展进程将要实现高等教育和职业教育之间学分的转换和积累。因此 ECVET 和 ECTS 将共同构建欧洲职业教育和高等教育的学分积累与转换平台。然而，由于 ECVET 和 ECTS 两个系统存在人才培养体制和学分制度方面的双重矛盾，客观地形成了欧洲学分积累与转换体系可持续发展的瓶颈问题。因此，全面推进欧洲学分积累与转换体系的建设还存在巨大的制度障碍。欧洲高等教育招生考试、课程体制和学分制度的深化改革是欧洲资格框架和国家资格框架创新发展的必要

---

[1] 冯艳妮：《解读欧洲职业教育与培训学分转换系统》，《顺德职业技术学院学报》2011 年第 1 期。

前提，欧洲学分积累与转换体系的发展也有待于高等教育招生考试、课程体制和学分制度的深化改革。令人关注的问题是：欧洲高等教育招生考试与职业教育的注册制度双轨运行，一方面制约着高等教育三个层次之间纵向学分积累的实现，另一方面制约着高等教育与职业教育之间学历教育与职业教育项目的学分转换。以时间和课业负荷量为计量单位和以学习效果为计量单位的学分制度差异，使 ECTS 和 ECVET 两个系统的协调发展步履艰难。这样的制度设计，一方面难以进行职业教育项目与高等教育项目在职业资格设计、学分分配时的数量和质量的界定，另一方面也不利于职业教育学分项目与高等教育学分项目进行学分转换时的不等值换算。对于职业教育项目与高等教育项目之间的学分积累就更是一道难以解决的难点问题。

2. 欧洲学分积累与转换系统的学分转换问题

在理想状态下，一个国家的资历框架包含学历教育和非学历教育不同层次和不同形式的资历集合。同高等教育一样，职业教育也应当包含高、中、低三个不同层次。学历教育中包含着职业教育，职业教育中也包含着学历教育；高等教育中包含着高等职业教育，高等职业教育中包含着高等学历（学位）教育。这是世界高等教育和职业教育发展的必然取向。从这样的站位分析欧洲学分积累与转换系统的学分转换问题，不难看出 ECVET 和 ECT 系统协调发展的难点问题。第一是 ECVET 和 ECTS 系统在高层次职业教育的学分转换问题。高层次职业教育包括高水平的职业技术培训和高等学术教育，与之相对应的高层次职业资格证书也应具有与之对应的含金量。从学分转换的角度讲，高水平的职业资格证书必须能够分解高水平职业培训和高等学术教育的相应模块，而被分解后的职业培训和学术教育模块具有一定的高等职业教育学分。然而，目前欧洲资格框架和国家资格框架的总体设计还不能与高等职业教育学分转换的需求相对应，欧洲高等职业教育的发展还处于少数国家（如苏格兰高等职业教育）的推进阶段。第二是欧洲 ECVET 和 ECTS 系统在高层次学位教育的学分转换问题。欧洲高等教育分为学士、硕士和博士三个不同层次的学位教育，从国际高等职业教育的发展水平来看，副学士教育具备高等职业教育的显著特征，学士学位教育也已经进入高等职业教育的发展空间（例如中国的应用型本科院校已经开始培养学士层次的技术应用型人才）。然而，从欧洲高等职业教育的总体进程来看，其发展速度落后于美国、中国等国家，职业培训的层次学术水平也没有达到高等职业教育的基本要求。因此，欧洲 ECVET 和 ECTS 系统在高层次学位教育的学分转换的操作层面还处于空白阶段。

3. 欧洲学分积累与转换系统的学分积累问题

目前，欧洲 ECTS 和 ECVET 两个系统仍然处于不同类型和不同层次的平行发展阶段，实现欧洲 ECTS 和 ECVET 两个系统的交叉和互融，不仅是欧洲学分积累与转换系统跨越发展的难题，也是世界职业教育和高等教育之间实现学分积累与转换的瓶颈问题。对于欧洲 ECTS 和 ECVET 两个系统之间的学分积累问题来说，实现职业教育层次的迁移，加快发展高等职业教育并实现其职业性与学术性的共融发展，是实现欧洲 ECTS 和 ECVET 两个系统的交叉和互融发展的战略选择。

第三节　韩国学分银行发展路径探析

韩国学分银行搭建了不同类型高等教育协调发展的立交桥，为实现韩国终身教育目标做出了有益的尝试。韩国学分银行的发展进程体现了国家意志、法治管理和市场准入的基本原则。韩国学分银行存在发展进程中的许多难题，这是韩国学分银行发展周期的本质属性，需要通过体制、机制和制度层面的深化改革才能够得到解决。

所谓"学分银行"，顾名思义就是模拟或借鉴银行的功能特点与运行机理，以"学分"代货币，通过"学分"的存储、借贷、转换及兑换等过程，最终建立一种学习者能够自由选择学习内容、学习时间和学习地点的开放式教育教学管理制度或模式①。学分银行是完全学分制的实现形式，是实现终身教育的运行机制。学分银行运行机制将职业资格和学历资格合理分割为若干个学分单元，通过科学的排列组合又将职业资格和学历资格的学分单元重组为职业资格或学位证

---

① 黄健：《学分银行：实现终身学习理想的重要途径》，《成才与就业》2009 年第 17 期。

书,进而实现学历教育和职业培训衔接与融合,推进终身教育的社会化发展。韩国是世界上最先建设学分银行的国家,历经了18年的运行实践已经取得了可喜的进展。

一 韩国学分银行产生与发展的动因分析

1. 终身教育理念与韩国学分银行制的产生

1965年,联合国教科文组织主持召开了促进成人教育的国际会议,在这次会议期间联合国教科文组织成人教育局局长法国的保罗·朗格朗(Parl Lengrand)正式提出了"终身教育"理念,终身教育理念涵盖了人在一生中接受各类教育及社会生活的总和。1994年,"首届世界终身学习会议"在罗马隆重举行,终身学习在世界范围内形成共识。1995年,韩国教育改革委员会为了解决韩国教育体系存在的问题,提出了一项新的改革设想,即通过创新教育体系构建终身学习社会。为了实现这一目标,韩国教育委员会选定了学分银行这一管理模式作为达成目标的有效方法,以实现鼓励公民获得学位促进高等教育实现大众化发展的战略需求。应当说学分银行是韩国政府在完全学分制基础上推进学分制改革,促进不同类型高等教育机构学分积累和转换,实现不同类型高等教育协调发展的一大创举。完全学分制是一种教学管理制度,它的基本特征是以学生必须取得毕业要求的总学时为管理对象,按照培养目标和教学计划中各门课程及教学环节的学时量,确定每门课程的学分量。设置必修课和选修课,规定各类课程的比例,以及准予学生毕业的最低总学分数是完全学分制度的基本要求。依据韩国《学分认证相关法律》(第11690号法律)的规定,"学分银行制"(Credit Bank System, CBS)是在学校以及此外其他机构进行多样化的学习和获取相应的资格、资质,从而到学分管理机构进行学分的换算和认证,当累积到一定标准可以换算获取相应的学位的管理体制[1]。根据1997年1月韩国政府颁布的《时间学生登录制的

---

[1] [韩]金国宪:《关于学分银行制度的政策过程评价》,博士学位论文,启明大学,2006年。

试行指南》，学习者无论是在教育培训机构（社会教育培训机构和企业教育培训机构）还是在成人大学学习，只要修完学分认证所必需的课程并且在学分认证评价机构中修完取得评价认证的学习课程就能够得到相应课程的学分。1998 年 3 月，关于学分认证等法律实行规则《教育部令第 713 号》制定颁布，规定了学分银行制的具体实施规则，学分银行制得以全面正式实施①。

2. 韩国学分银行建设的法制框架

国家层面的法制建设是韩国学分银行框架建设的主要动因。韩国学分银行的本质是国家学分银行，国家学分银行的重要标志是国家层面的法治建设和行政管理。从国家层面的法治建设来看，截至 2007 年，韩国政府相继出台了关于学习成果类型、认定标准、认证程序、学位授予条件等一系列法律法规，为学分银行制度的有效实施打造了坚实的法制平台。在 1995 年 4 月韩国总统金泳三提出的十大"新教育构想"中，"建设一个人人终身都可以进行学习的社会。保证国民可以根据自己的意愿在工作单位和学校间自由地进出，放宽对入学和休学的限制，允许在校内改变所学专业"②的构想为韩国教育总统改革委员会设计"学分银行"推行"完全学分制"确立的指导思想。同年，韩国政府专门投资建立了"国家多媒体教育支援中心"，为实行"学分银行"及"弹性学制"，提供技术支持。自此，"学分银行体系"的建立，打破了学校教育与社会教育之间的藩篱，推进了韩国终身教育跨越式发展③。1997 年 1 月，韩国政府颁布《时间学生登录的试行指南》，同年 9 月出台了《总统令第 1548 号》政府文件，规定了认证制度和标准化课程，首次提出对教育机构和课程进行评定，进一步严格规范了学分银行体系的操作过程④。与此同时，韩国政府

---

① [韩]金国宪：《关于学分银行制度的政策过程评价》，博士学位论文，启明大学，2006 年。

② 陈涛、赵枝琳：《成人高等教育推行学分银行制度的路径探析——基于韩国学分银行体系的发展与运作》，《成人教育》2011 年第 9 期。

③ 王红云：《基于社会教育的韩国终身教育立法进程研究》，《现代远程教育研究》2009 年第 4 期。

④ 覃兵、胡蓉：《韩国高等教育学分银行制探析》，《比较教育研究》2009 年第 12 期。

公布了《学分认定法》,这部立法明确了学分银行体系教育机构、课程及其学分的认证,学位授予的程序、环节和授予学位机构的基本权限。韩国学分银行以此为依据于1998年3月正式投入运营。1998年11月26日韩国国务院讨论通过《终身学习法》送国会审定批准,经国会讨论将该法律名称定名为《终身教育法》公布实施。《终身教育法》第二章明确了中央与地方推进终身学习的基本任务,界定了终身教育机构、职能、财政支持、经费筹措给予的主要内容;第四章规定终身教育的主要设施是各级学校、企业教育机构、远程教育、事业机构、舆论机关和社会团体。2000—2009年对《终身教育法》先后进行了5次修订。其中2007年的修订直接促进了学分银行的重要保障机制——终身学习账户制的产生与发展①。通过法治建设,韩国政府站位于终身教育的高度将高等教育机构从高等学校扩充到整个社会(通过高等教育管理部门评估认证后的各级学校、企业教育机构、远程教育、事业机构、舆论机关和社会团体);通过"学习账户"和《完全学分制》的科学管理,韩国政府推进了高等教育社会化和国家学分银行的高效运转。

3. 韩国学分银行的国家作为

韩国学分银行的显著特征是国家层面管理体系,有别于正规高等教育体系的终身教育体制和市场化的运行机制,严格的评估认证机制和完全学分制度下的高等教育注册制度。虽然韩国学分银行产生至今的管理机构几经变更,然而却都没有改变国家管理的本质特征。作为顶层设计,韩国教育科技部终身学习政策署负责制定与"学分银行"相关的法规和政策,制定课程标准并颁布统一的标准化课程,核准审批高等学校终身学习中心和社会培训机构申报的高等教育和培训项目,负责向学习者发放学位证书。在这样的国家作为下,由韩国高等学校建立的终身学习中心和培训学院、企业培训机构、政府关联机构、重要无形文化遗产、远程教育机构等共同构筑了一个具有各种教育项目的非正规教育体系。作为教育行政管理,韩国16个省的教育

---

① 王红云:《基于社会教育的韩国终身教育立法进程研究》,《现代远程教育研究》2009年第4期。

委员会直接为学生提供学分银行的各项管理服务。包括接收、汇总、递交学习者注册材料，接收和审阅学习者学分认定申请表格，接受学习者咨询并提供答疑服务。由于教育科技部和各省管理者之间职责明确，分工合作，衔接流畅，运行高效，为学习者在学分累积、学位申请过程中提供了便捷、周到的服务[1]。除此之外，韩国政府还将学分银行的开发和管理工作授权给终身教育国家研究院[2]。为了实现对学分银行的科学管理，终身教育国家研究院下设了学分银行事业部和学士学位咨询处两个服务窗口。学分银行事业部有系统管理小组、评估认证小组、注册和记录小组三个职能部门，学士学位咨询处有教育咨询小组和政府考试小组两个职能部门。通过韩国16个省的教育委员会和终身教育国家研究院的分工协作，有效地保障了终身教育国家研究院制定的教育项目、评估计划、标准课程开发和对学分银行工作检查、验证学位授予条件、核实认证办学机构工作的质量，同时也提升了韩国16个省教育委员会管理和监督"学分银行"信息运行系统和咨询系统的效率和水平[3]。韩国学分银行体制机制模型如图3-1所示。

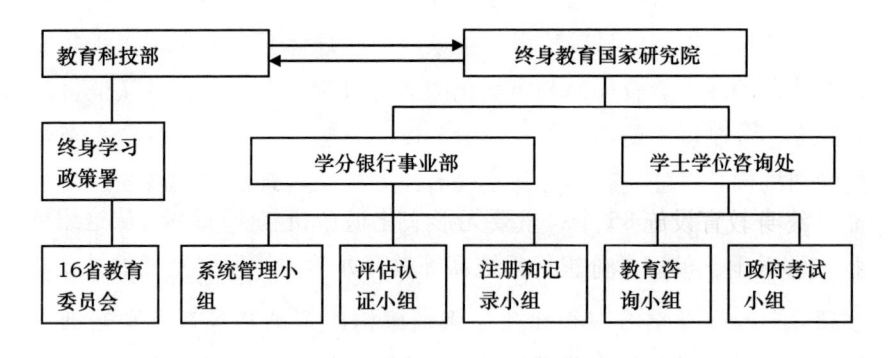

图3-1 韩国学分银行体制机制模型

---

[1] 覃兵、胡蓉：《韩国高等教育学分银行制探析》，《比较教育研究》2009年第12期。

[2] ［韩］朴焙轩，"The Current Situations and Future Directions of the Korean Lifelong Education Policies"，（韩）《西溪社会科学论丛》2009年第1期。

[3] 张朝霞等：《韩国的"学分累积制度"对我国构建学分银行管理机制的启示》，《广州广播电视大学学报》2016年第2期。

二 韩国学分银行微观运行的路径选择

1. 办学主体与资源配置社会化

办学主体社会化、资源配置社会化是韩国学分银行发展路径选择。第一是办学主体的社会化。从现象上看,实现高等教育学分积累与转换是韩国学分银行的基本功能,授予学习者学分的主流是韩国的高等教育机构。然而从韩国学分银行运行主体社会化发展的角度换位思考,不难发现其中教育体制发展的特殊路径。从法律上诠释,经过注册和认证的高等教育机构都具有韩国学分银行系统从事高等教育的办学资格,经过注册的韩国公民都能够成为学分银行的"客户",学分银行的"客户"通过不同渠道接受高等教育并进行学分积累,在完成了韩国教育科技部或者高等学校规定的学分总量之后就能够获得相关的高等教育学位或者是高层次的职业资格证书。一份来自韩国国家终身教育研究院的数据显示,截至2011年韩国学分银行系统附属的教育与培训机构共计537个,其中与高校相关的机构256个,这包括大学的终身教育中心138个、大专的终身教育中心94个、高校和企业合作深度课程和专业课程的办学单位19个、专科学校和高职高专5个;韩国就业劳动部的相关职业培训机构77个,这包括公立职业培训机构12个、认可的私立职业培训机构65个;私立机构59个,这包括私立职业和培训机构27个、私立社会学习机构21个、私立艺术机构11个;中央政府或地方政府教育机构19个;军事教育机构28个;终身教育设施85个;重要无形文化遗产机构13个[1]。从这组数据能够看出,韩国学分银行系统高等教育办学主体发展路径的社会化进程。第二是资源配置社会化。办学主体的社会化发展必然导致教育资源配置的社会化。韩国国家终身教育研究院高级研究员朴仁钟先生在《开放教育研究》(中)杂志发展的文章《终身学习型社会与韩国的学分银行制》中列举了这样一个事例能够说明这个问题:"比如,由于气候变化和气温异常,韩国气象局(KMA)人员必须经常研究

---

[1] [韩]朴仁钟、刘音:《终身学习型社会与韩国的学分银行制》,《开放教育研究》(中)2012年第1期。

天气状态、大气现象和气象控制等。然而，大部分工作人员都十分繁忙，因此教育科学技术部认可气象局为学分银行的教育机构，允许他们在气象局内部开设气象学相关科目，这样就不必去外面寻找学习机构了。"①

2. 标准化课程建设与非正式教育成果转换

标准化课程建设是韩国学分银行社会化发展的重要标志。标准化课程建设的组织者是人力资源开发部与教育发展委员会，建设内容涵盖学士、副学士（专门学士）、素养、专业—素养互换课程、重要非物质文化遗产类等五类。标准化课程是韩国学分银行的核心，标准化课程建设涉及学分银行系统所管理的学位、专业、专业科目、人文科目、选修科目，以及每个科目所需完成的学分，每一个学科的总教学计划（涉及教学目的、课程及总课程、主课程、选修课程的必修学分），学士学位的获取要求，评分和教学质量控制等。标准化课程的建设或调整与韩国社会发展具有直接的联系。在这一过程中，韩国政府根据高等教育大众化、终身教育、学术和技术发展、高等教育和培训机构以及学习者现实需求，对标准化课程进行常态化的调整和更新。截至2013年3月，前韩国教育部对学士、副学士（专门学士）、素养、专业—素养互换四类课程共实施了19次开发与评定工作。通过这19次开发与评定，韩国学分银行所管理的课程总数由1294门上升到27019门，专业数量由41个上升至218个。进而使得韩国教育科技部和高等学校可授予的学位数量达到了37种，其中学士为24种，副学士为13种。重要非物质文化遗产类的标准教育课程建设也有了重大突破，119个专业可授予"传统艺术学士"或"传统艺术副学士"学位。2004年，韩国学分银行又增设了42门远程学习课程，经过10年的发展累计达1114门②。实现学习者非正式教育学习成果认定、存储与学分转换是韩国学分银行的又一个重要功能。韩国学分银行对学习者非正式教育学习成果的界定，包括在非学历教育机构取

---

① ［韩］朴仁钟、刘音：《终身学习型社会与韩国的学分银行制》，《开放教育研究》（中）2012年第1期。

② 林晓凤、安宽洙：《韩国学分银行十五年：成就、挑战与未来》，《职教论坛》2015年第3期。

得的学习成果、职业资格证书、重要无形文化资产学习经历、自学考试取得的学分。换句话说，韩国学分银行承认学习者不论通过哪一种学习形式、学习场所和学习时空，只要取得了学分银行规定范围的学习成果，都能够转换为高等教育学分，并且在学分银行系统进行学分积累和转换。

3. 市场化运作的微观运行

市场化运作是韩国学分银行微观运行的又一特色，主要体现在办学机构的全社会参与。韩国学分银行不排斥任何具有办学实力，具备高等教育、职业培训、企业技术发展以及非物质文化遗产资源的办学机构，这些办学机构与高等教育体系的终身教育系统共同构筑了有别于国民教育体系的学分银行系统。韩国学分银行对有意愿参与高等教育的企业、社会培训机构和其他组织给予直接的服务和管理，这包括韩国学分银行事业部负责的办学认证评估和课程认证评估。在韩国，无论哪一种社会办学力量只要具有规定要求的师资力量（有一定数量与大专院校相同资格的教师，每位教师的周教学工作量必须在18小时以上），教学设施（生均教室面积在1.0平方米以上，有实验室和图书馆等附加设施，有相应的管理办公室和咨询办公室），符合韩国教育发展学会规定的标准化课程都有资格接受开办学分银行课程的教学评估。一旦某教育项目或科目的质量被证明等同于大学教育，即使不是大学的常规项目，也可以被认定为正规教育学分。韩国学分银行的市场化运作，给韩国国民经济运行带来了活力，给企业科学技术和社会办学机构的发展带来了生机。对于企业主来说，提升劳动者素质与劳动生产力需要对员工进行教育和培训；对于企业员工来说，希望接受教育和培训的成果实现个人经济利益和社会价值的最大化。韩国学分银行为国民经济体系的企业和员工的双重需要提供了实现的最佳平台。一方面，企业通过设计教育与培训项目实现与学分银行标准化课程的有序对接，进而得到国家的财政和政策资助；另一方面，员工通过接受企业教育和培训获得学分银行的学分，同时提升自身的综合素质和社会价值。根据韩国《学分认证条例》的规定，成人继续教育学院、由终身教育法案批准的私人教育机构、职业教育和培训法案批准的职业教育和培训机构、高级技术培训学校、专修学校、具备成人继续教育功能的大众传媒机构、与大学或职业培训中心挂钩的企业具有参与学分银行课程评估的资格,对于这些教育机构来说,学分银行的市场化运作为自身的教育创新带来活力,使得参与高等教育成为可能。

三 韩国学分银行的成效与问题

1. 创新了高等教育学分积累和转换的实现路径

韩国学分银行创新了高等教育学分积累和转换的实现路径,创造了相对独立的终身教育学分积累和转换系统。构建高等教育学分积累和转换体系是一道世界性难题,它涉及国家相关法律建立、健全与完善,涉及国家资格框架体系建设的有序跟进,涉及高等教育、继续教育、职业教育招生制度的协调发展,涉及高等教育资格框架与其他资格框架的交叉与互融,涉及高等教育完全学分制度的鼎力支持,涉及资格框架体系可分解的管理体制与运行机制,涉及全社会教育资源的优化配置与整合。然而,从整个世界来看,满足这些条件的高等教育学分积累和转换体系目前还并不存在。韩国学分银行将这一复杂的难题通过科学分解实现了预期的目标。作为战略选择,韩国政府第一是根据自己国家的国情设计了国家层面的学分银行,并以政府的力量建立了行之有效的法律规范和管理体制。第二是以高等学位教育为突破口实现终身教育理念,巧妙地解决了高等教育(培训)的考试制度难题,促进了高等学校终身教育中心体系的形成,创造性地构建了有别于高等学校系统的社会化高等学位教育体系。第三是回避了职业资格框架与高等教育构架分解为职业教育和高等教育课程的难题,用建立标准化课程和直接认定资格证书的办法实现了学习者职业资格和学习成果的积累与转换。

2. 实现了国家战略和民生需求

为了鼓励公民努力获得学位提升国民的综合素质,扩大公民接受高等教育机会,20世纪80年代以来韩国政府直接充当了学分银行建设的组织者、管理者和"运动员"。作为组织者,韩国政府出台了一系列与学分银行相关的法律法规,如1982年颁布的《社会教育法》和《家庭教育法》引导国民的教育观念和行为,1982年12月颁布的

《社会教育法》为社会教育设立了法律框架,1987年10月修订的《大韩民国宪法》提出"国家应大力发展终身教育事业"。1995年5月韩国教育改革委员会提出建设新的教育体系,把"开放教育的社会,构建终身学习社会"作为政策目标[①]。从此,学分银行建设便成为韩国实现国民终身教育战略的策略选择。作为管理者,韩国教育科学技术部将学分银行的管理使命赋予政府教育机构——韩国教育开发学院和16个省的教育委员会。作为"运动员",韩国16省教育委员会和终身教育国家研究院为学分银行的日常工作直接提供了政策咨询和技术指导的直接服务。根据韩国国家终身教育研究院高级研究员朴仁钟先生在《开放教育研究》(中)杂志发表的文章《终身学习型社会与韩国的学分银行制》提供的一组数字显示:1998—2010年期间累计注册学习人数已达到555489人。自1999年起至2011年第一学期止,共有250000名学习者通过学分银行获得了学位,其中副学士学位91786人,学士学位159116人,截至2012年,共有233753人获得以教育科技部部长的名义授予的学位,17149人获得以大学校长名义授予的学位。2012年以后,这一数字继续增加,每年都有50000人获得学位。应当肯定,韩国学分银行建设取得了成功的经验。这个成功经验在于建立了完整的法律框架、制度框架和管理框架,建立了相对独立的终身教育体系并在此基础上构建了完全学分制的运行机制,使得学分银行得以有条不紊地顺利实施。韩国学分银行的发展进程推进了终身教育的国家战略,满足了国民接受高等教育的基本需求,促进了韩国高等教育的创新发展。

3. 韩国学分银行发展进程中的主要矛盾

韩国学分银行发展进程中的主要矛盾体现在三个方面。第一是精英教育与终身教育的矛盾。韩国学分银行对高等教育的大众化发展、实现国民终身教育做出了有益的尝试,同时也暴露出社会对这一新生事物的负面认同。在韩国国人的心目中,通过学分银行获得的学位的学生含金量低,学术水平、专业知识和文化素质远不如正规大学毕业

[①] 陈晶晶、陈龙根:《韩国学分银行制及其对我国构建完全学分制的启示》,《高等农业教育》2010年第8期。

生。有调查显示：26.2%的人认为学分银行毕业生相当于地方大学毕业生，而有34.3%的人觉得学分银行学士的水平只介于高中毕业生和两年毕业的大专生之间，甚至有12.8%的人认为学分银行毕业生只相当于高中毕业生水平。导致这一矛盾的直接原因是生源质量和办学理念。从生源的来源上看，学分银行的学习者大多来自高考失利者，这部分学习者与考入正规韩国高等学校学生的综合素质存在很大的差距。从办学理念上看，学分银行课程不是高等教育的学历课程；而且从学位教育的角度，课程设计侧重于高等教育大众化，这与韩国高等学校的精英教育是不能相提并论的。第二是学历教育与学位教育的矛盾。从运行机制上看，韩国学分银行实现了国家教育资源的配置和利用，高等学校教育、远程教育、企业和社会职业培训体系的教育资源都能够为学分银行建设提供有效的服务。但是从教育体制上看，韩国学分银行与高等学校学历教育之间的运行轨迹仍然处于平行状态。学分银行注册入学制与高等学校学历教育的高考入学制不可能交叉或融合，这就给韩国学分银行系统的转型升级带来难以跨越的鸿沟。第三是国家垄断与社会化发展的矛盾。韩国学分银行是国家层面的高等教育管理系统，学位设计、学科体系和标准化课程建设都是国家层面的顶层设计，国民经济微观运行的企业、社会团体和办学机构的创新能力得不到释放，学分银行的社会化发展也因此受到极大的限制。

第四节　中国学分积累与转换的实践探索

建立具有中国特色的学分积累与转换制度，对于建立全民学习、终身学习的学习型社会，满足人民群众多样化学习需求，实现全民充分就业，推进中国的和谐社会建设具有重要的战略意义。《中共中央关于制定国民经济和社会发展第十三个五年规划的建议》提出了中国"十三五"期间"创新、协调、绿色、开放、共享"的发展理念。实现中国国民教育与非国民教育的"创新、协调、绿色、开放、共享"发展，需要建设国民教育与非国民教育之间、不同类型和层次的学历教育与非学历教育之间、学校教育与社会教育之间的纵向衔接与横向贯通，需要实现全社会教育资源的创新、开放与共享，需要推进国民教育体系的教育主体（不同层次和类型的高等学校、职业院校和科研院所）与非国民教育体系的教育主体（企业和社会的教育、培训机构）创新教育管理体制、改革教学模式、建设适应全民学习和终身学习的课程体系、建立适应中国特色全民学习和终身学习的运行机制。而建立具有中国特色的学分积累与转换制度，是实现中国国民教育与非国民教育"创新、协调、绿色、开放、共享"发展的桥梁和纽带。

一 中国学分积累与转换的顶层设计

《中共中央关于全面深化改革若干重大问题的决定》《中共中央关于制定国民经济和社会发展第十三个五年规划的建议》以及《中华人民共和国国民经济和社会发展第十三个五年规划纲要》对中国各类高等教育（普通本科教育、高等职业教育与成人高等教育）与继续教育之间学分积累和转换的制度建设做出了重要部署，这是党和国家完善人才成长"立交桥"的重要举措，对于基本实现教育现代化、基本形成学习型社会、进入人力资源强国行列具有重大意义"[1]。针对高等教育学分认定和转换工作，2016年9月教育部根据党中央和国务院的部署制定了指导性实施意见。至此，在党和国家的上层建筑，基于高等教育层面学分积累与转换的顶层设计已经形成。

（一）关于高等教育学分积累与转换战略的顶层设计

1. 建立国民终身学习通道

"试行普通高校、高职院校、成人高校之间学分转换"[2]，"建立个人学习账号和学分累计制度，畅通继续教育、终身学习通道"[3] 是党中央关于建设学习型国家所作出的战略部署，是关于国民教育与非国民教育之间实现跨界发展的顶层设计。从微观的视角来看："试行

---

[1] 教育部：《关于推进高等教育学分认定和转换工作的意见》，2016年9月18日发布。

[2] 中共中央：《中共中央关于全面深化改革若干重大问题的决定》，2013年11月12日，中国共产党第十八届中央委员会第三次全体会议通过。

[3] 中共中央：《中共中央关于制定国民经济和社会发展第十三个五年规划的建议》，2015年10月29日，中国共产党第十八届中央委员会第五次全体会议通过。

普通高校、高职院校、成人高校之间学分转换""建立个人学习账号和学分累计制度，畅通继续教育、终身学习通道"给中国高等教育事业既带来了历史性机遇同时也带来了巨大的挑战。所谓历史性机遇是因为试行普通高校、高职院校、成人高校之间学分转换必然要给教育主体（普通高校、高职院校、成人高校）扩大教育资源、共享高等教育改革成果、满足受教育者的多元化需求、推进自身的跨越式发展带来重要的契机。所谓巨大的挑战是因为"试行普通高校、高职院校、成人高校之间学分转换""建立个人学习账号和学分累计制度，畅通继续教育、终身学习通道"将会给高等教育主体造成史无前例的巨大压力。对于普通高校来说，践行学分积累与转换的主要问题来自中国高等教育办学水平的差距，在"985"、"211"、省重点及普通本科院校之间，实现学分积累与转换必须解决学分计量与换算的难点问题。对于高职院校来说，实现学分积累与转换必须解决学位缺失的难点问题。对于成人高校来说，实现学分积累与转换必须解决国家层面的学分银行建设问题。从宏观的角度来看：实现普通高校、高职院校、成人高校之间的学分转换，"建立个人学习账号和学分累计制度，畅通继续教育、终身学习通道"，意味着中国的高等教育体系将进入"创新、协调、绿色、开放、共享"发展阶段。不难推论，中国高等教育体系创新发展的重心是体制改革的创新发展、制度建设的创新发展、教育资源配置的创新发展、课程建设的创新发展和受教育者实现充分就业的创新发展。中国高等教育体系协调发展的重心是不同层次之间高等教育的协调发展、不同类型之间高等教育的协调发展以及高等学校教育与社会办学力量的协调发展。中国高等教育体系绿色发展的重心是高等教育与国民经济供给侧的协调发展。中国高等教育开放发展的重心是高等教育与国际接轨的跨越发展、高等教育资源与社会教育资源的开放式发展。中国高等教育共享发展的重心是国民教育高等教育资源与非国民教育高等教育资源共享发展、高等教育成果在国民经济体系的共享发展。

2. 构建劳动者终身职业培训体系

在"十三五"期间，实现中国经济发展的供给侧调整，推进产业升级，逐步推进劳动者延迟退休年龄，势必会给高等职业教育改革带来新的契机，给行业企业和社会教育机构带来新的课题。终身职业培训体系是实现劳动者职业生涯过程中防范失业风险的蓄水池，构建劳动者终身职业培训体系是党和国家应对国民经济发展进程中的这一系列问题作出的战略决策，这一战略决策的全面实施将为实现高等学校毕业生和社会职业劳动者实现创业、择业、就业、转岗打造坚实的服务平台。构建劳动者终身职业培训体系，是整个国民经济运行体系的系统工程，是包括政府、国民教育、非国民教育以及经济运行主体（行业企业）的义务和责任。从构建高等教育学分积累与转换平台的视角来分析，政府、国民教育、非国民教育以及经济运行主体（行业企业）的具体义务与责任中，政府部门的义务和责任是推进与之相关的法律、法规建设，如与国家资历框架、国家学分银行、通识教育学分国家标准、非国民教育学分课程准入相关的法律法规，建立国民教育与非国民教育学分转换的服务平台，建设与终身职业培训体系相关的服务机构。国民教育（普通高校、高职院校、成人高校）主体的义务和责任是改革招生制度，加快不同层次、不同类型学习者进入高等学校学习准入制度的建设；以高等学校个体（普通高校、高职院校、成人高校）为单位，建设适合本校发展的学分积累与转换制度、高等学校之间学生转校学习的交换生制度、学分课程认定、计量制度以及学分课程建设。非国民教育以及经济运行主体（行业企业）的义务和责任是打造职业培训平台，建设职业培训课程体系，培育高技术和高技能型的双师型人才与能工巧匠，在国家法律法规的框架下参与高等教育与职业教育的课程改革，提供高等学校学生和社会职业劳动者实现创业、择业、就业、转岗等社会服务。

3. 制定国家资历架构

建设国家资历架构是中国高等教育深化改革的现实需求。国家资历架构建设是高等教育主体（普通高校、高职院校、成人高校）实现学分积累与转换的上层建筑，也是高等学校受教育者实现职业人生的方向标。由于中国高等教育体制、制度和运行机制具有自身特色，人口众多与优质高等教育资源相对稀缺的客观现实注定国家资历架构建设必然要走中国特色的发展道路。然而，不论道路怎样选择，中国国家资历架构建设都将走向与国际接轨的发展之路。纵观国家资历架构建设比较成熟的国家，国家资历架构的基本结构不外乎包括国家学历、学位、职业资格和国家资格框架的基本格局，学历、学位、职业资格和国家资格框架在统一的总体架构内体现出相互交叉、相互对应的内在规律。从建立国民终身学习通道的意义上来看，建立国家资历架构能够实现学习者在接受高等教育、步入职业生涯以及进入老年社会的人生旅途中通过不断学习、工作和社会实践提升自身的学历、学位、职业资格等实现人生理想的资本积累。然而，在国家资历架构不完善的情况下，学习者在整个人生旅途中很难实现其价值资本（学历、学位、职业资格）最佳组合，因而会导致价值资本配置失衡的情况，导致不能实现人生价值的最大化。国家资历架构及其高等教育学分积累与转换体系建设有效地解决了这一问题。因此，国家资历架构及其高等教育学分积累与转换体系建设能够为中国国内经济的跨越发展带来巨大的人口红利，能够实现国家终身职业培训体系建设的规范运行。因为在国家资历架构下，无论是高等教育机构（普通高校、高职院校、成人高校）、行业企业及其社会办学力量都必须在国家资历架构下从事相应的事业活动。国家资历架构建设、创新与发展直接关系到高等教育机构、行业企业及其社会办学力量的创新、协调、绿色、开放、共享的发展进程，关系到受教育者、职业劳动者和步入老年社会群体的学习成效、职业价值和老年人群的幸福指数。从高等教育事业发展的意义上看，制定国家资历架构是高等教育事业可持续发展的催化剂。因为国家资历架构能够为高等教育主体（普通高校、高职院校、成人高校）创新、协调、绿色、开放、共享发展提供立体交叉的绿色通道，能够为高等学校受教育者实现充分就业提供职业坐标，能够为社会职业劳动者终身选择高等教育提供国家规范。

（二）关于高等教育学分积累与转换策略的顶层设计

推进高等学校招生制度改革、建立个人学习账号、畅通继续教育是党和国家关于推进高等教育学分积累与转换策略的顶层设计，也是建立学习型国家、实现学习者终身学习的策略选择。

1. 推进高等学校招生制度改革

从国际经验来看，招生和考试相对分离、学校依法自主招生、注册入学是实现高等教育学分积累与转换的必要条件,也是高等学校学生跨国学习、交流的制度保障。在中国共产党第十八届中央委员会第三次全体会议通过的《中共中央关于全面深化改革若干重大问题的决定》决定中指出"推进考试招生制度改革,探索招生和考试相对分离、学生考试多次选择、学校依法自主招生、专业机构组织实施、政府宏观管理、社会参与监督的运行机制,从根本上解决一考定终身的弊端。义务教育免试就近入学,试行学区制和九年一贯对口招生。推行初高中学业水平考试和综合素质评价。加快推进职业院校分类招考或注册入学。逐步推行普通高校基于统一高考和高中学业水平考试成绩的综合评价多元录取机制。探索全国统考减少科目、不分文理科、外语等科目社会化考试一年多考。试行普通高校、高职院校、成人高校之间学分转换,拓宽终身学习通道"[1]。这段文字蕴涵着关于中国高等教育招生制度改革、推进高等教育学分积累与转换极其深刻的时代意义。第一是招生和考试相对分离的高等教育招生制度改革。招生和考试相对分离的招生制度改革,是推进中等教育实现学分制改革的必要前提,同时也是实现中等教育和高等教育学分积累与转换的制度保障。招生和考试相对分离的重要意义,是推进中等教育加快素质教育改革,同时推进通识教育课程的创新与发展,进而实现高中通识教育课程与高等学校通识教育课程相互衔接。在实现中等教育和高等教育学分课程达到相互贯通的前提下,就能够通过学分积累与转换的通道推进招生与考试相对分离的招生制度改革。第二是高等教育学校依法自主招生的招生制度改革。高等学校扩大招生自主权是中国招生制度改革的重要组成部分,在目前中国高等学校发展不平衡和面临体制改革深水区的情况下,扩大高等学校招生自主权有利于不同层次、不同类型的高等学校自主确立选拔受教育人才的自主权,进而根据高等学校人才培养方案选择适应自身教育特色的招生制度和运行机制。这样的运行机制必然会导致中等学校的素质教育改革,推进中等教育与高等教育之间的学分积累和转换,从而打破长期以来中国高考制度一

---

[1] 中共中央:《中共中央关于全面深化改革若干重大问题的决定》,2013 年 11 月 12 日,中国共产党第十八届中央委员会第三次全体会议通过。

考定终身的被动局面。第三是注册入学的高等教育招生制度改革。注册入学是高等教育招生制度改革的重中之重，同时也是难点问题。实现高等学校学生注册入学不仅是高中学生进入本、专科高等学校学习的自然通道，同时也是不同类型、不同层次高等学校学生跨校、跨国学习和交流的自然通道。注册入学的高等教育招生制度改革同时将推进高等学校（普通高校、高职院校、成人高校）学分积累与转换的制度建设，因为注册入学需要高等学校建立自身的招生标准、学分课程转换标准和学分银行。

2. 搭建国家公共服务平台

搭建国家公共服务平台，是实现高等教育学分积累与转换的国家策略。《教育部关于推进高等教育学分认定和转换工作的意见》明确了这一国家策略的基本内容：第一是国家学分存储、认定和转换咨询平台。这个平台的主要功能是"汇集高等学校学历与学位授予标准、学分认定与转换办法等，实现'一站式'搜索，方便各类求学者全面了解高等学校学历学位获取途径"[1]。第二是学分课程"超市"服务平台。这个平台的主要功能是"汇集高等学校及社会其他机构优质课程，形成优质课程'超市'，方便学生选择学习"[2]。第三是国家学分银行系统。这个平台的主要功能是"建立个人学习账号，如实记录、存储学习者在不同高等学校、通过不同渠道获得的学习成果，为高等学校认定学分提供基本依据"[3]。第四是国家学分课程质量保障体系。这个平台的主要功能是"监督在线平台的课程质量、教学与学习过程、学分认定和转换结果，保障学习者权益"[4]。国家公共服务平台建设对于推进高等教育改革、实现高等学校学习者学分积累与转换、促进高等教育资源优化配置具有重要作用。对于高等教育的改革

---

[1] 教育部：《教育部关于推进高等教育学分认定和转换工作的意见》，2016年9月18日发布。

[2] 教育部：《教育部关于推进高等教育学分认定和转换工作的意见》，2016年9月18日发布。

[3] 教育部：《教育部关于推进高等教育学分认定和转换工作的意见》，2016年9月18日发布。

[4] 教育部：《教育部关于推进高等教育学分认定和转换工作的意见》，2016年9月18日发布。

进程来说，国家公共服务平台建设客观要求高等学校建设高效运行的适应本学校科学发展的招生制度、教学管理网络服务平台、可分解的学分课程体系以及规范运营的课程准入与计量评价标准。对于高等学校学习者学分积累与转换来说，国家公共服务平台为在校与校外学习者提完全开放的信息服务平台，有利保障了学习者选择高等学校学习深造的基本权益，为学习者提升自身价值和终身学习创造了良好的社会环境。对于高等教育资源配置来说，国家公共服务平台是实现高等学校与学习者和谐发展的双重通道。一方面，国家公共服务平台为高等学校向社会索取和提供优质教育资源提供服务，参与高等教育"创新、协调、绿色、开放、共享"发展的完全竞争；另一方面，国家公共服务平台为学习者提供选择高等教育主体（普通高校、高职院校、成人高校）和社会公共教育、培训机构的学分课程，为学习者实现学分课程与学历、学位、职业资格证书转换提供行之有效的社会服务。

3. 畅通继续教育

《中华人民共和国国民经济和社会发展第十三个五年规划纲要》指出，要"推动各类学习资源开放共享，办好开放大学，发展在线教育和远程教育，整合各类数字教育资源向全社会提供服务。建立个人学习账号和学分累积制度，畅通继续教育、终身学习通道，制定国家资历框架，推进非学历教育学习成果、职业技能等级学分转换互认。发展老年教育"[①]。可见，中国的继续教育包括高等学校对在校学习开展的第二学历、学位和职业培训教育，包括对社会职业群体开放的学历、学位和职业培训教育，包括对非职业群体和老年群体开放的非学历教育。因此，非学历教育对于建设中国的学习型国家，实现学习者终身学习具有特殊的重要作用。中国继续教育体系的主体包括开放大学、在线教育、远程教育、自学考试和老年大学，在实现高等教育学分积累与转换的改革进程中每一类办学主体具有自身的功能与责任。中国的开放大学是由大陆省、市及其国家开放大学组成的高等成人教育系统，开放大学具备配置全国优质教育资源、提供优质课程、

---

① 中共中央：《中华人民共和国国民经济和社会发展第十三个五年规划纲要》，2016年3月17日新华社授权发布。

建设国家层面开放大学学分银行的能力。在高等学校、特别是职业院校，开放大学为在校学生提供第二学历学位，是普通高校、高职院校和在职人员接受高等教育的又一通道。国家力争办好开放大学，提高开放大学的办学水平，创新开放大学的学习模式，提供优质课程，建设由省、市及其国家层面的学分银行系统，为学生注册、学习、考试等提供一站式在线服务，对于中国建设学习型国家、实现学习者终身学习的基本需求具有重要的作用。在线教育和远程教育是中国高等教育发展不可或缺的有生力量，能够充分发挥高等教育主体的办学优势，为学习者提供优质的高等教育课程，为社会提供形式多样的课程和教学服务。办好在线教育和远程教育，对于实现"人人皆学、时时能学、处处可学"终身学习的社会环境具有特殊的教育功能。从制度层面，"创新学习模式，完善注册学习制度，加快推进学分制改革，完善自主选课制度，满足学生个性化学习需求，健全网上自主学习规则，确保学生网络自主学习可监测、可评价"[①]。是国家对推进在线教育和远程教育深化改革的策略选择。《教育部关于推进高等教育学分认定和转换工作的意见》指出："发挥个人自学、社会助学和国家考试相结合的优势，完善高等教育自学考试制度，丰富自学考试制度体系，改革课程内容，丰富考试方式，拓展服务职能，提高质量和水平，方便更多学习者通过自学考试接受高等教育。"可见，国家在实现终身教育的高等教育层面对自学考试的策略选择。中国已经进入老龄化社会这是不争的事实，办好老年大学是党和国家对老年群体的特别关注，是构建中国和谐社会的重要内容，是创新非学历教育的重要内容。

（三）关于高等教育学分积累与转换运行的顶层设计

2016年9月《教育部关于推进高等教育学分认定和转换工作的意见》对高等教育学分积累与转换作出了政策和制度安排，这是基于高等教育践行学分积累与转换作出的顶层设计，这个国家层面的顶层设计涵盖了目标取向、基本原则及其高等学校实现学分积累与转换的

---

① 教育部：《教育部关于推进高等教育学分认定和转换工作的意见》，2016年9月18日发布。

工作重心等主要内容。

1. 高等教育学分积累与转换的目标取向

（1）构建多种学习成果认定机制。[①] 不同层次、不同类型和不同学习方式，包括高等学校（普通高校、高职院校、成人高校）学习本校课程，参加科学研究、职业培训、社会实践以及社会生产活动。高等教育的学习成果包括高等学校学生取得的在校（普通高校、高职院校、成人高校）学习成果，参加国家自学考试取得的学习成果，参加科研研究、职业培训、社会实践、职业技能比赛、社会生产活动以及国家非物质文化学习取得的学习成果。因此，构建多种学习成果认定机制是指学习者在所选择就读学历、学位的高等学校（普通高校、高职院校、成人高校）对学习者学习成果的认定，这个认定是一项基于学习成果评价、学分计量、学分积累与学分转换的复杂过程。

（2）打造不同类型学历教育、学历教育与非学历教育、校内教育与校外教育之间转换通道。[②] 不同类型学历教育的学分积累与转换是指普通高等教育、高等职业教育、成人教育（开放大学、自学考试、高等学校主办的继续教育）举办的学历教育之间的学分积累与转换，学历教育与非学历教育之间学分积累与转换是指高等学校学习者所取得的学习成果在申请高等学校学历学位、职业资格、国家资格的过程中，颁发学历学位、职业资格、国家资格的主办（主管）单位对学习者所取得的学历教育成果（通识课程学分、专业课程学分、科学研究学分、职业技能资格学分、社会实践学分、毕业环节学分等）与非学历教育成果（职业资格、国家资格、国家承认的各类大赛、国家文化遗产等等）的学分认定、计量、积累与转换的操作过程。校内教育与校外教育学分积累与转换是指高等学校内、外的学习者所取得的学习成果在申请学历学位、职业资格、国家资格过程中，主办院校和职业资格、国家资格发放部门对其取得的在校学习和校外学习的学习成

[①] 教育部：《教育部关于推进高等教育学分认定和转换工作的意见》，2016年9月18日发布。

[②] 教育部：《教育部关于推进高等教育学分认定和转换工作的意见》，2016年9月18日发布。

果进行认定、计量、积累和转换的过程。打造不同类型学历教育、学历教育与非学历教育、校内教育与校外教育之间转换通道，是高等学校、职业资格和国家资格授予单位建立、健全学分积累与转换制度的工作要求和目标取向。

（3）促进优质教育资源开放共享。① 广义地说，优质教育资源包括全社会可优化、配置和创新的优质教育资源。虽然中国的优质教育资源主要存在于国民教育体系的高等教育机构（普通高校、高职院校、成人高校），然而从构建学习型国家和实现国民终身学习和实现高等教育学分积累和转换目标的视角审视，国民教育体系的教育资源不能完全满足这一国家的基本需求，因此非国民教育体系教育资源的优化、配置和创新就显得十分重要。促进优质教育资源开放共享有两个方面的含义：一方面是指优质高等教育资源对全社会的开放共享，另一方面是指社会优质教育资源对高等教育体系的开放共享。促进优质教育资源开放共享需要高等教育机构对自身教育资源的优化、配置和创新，需要高等教育机构对社会优质教育资源的市场化配置，需要高等教育机构积极参与和有效促进社会上一切有利于高等教育事业"创新、协调、绿色、开放、共享"发展的社会生产型资源向优质教育资源的转化和重组。

（4）建立具有中国特色的学习成果认定和转换体系。② 中国特色是中国国民教育和非国民教育"创新、协调、绿色、开放、共享"发展的产物。中国国民教育体系的中国特色体现在中等教育、职业教育和高等教育的特殊结构，体现在高等职业教育的中国特色，体现在高等教育非均衡多类型创新发展的中国国情；非国民教育体系的中国特色体现在市场化、老龄化发展的特殊格局。因此，要满足中国国民教育与非国民教育体系之间学习成果认定和转换的基本需求，必须建立纵横交错、跨界运行的学习成果认定和转换体系，这个转换体系建设与发展本身孕育了不可逆转的中国特色。

---

① 教育部：《教育部关于推进高等教育学分认定和转换工作的意见》，2016 年 9 月 18 日发布。
② 教育部：《教育部关于推进高等教育学分认定和转换工作的意见》，2016 年 9 月 18 日发布。

（5）促进各级各类教育纵向衔接、横向沟通。① 从办学层次上说，中国的各级教育包括中等教育（中等职业教育），高等教育（普通高等教育、高等职业教育），硕、博研究生教育（学术型研究生教育、专业型研究生教育）；从办学类型上说，包括普通教育和职业教育；从办学形式上说，包括学校教育、自学考试、在职培训、成人教育、网络教育、老年教育。实现不同办学层次、办学类型、办学形式之间从中等教育、高等教育、职业培训、老年教育的纵向衔接与横向沟通，必须建立国家学分积累与转换体系，这是国家推动全民学习、终身学习的战略决策。

2. 高等教育学分积累与转换的基本原则

《教育部关于推进高等教育学分认定和转换工作的意见》界定了高等教育学分积累与转换工作的基本原则，即：坚持以学习者为中心，坚持以高等学校为主体，坚持实质等效，坚持规范有序。

（1）坚持以学习者为中心。从全民学习、终身学习的基本理念界定高等教育的学习者，那么高等教育学习者的内涵包括以各种形式接受高等教育主体（普通高校、高职院校、成人高校）学历、学位、非学历职业教育、老年教育的受教育群体。这个以学习者为中心的基本理念对高等学校"创新制度安排，建立有效通道，方便学习者在不同层次、不同类型高等学校获得的学分以及其他学习成果得到认定、转换和积累"②。提出了践行学分积累与转换的基本目标和工作要求。以学习者为中心的实质是以每一个受教育者为中心，在这样的前提下创新制度安排、对于建立学习者学分积累与转换的有效通道，不能不说是对高等教育主体的（普通高校、高职院校、成人高校）严峻挑战。

（2）坚持以高等学校为主体。从整个高等教育体系来看，每一所高等学校（普通高校、高职院校、成人高校）都是这个整体的一个节点或者基本单元。以高等学校为主体，意味着国家给予高等学校对

---

① 教育部：《教育部关于推进高等教育学分认定和转换工作的意见》，2016年9月18日发布。

② 教育部：《教育部关于推进高等教育学分认定和转换工作的意见》，2016年9月18日发布。

高等教育体系的教育教学成果进行评价、计量、换算并进行学分积累与转换的基本权力。在这样的基本前提面前，整个高等教育学分积累与转换的微观运行将会是一个庞大的系统工程，这个系统工程的建设，将实现中国高等教育办学水平的整体提升和办学特色的百花齐放。

（3）坚持实质等效。以高等学校为主体，保障了高等学校法人的基本权益，保障了高等学校自主办学和自我发展。在这样的基本前提下，高等学校在实现学习者学分积累与转换的过程中坚持实质等效，就是要坚持高等学校个体的办学方向、办学特色和办学质量，从自身发展的实际认定和转换不同类型的学习成果，综合考察学习者所体现的知识、能力及水平等因素，严格质量标准，确保符合自身发展的内在要求。

（4）坚持规范有序。对于不同类型、不同层次的高等学校个体来说，坚持规范有序，是对其学分积累与转换制度建设的规范有序，对校内、外学习成果认定、评价、学分积累与转换的规范有序，对学分课程进入的规范有序，学历教育与非学历教育学习成果学分认定与转换的规范有序，对社会教育资源优化配置与合理利用的规范有序，对以学习者为中心的学分课程建设、开放与创新的规范有序，对整个学分积累与转换信息系统开放创新的规范有序。只有做到了规范有序，才能"建立科学合理的学分认定办法，制定公开透明的转换程序，健全完善、严格而又规范的质量保障体系"。

3. 高等学校践行学分积累与转换的工作重心

（1）推进以学习者为中心的学习成果认定体制机制建设。以学习者为中心，实现高等学校对不同类型、不同层次、不同学习方式学习成果的认定，是高等学校推进学分积累与转换工作的首要问题，解决这一问题的关键是建立适应高等学校个体实现学习成果认定与转换的体制机制，这个体制机制包括与之相适应的制度规范、管理体制和运行模式。第一是制度规范。对于高等学校来说，推进以学习者为中心的学习成果认定，必须建立一整套适应自身"创新、协调、绿色、开放、共享"发展的制度规范，这一整套制度规范应当涵盖对学习者认定的制度规范；以学习成果（课程或课程单元）为计算单位的收费标准；学分课程体系建设及其学习成果认定制度规范；实现学习者学习成果（学分）积累与转换，兑现学历、学位、职业资格证书、或国家资格证书的制度规范。第二是管理体制。构建以课程为中心，学习者学习成果（学分）积累与转换的管理体制，就是建设适应高等学校社会化跨界运行的组织形式，这个组织形式包括以高等学校为中心、以社会办学力量为补充的高等教育联盟；以学分课程、学习成果认定为基础的学习成果认定、转换与积累的监督、评价与管理组织；信息加工制作、在线发布的网络平台；高等学校的学分银行管理平台。第三是运行机制。高等学校学分积累与转换的运行，需要建立与高等学校办学类型、办学方向、办学水平相一致的运行机制，这个运行机制包括以学习者为中心的信息咨询服务机制、导师制或在线服务机制、学分积累与转换（学习、学位、职业资格或国家资格）服务机制。

（2）建立信息咨询与服务信息平台。高等学校践行学分积累与转换的改革与实践是一项十分艰巨而又复杂的系统工程，信息咨询与服务信息平台是这一工程的核心内容。建立信息咨询与服务信息平台的实质，是建设国家政策与法规咨询与服务平台，校内外学分课程和学习者准入平台，以学习者为中心的学习账户管理平台，学分银行管理与运行平台，学分课程（学习成果）认定、评价、计量、积累与转换数据平台。

（3）完善学历、学位和以课程为中心的注册学习制度。完善学历、学位和以课程为中心的注册学习制度，是高等学校践行学分积累与转换的工作重心，也是 21 世纪高等学校教育创新的难点问题。从学分积累与转换的国际经验上来看，完善学历、学位和以课程为中心的注册学习制度的必要前提，第一是高等教育注册学习制度（美国），第二是具有完整的国家资历与学历、学位体系（澳大利亚），第三是具有国家层面的学分银行体系（韩国）。中国是发展中国家，在高等教育改革的进程中正在逐步完善国家资历架构，改革高等教育入学考试制度，建设以学分积累与转换为服务对象的学分银行体系。因此高等学校完善学历、学位和以课程为中心的注册学习制度需要伴随国家相关的法律法规建设逐步深入展开。从高等学校微观运行的层面来看，完善学历、学位和以课程为中心的注册学习制度，可以同步实现的目标有：以课程为中心的注册学习制度，以部分高职院校为中心的注册（学历教育）学习制度，推进国家开放大学和自学考试注册学习制度的深化改革。

（4）构建以学习者为中心的学分课程体系。学分课程体系是学习者学习成果的集合，以学习者为中心的学分课程体系是以学习者个体为中心的学分课程集合。从广义来说，以学习者为中心的学分课程体系是国民教育与非国民教育可实现的高等教育学分积累与转换的课程总和；从狭义来说，以学习者为中心的学分课程体系是高等学校（普通高校、职业院校、成人高校）个体学分积累与转换管理系统的学分课程集合。构建以学习者为中心的学分课程体系是高等学校践行学分积累与转换的工作重心，需要高等学校的科学决策、精心组织和全面管理。在建设以学习者为中心的学分课程体系进程中，不同层次、不同类型、不同办学模式的高等学校需要根据自身发展特色和核心竞争力完善和创新课程体系，实现对社会教育资源的优化配置，形成具有本学校办学特色、学科优势、人才培养特色和有助于学习者实现充分就业的课程体系。

二 中国学分积累与转换的实践探索

1. 国家开放大学学分银行试点项目

2012年1月10日，国家开放大学学分银行管理办公室（学分认证中心）正式成立。同年3月开始组建。这是面向社会开展的学习成果认证、积累与转换服务的专设机构，是国家开放大学与部委、行业、企业及教育培训机构沟通的纽带，也是非学历教育与学历教育沟通与衔接的桥梁[①]。国家开放大学学分银行的运行工具包括：学习成果认证标准制定、终身学习档案、学分银行信息化和标准委员会，管理办法包括：学习成果认证积累与转换、终身学习档案、学分银行信息化和标准委员会[②]。由此可见，国家开放大学学分银行建设的方向

---

① 王超超：《开放大学学分银行构建要素研究——以国家开放大学学分银行为例》，《湖北函授大学学报》2018年第12期。

② 王超超：《开放大学学分银行构建要素研究——以国家开放大学学分银行为例》，《湖北函授大学学报》2018年第12期。

是服务国家终身教育体系，建设的目标是推进实现终身教育体系的学分积累与转换，建设的保障是注册弹性学习和弹性学分制度，建设的作用是实现非学历教育与学历教育的沟通与衔接。从国家开放大学学分银行运行工具和管理办法推论，学习成果认证标准的建立，保障了在国家开放大学学分银行和不同类型学分银行（市民学分银行、学校联盟学分银行、职校学分银行和企业学分银行）所获得的学习成果之间的评价、计量、换算和转换。终身学习档案建设，凸显了国家开放大学学分银行推进终身教育的服务理念，特别是对于非职业者和老龄化群体的服务理念，这样的服务理念为非学历教育机构、老年教育服务机构的发展提供了重要的平台支撑，为非学历教育机构和老年大学的建设和发展提供了有益的服务。信息化和标准委员会功能的发挥，对国家开放大学的开放发展、规模发展和创新发展提供了数据支撑，为衔接当今世界数字产业革命所带来的网络数字化平台，为推进开放的数字化国家开放大学奠定了基础。经过 8 年的发展，国家开放大学学分银行基本建立了规范运行的工作流程和相对完善的运行体系。从工作流程的视角来看，国家开放大学学分银行的服务内容包括：为学习者建立学习账户，服务学习者在学习账户中进行学习成果记录，通过计算机终端在线申请办理相关学习事项；为学习者提供学习成果认证，特别是非学历培训学习成果和其他学习成果按照统一的标准进行认证并转换成一定的学分；学习成果转换，以学习者为本，按照学习者的需要提供相应服务，根据学习者提供的学历文凭、资格证书、非物质传承等学习成果，由相应颁证机构参照学分银行的学习成果框架和认证标准达成转换协议，完成转换和互认；学习成果管理，学分银行系统为学习者建立学习账户或终身学习档案，提供学分存储、积累等相关服务；学习成果证明，即为学习者的学习成果（如结业证书、培训证书、学历证书、学位证书等证明）提供相应的评价与证明。从运行体系的视角来看，国家开放大学学分银行的服务流程是：学习者在学分银行填写个人信息进行账户申请、注册学习账户，学分银行接收后为之建立学习档案，学习者选择学习内容，通过学习取得学分。学分银行实施学分登记、专家复查、转换标准学分，学习者积累标准学分达到相关要求可提出申请，学分银行专家委员会负责审核、审批，学习者最终获得办学单位相应证书。

2. 香港教育资历架构与学分积累与转换制度建设的并轨运行

香港教育资历架构主要由高等教育学位体系和职业教育技能体系组成，这一架构使得学历教育与非学历技术技能教育成果、中等教育和初等教育文凭共同构筑了具有衔接特征的教育资历体系，这一教育资历架构的有机构成是：博士学位、硕士学位、学士学位、副学士学位（高级文凭）、中学文凭、职业教育证书、基础证书由上至下7个等级的高等教育学位、职业教育文凭、中等教育文凭和基础证书组成。从香港教育资历架构的教育主体来看，涵盖了高等学校、职业院校、中等学校、职业教育培训机构和行业企业。香港学分转换制度的基本特征是学习成果纵向衔接和横向转换，这就使得香港教育与国际接轨、学历教育与非学历职业教育衔接成为可能。中山大学黄崴教授和吴华溢博士通过《香港教育资历架构体系运行机制的制度分析》论证了香港教育资历架构学分积累与转换制度建设并轨运行的机理及特征，即：立法先行的法律保障体系，内外互通的学分积累与转换制度，政府"嵌入"的多元参与协同运行机制，内外结合的质量监控系统[①]。这样的体制机制与国家开放大学学分银行比较，前者主要关注终身教育，主要侧重学历文凭；后者则更加注重国际高等教育接轨和职业技术教育不同层次的衔接。对于高等职业教育学分积累与转换研究的借鉴，香港教育资历架构学分转换制度的重要价值体现在以下几个方面。第一是立法先行引领学分积累与转换体系建设。立法先行一方面指在时间上立法先于政策实施，"运用法治思维和法治方式"确保权利（right）得到保障，权力（power）得到规制与约束；另一方面特别注重通过"立法先行"引导政策、标准等的制定[②]。2007年5月2日香港政府立法会正式通过《香港学术及职业资历评审条例》草案，2007年10月1日《香港学术及职业资历评审条例》（第1150章）生效，2008年5月5日《香港学术及职业资历评审条例》（第

---

① 黄崴、吴华溢：《香港教育资历架构体系运行机制的制度分析》，《华南师范大学学报》（社会科学版）2018年第3期。

② 黄崴、吴华溢：《香港教育资历架构体系运行机制的制度分析》，《华南师范大学学报》（社会科学版）2018年第3期。

592章)生效。在立法先行的引领下,香港特区政府出台了《资历架构通用指标》《能力标准说明》《通用(基础)能力标准说明》《过往资历认可机制》《学分累积与转移:政策与原则》《学分累积与转移:政策、原则与应用指引》等大量政策性文件。在法治建设的基础上,香港教育资历架构办学主体的法律地位得到确认,特别是对非学历职业教育机构和企业职业培训机构的认可。在这样的背景下,香港教育资历架构内以及与国际教育机构之间的学分积累与转换得以实施。第二是政府主导多元参与的运行机制。政府主导是香港教育资历架构下的学分积累与转换平台建设的组织保障,多元化运行是香港教育资历架构下的学分积累与转换机制运行的物质基础。在教育资历架构建设中政府首当其冲,具体表现在决策阶段(香港教育局)积极推动理论研究、实践探索和立法三者"共生"发展;实施阶段采用"试点先行"、渐进式推进;推广阶段积极参与、积极推进。比如,2005年香港教育局开始着手对"市场需求预测""资历架构下课程的质素保证""能力标准说明"进行研究;2006年1月推出香港资历架构网站;2008年6月至2015年9月香港教育局与行业、企业、院校在钟表、印刷、出版、美发等行业开展职业资历架构建设的多方互动。第三是"小政府大市场"的运行机制。所谓"小政府大市场"是指香港政府对于教育资源架构运行所采用的两种公共政策取向的耦合。第一种公共政策是"积极不干预",第二种公共政策是"政府积极介入,走社会福利道路"。这两种政策能够有效发挥政府和市场在教育资历架构运行的主导作用,能够最大限度地发挥市场调节教育资历架构运行的市场作用,最大限度发挥多元教育主体(高等学校、职业院校、中等学校、职业教育培训机构和行业企业)实现学分积累与转换作用的能动作用。这样的运行机制能够在市场运转良好时,增进多元教育主体之间的协调合作,形成彼此依存、共担风险的局面,进而产生有序的治理结构,以促进共同利益的实现[1];当市场失灵时,政府就会介入,出台应对的制度进行干预并重新进行资源分配,激发

---

[1] 鹿斌、周定才:《国内协同治理问题研究述评与展望》,《行政论坛》2014年第1期。

市场活力，使不同利益冲突主体得到调和并重新采取联合行动推动香港资历架构的持续健康发展。第四是内外互通的学分积累与转换机制。香港特区政府积极与各地的资历架构当局及质素保证机构进行沟通、交流和合作，一方面提供一个基准促进资历的互认，并与其他经济体系的资历架构步调一致，以确保香港资历架构健康成长和发展；另一方面通过与各地资历架构当局的合作来提升香港资历架构的国际形象[1]。对外方面，2015年以来香港当局出台了《香港资历及欧洲资历架构的比较研究报告》获得欧洲资历架构咨询组织接纳；发布了《苏格兰资历架构与香港资历架构参照报告》，开始与欧洲、苏格兰等国家的学分互认。

---

[1] 国际交流：《香港特别行政区政府资历架构网站》，2017年4月15日，https：//www.hkqf.gov.hk/sc/per-spective / index.html。

第四章

高等职业教育学分积累与转换的教育经济学问题

构建中国高等职业教育学分积累与转换体系，是与高等职业教育教育生产力、生产关系、经济基础和上层建筑密不可分的国家工程。从上往下看，高等职业教育学分积累与转换体系设计是国家立法和教育行政部门的上层建筑问题；而国家立法先行的学分积累与转换体系建设的基础是完善和健全的高等职业教育体系，因而需要与之相应的教育经济基础；这个教育经济基础包括完善的高等职业教育层次结构，健全的高等职业教育学位体系，产教融合、校企合作、工学结合的高等职业教育运行机制；而这样的运行机制需要高等职业教育与国民经济产业部门之间，高职院校与行业企业之间，高职院校管理体制与运行机制之间，高职院校人事制度与教师队伍之间，教师的教学工作与学生之间方方面面的教育生产关系与之呼应；由于这些错综复杂的教育生产关系的幕后推手是广大教育工作者的改革创新。因此，构建中国特色高等职业教育学分积累与转换体系，需要破解高等职业教育生产力、生产关系、经济基础和上层建筑之间错综复杂的教育经济学问题。

第一节 高等职业教育学分积累与转换的教育生产力问题

高等职业教育学分积累与转换是促进学习者在国民教育与非国民

教育主体间的有效流动，构建学习者职业发展、就业创新和职业迁移平台的制度体系和运行机制，满足学习者在职业生涯过程中职业选择、职业转换、就业与创业有效需求的重要途径。构建高等职业教育学分积累与转换制度对于"优化职业教育体系结构和空间布局，形成普通教育与职业教育相互沟通、全日制与非全日制协调发展，学历教育与非学历培训沟通衔接，公办民办共同发展的现代职业教育新格局"① 具有重要的战略意义。创造适应高等职业教育学分积累与转换的生产力需求，满足高等职业教育学分积累与转换的生产力供给，实现高等职业教育生产力的开放、创新和协调发展，已经构成现代高等职业教育跨越发展的时代主题。

一 高等职业教育学分积累与转换视野下的教育生产力需求问题

1. 高等职业教育学分积累与转换的生产力要素

高等职业教育是高等教育的一个类型，在这个类型的高等职业教育中，既包括以培养高技能人才为基本目标专科层次的高等职业教育，也包括以培养应用技术型人才和专业技术型人才为目标的本科层次和研究生层次的高等职业教育。所以，高技能性只是专科层次的高等职业教育的本质属性，而非一种类型的高等职业教育的本质属性。技术性或者高等专业技术性应该属于本科以上职业教育的本质属性。②然而，由于中国目前的高等职业教育还没有真正实现专、本、研不同层次的有序衔接，专科层次高等职业教育学位问题还没有解决，实现高等职业教育学分积累与转换的教育生产力需求还不能得到有效满足。高等职业教育，本质是一种社会生产活动。这种社会生产活动的基本形式，一是"知识的传承"，二是"职能和技术的生产"，三是"知识的物化"，这三种社会生产的基本形式构成了高等职业教育的四大职能，即：人才培养、职业和技术创新、就业服务和科学研究。对应于劳动者、劳动资料、劳动对象的社会生产力三要素，高等职业

---

① 《教育部等六部门关于印发〈现代职业教育体系建设规划（2014—2020年）〉的通知》（教发〔2014〕6号），http://old.moe.gov.cn/publicfiles/business/htmlfiles/moe/moe - 630/201403/170737.html。

② 刘建江、袁冬梅：《潜在需求的类型与开发》，《经营管理者》1998年第1期。

教育"生产力"的三种要素包括：管理者和生产者人力资本；非人力资本（物力资本、制度资本和信息资本）；人力资本投资者和科研任务。从学分积累与转换的角度来看高等职业教育生产力的三种基本要素，那么高等职业教育"生产力"的三种要素则被赋予了深厚的内涵。第一是管理者和生产者人力资本。高等职业教育学分积累与转换是高等职业教育主体（高等职业院校、应用型本科高校、技师学院①、普通本科高校、行业企业、社会职业培训机构、职业技术教育科研院所）之间的教育教学活动，是接受高等职业教育的受教育者实现学习成果认定、转换并取得相应学历、学位和职业资格的桥梁和纽带。高等职业教育学分积累与转换的管理者和生产者是中等职业学校、高级技工学校和技师学院、高等职业院校、应用型本科高校、普通本科高校、行业企业、社会职业培训机构、职业技术科研院所在内的管理者和生产者集合。第二是非人力资本（物力资本、制度资本和信息资本）。高等职业教育学分积累与转换非人力资本的表现形式，是教育教学的实践环境、设施和设备，教育教学结构、专业和课程结构、制度体系及其一切可以转换为教材资源的信息资本。第三是人力资本投资者和科研任务。实现高等职业教育学分积累与转换的人力资本投资者，包括国家、企业、个人以及国外对中国高等职业教育的投资者，其投入资本的形式可以是货币资本、技术资本、股权资本、就业岗位以及财政税收和金融政策；实现高等职业教育学分积累与转换的科研任务，包括不同高等职业教育主体针对学分积累与转换问题所开展的职业教育学习成果认定、评价、计量研究，学分课程体系的开发与建设研究，学分积累与转换制度框架及制度体系研究，高等职业教育主体之间学分积累与转换的微观运行研究。

2. 高等职业教育学分积累与转换的潜在生产力需求问题

潜在需求是指消费者没有明确意识的欲望，或者是朦胧的欲望，即由于种种原因还没有显示出来的需求。在中国，由于高等职业教育

---

① 《教育部等六部门关于印发〈现代职业教育体系建设规划（2014—2020年）〉的通知》（教发〔2014〕6号）指出：在2014—2020年期间，根据高等学校设置制度规定，将符合条件的技师学院纳入高等学校序列。

体系尚未健全、学分积累与转换只处于理论探索和狭小范围的摸索阶段，因而还没有形成高等职业教育消费和生产群体的现实需求，高等职业教育学分积累与转换的生产力需求仍然存储在巨大的潜在需求之中。从高等职业教育消费的角度来看，高等职业教育学分积累与转换的潜在生产力需求，是在校中等职业学校、高级技工学校、技师学院、普通高校、高等职业院校学习者，社会从业和待业人员准备、愿意和能够购买高等职业教育主体所提供生产力要素的服务及贡献。中等职业教育、高级技工教育和技师教育受教育者对学分积累与转换潜在生产力需求的动因是学历的提升，导致这一动因的直接原因主要来自人力资源市场对人才的高消费和这一阶层受教育者自身对高学历的需求。高等职业教育受教育者对学分积累与转换潜在生产力需求的动因，主要来自对高层次职业资格、高等职业教育学位和本科以上高等教育学历的需求，导致这一动因的直接原因主要来自人力资源市场激烈的人才竞争和就业、创业的现实需求。从高等职业教育生产的角度来看，高等职业教育学分积累与转换的潜在生产力需求，是高等职业教育主体为了实现自身发展、改革和创新需要以及利益最大化需求，能够通过资源配置或者直接购买其他高等职业教育主体提供的生产力要素的服务及贡献。这里所说的服务及贡献是：技术教育、职业创新、职业技术研究成果、弹性学分课程等。由于目前中国独立的高等职业教育体系还没有形成，高等职业教育学分积累与转换刚刚进入理论探索的入口处，要满足高等职业教育学分积累与转换的生产力需求，则需要高等职业教育主体一段时期的发展进程。

3. 高等职业教育学分积累与转换的引致生产力需求问题

引致需求（Derived Demand）是由阿弗里德·马歇尔（Alfred Marshall）在其《经济学原理》一书中首次提出的经济概念，是指对生产要素的需求，意味着它是由对该要素参与生产的产品的需求派生出来的，又称"派生需求"。因为它是厂商为了生产产品满足消费者的需求而产生的对生产资料的需求，这种需求不是为了本身自己的消费。从学分积累与转换的需要探求高等职业教育生产力的引致需求，这个引致需求主要来自高等职业教育主体对学分课程体系、实践教学资源、技术教育资源、就业和创业教育资源、职业创新与技术创新成果的需求。在目前情况下，高等职业教育学分积累与转换的引致生产力需求的动力，是以习近平为总书记的党中央创新、协调、绿色、开放、共享发展的治国理念，国务院和国家教育行政部门加快推进高等职业教育发展的战略决策，高等教育结构性调整的战略部署，高等职业教育深化改革的内在动力，高等职业教育受教育群体充分就业和创业的巨大压力以及实现学分积累与转换对高学历、高技能和高技术的内在需求。在高等职业教育学分积累与转换的引致生产力需求的作用下，一部分普通高等学校将在向应用型本科高校过渡的过程中变革教育生产方式，技师学院在符合高等学校设置规定的前提条件下逐步迈进高职院校序列，社会职业教育培训机构也将会积极迎接国家对其评估和认证的挑战与机遇。在这样的形势下，学分积累与转换的引致生产力需求将会倒逼高等职业教育主体新型学徒制、项目课程、工作过程课程、案例教学课程等一系列举措的改革和创新，高等职业教育在整个国民教育体系中的和谐发展将呈现出一个崭新的格局。

二 高等职业教育学分积累与转换的教育生产力供给问题

1. 对"双师型"教师认识的误区和培育路径的偏差

高等职业教育学分积累与转换，是实现中国高等职业教育创新、协调、绿色、开放、共享发展的绿色通道，是建设现代高等职业教育体系的必要前提。在推进高等职业教育学分积累与转换的进程中，人[①]是提升教育生产力的决定性因素，离开了人的因素就不可能实现教育体制的改革和创新、教育资源的优化和配置，职业教育和技术教育科学的可持续发展，破解高等职业教育学分积累与转换的难题。在人的因素中，"双师型"教师是决定性因素。对"双师型"教师界定的理想状态，是指具备扎实的高等职业教育专业理论、熟练的职业和技术教育技能、高超的职业科学和技术科学研究水平、较强教学团队凝聚力的一线教学教师。不难推论，如果在整

---

① 笔者注：这里所说的人是指高等职业教育的教育者和受教育者，包括中等职业学校、高级技工学校和技师学院、高等职业院校、应用型本科高校、行业企业、社会职业培训机构的教师、职业技术科研院所的科研人员、行业企业的工程技术人员及能工巧匠。在校大、中专学生、在职或失业的高等职业教育受教育者群体。

个高等职业教育体系中具有一大批这样的"双师型"教师，不仅能够提升高等职业教育生产力的质量和水平，改善高等职业教育的生产关系，而且还能加速高等职业教育学分积累与转换体系建设的时代步伐。然而，目前高等职业院校对"双师型"教师界定的策略选择，存在较大的认识误区和路径偏差。第一是对"双师型"教师的认识误区。在高等职业院校普遍存在这样一种共识，"双师型"教师就是行业企业和高等职业院校具有高等教育和工程技术双重职业资格的从业人员。这种认识误区忽略了"双师型"教师的从业标准，脱离了对"双师型"教师学术性、职业性、技术性和实践性的正面评价和科学量化，导致了高等职业院校"双师型"教师数量庞大、质量偏低的不正常现状。第二是"双师型"教师培育路径的偏差。在高等职业院校，"双师型"教师的培育路径是通过任课教师到企业参加生产活动、聘请企业工程技术人员及能工巧匠来解决，这样的培育路径不免会让人产生这样或那样的疑问，高等职业院校任课教师到企业参加生产活动能否接触到企业生产的核心技术、专项技能、工艺改革与技术创新；聘请企业工程技术人员及能工巧匠到高等职业院校任教，他们是否需要一个时间周期才能真正懂得现代高等职业教育的客观规律。

2. 实践教学资源稀缺与利用率低下

高等职业技术教育学分积累与转换的本质，是高等职业教育体系的受教育者在不同高等职业教育主体之间学习成果认定、评价、积累与职业资质（学历、学位、职业资格）的确认，而职业资质含金量的高低则取决于受教育者的学术水平、技术技能、职业创新的能力和水平。在高等职业教育受教育者学习成果形成、积累与最终职业资质取得的过程中，职业技能和技术应用、就业和创业能力的高低是高等职业教育主体和行业企业认定其高技能或高技术型人才的重要标志。实践教学资源（实践和实训教学环境、仿真实训设施、生产实习机器和设备、现代学徒制教学企业）是实现高等职业教育受教育者向高技能人才或高技术人才转化的必要条件。然而目前一部分高等职业院校实践教学资源稀缺且利用率低下，已经形成了高等职业教育学分积累与转换的突出矛盾。实践教学资源稀缺是目前大多数高等职业院校的客观现实，这是因为大多数高等职业院校来自20世纪90年代中等职业学校的转型升级，这些中等职业学校转型升级为高等职业院校后经过不断的改良与扩张，形成了办学独立、专业齐全的高等职业教育主体，小而全几乎成为这些高等职业院校办学规模、专业结构的真实写照。尽管在21世纪初国家实施了百所示范院校建设计划，国家和地方财政对高等职业教育进行了较大规模的资金投入，但是要满足所有高等职业院校全部专业实践教学资源的基本需求仍然缺口巨大。实践教学资源利用率低下是目前教育体制下一部分高等职业院校的实际情况，表现比较突出的是国家对示范性高等职业院校实践教学资源的投入，这部分实践教学资源中的一部分以先进机器、设备的形态构成高等职业院校的实践教学基地。在这部分实践教学资源中，有许多生产型企业急需却因资金困难望而却步的高、精、尖机器和设备。令人遗憾的是，一些具有这部分优质实践教学资源的高等职业院校并没有能力将其投入到实践教学工作当中，其中的原因有以下几种情况：一是缺乏能够使用这部分资源的工程技术人员，二是不愿意承担投入这部分资源在使用过程中巨大的资金消耗，三是有些机器设备（如数控加工机床）在进入高等职业院校时还存在需要学院和厂商协商解决的调试和试车等这样或那样的问题。

3. 职业教育课程创新能力严重不足

职业教育课程是高等职业技术教育学分积累与转换的载体。要实现高等职业教育学分积累与转换，在高等职业教育体系必须具备数量庞大的职业教育课程。在"十三五"时期，高等职业教育"在办好现有专科层次高等职业（专科）学校的基础上，发展应用技术类型高校，培养本科层次职业人才。应用技术类型高等学校是高等教育体系的重要组成部分，与其他普通本科学校具有平等地位。高等职业教育规模占高等教育的一半以上，本科层次职业教育达到一定规模。建立以提升职业能力为导向的专业学位研究生培养模式"[①]。这说明，

[①] 《教育部等六部门关于印发〈现代职业教育体系建设规划（2014—2020年）〉的通知》（教发〔2014〕6号），http://old.moe.gov.cn/publicfiles/business/htmlfiles/moe/moe - 630/201403/170737.html。

随着高等职业教育事业的发展，中国将建成专、本、硕层次齐全的高等职业教育体系，专业层次齐全的高等职业学历、学位教育将取代目前高等职业教育的"断头教育"，没有学位教育的专科层次高等职业教育将成为历史。高等职业教育的职业与技术课程可分为三个类型，第一个类型是职业学位课程，第二个类型是职业资格课程，第三个类型是技术教育课程。仅从目前高等职业院校课程体系的现状来看，副学士学位课程（换句话说是职业或者技术方面的学术课程）、高层次的职业资格课程、技术教育课程建设还没有呈现在高等职业院校内涵建设的轨迹上，学术教育甚至受到排斥，即使是教育部大力提倡的案例教学、工作过程、项目课程的课程建设也不尽人意。从高等职业教育生产力的角度客观分析这些问题，这些问题的症结是职业与技术课程创新能力严重不足、高等职业院校职业与技术课程创新能力严重不足的根源，有理念问题、体制问题和动力问题。理念问题来自人们对高等职业教育的认识偏差，体制问题来自目前高等职业院校封闭的办学模式，动力问题来自高等职业院校对教育教学改革、职业教育和技术教育创新、就业和创业教育激励的制度体系建设严重滞后。

三　高等职业教育学分积累与转换的教育生产力发展问题

1. 学分积累与转换的教育生产力开放发展问题

什么是开放发展、怎样开放发展，这个问题是高等职业教育实现学分积累与转换的首要问题。什么是开放发展，开放发展不仅仅是社会高等职业教育资源对高等职业教育体系的开放发展，同时也是高等职业教育体系的教育资源向国民经济部门的开放发展。怎样开放发展，开放发展必须是全部高等职业教育生产力要素的开放发展，不但高等职业院校教师、行业企业工程技术人员、能工巧匠、社会职业培训机构人力资源、职业教育科研机构专家学者要成为市场经济机制下高等职业教育的职业人，而且全社会高等职业教育资源在政府引导和市场机制的作用下都应当实现利益和效率的优化组合。这样看来，高等职业教育学分积累与转换的教育生产力开放发展问题就有了答案。第一个答案是：目前高等职业院校教育体制相对封闭，职业教育技术创新滞后，因而导致高等职业教育的科学研究和技术研究成果还不能形成对国民经济发展需要具有应用价值的系列化成果，客观造成高等职业院校与社会微观运行的行业企业难以形成利益、效益对等的人力资源和物质资源的转化环境，高等职业院校依赖行业企业对自身开放的一头热局面在短期还得不到缓解和改善。第二个答案是：高等职业院校深化改革的力度不够，技术技能教育还没有达到教育部对专科成层高等职业教育的基本要求。高等职业教育的深化改革，是高等职业教育与国民经济发展的共同作用。离开国民经济运行的高等职业教育改革，无论从理论上还是从实践的角度来检验都是难以奏效的。一个有力的证据是，目前大多数高等职业院校职业资格教育还停留在中级工的水准，学生就业对高等职业院校的依赖程度很大，自主择业和创业的质量和水平相当低下。在这样的运行机制下，高等职业院校的教育改革和创新几乎与外界不发生必然的因果关系。正是由于封闭式运行机制长期阻碍高等职业院校的对外开放，高等职业院校深化改革的力度不够也就不言而喻了。第三个答案是：高等职业院校教育教学改革还没有真正进入深水区，对外开放因而得不到高等职业教育管理层的高度重视。在这个问题上的具体表现是，高等职业学位教育还没有着落，工作过程课程和项目课程教学改革仍然停留在理论探索和极小范围的教学实践阶段，现代学徒制还没有进入高等职业教育改革与创新的实施阶段。

2. 学分积累与转换的教育生产力创新发展问题

在高等职业教育推进学分积累与转换的初级阶段，高等职业院校对于实现学分积累与转换的教育生产力创新具有决定性作用。这是因为，高等职业院校是构建高等职业教育体系的起点和核心力量，专科层次高等职业教育实现学分积累与转换关系到职业教育全局的发展，高等职业院校建设弹性学分制课程体系，推进职业教育与技术教育的课程改革，创新职业教育和技术教育课程的教学模式，引领专科层次高等职业教育（包括技师教育和社会职业培训机构开展的高层次职业培训）实现学分积累与转换，是目前高等职业院校引领高等职业教育实现跨越发展的时代责任和发展重心。然而，在目前高等职业教育还停留在转型发展的入口处，高等职业院校无论在管理体制、思维理念、师资队伍、创新能力的哪一方面，都还难以满足学分积累与转换对教育生产力创新发展的客观需要。第一是管理体制问题。自上而下是高等职业院校管理体制的客观现实。这样的管理体制必然导致高等职业教育主体的独立运行和各自为政，技术应用型本科高校、技师学院、行业企业和社会职业培训机构在从事教育教学的过程中很难发生教育组织与管理的必然联系，高等职业院校在教育教学改革的进程中仍然是孤家寡人，这样的管理体制要想实现高等职业教育学分积累与转换可以说是天方夜谭。第二是思维理念的问题。如果说教会学生书本上的理论知识，并使学生在考试过程中取得优异成绩算得上应试教育，那么教会学生怎样应用书本上的知识，怎样利用所学的专业理论指导职业活动和就业创新就是技术素质教育。应试教育的影响还顽固地占据着高等职业教育的教学阵地，技术素质教育思维理念在高等职业院校教师中的普遍缺失窒息着高等职业教育的创新和发展。第三是师资队伍创新能力不足问题。师资队伍创新能力不足的瓶颈问题，是技术教育创新能力低下问题。导致这一问题的基本原因是"双师型"教师的水分过大，实践教学与社会生产活动关联性不强，校企合作与校企融合还有很大的差距。

3. 学分积累与转换的教育生产力协调发展问题

高等职业教育学分积累与转换是高等职业教育产业的动脉，如果离开了高等职业教育产业，那么高等职业教育学分积累与转换将不复存在。高等职业教育的产业循环，是拉动着高等职业教育学分积累与转换要素健康发展的动力保障，需要高等职业教育产业成员的共同努力。高等职业教育产业成员包括内部成员与外部成员，内部成员是直接参与高等职业教育微观运行的高等职业教育主体，主要由高等职业院校、技术应用型本科高校、技师学院、参与高等职业教育的企业、社会职业培训机构、职业资格认证机构等；外部成员是指为高等职业教育产业提供人力资源、财政资源、教育管理和服务的家庭、政府、金融机构与人力资源市场等。所以，学分积累与转换的教育生产力协调发展问题其实是一道集社会问题、经济问题、教育问题、财政问题与市场问题于一体的复杂难题。从高等职业教育产业内部成员来看这道复杂难题，是中等职业教育、专科层次高等职业教育、应用本科高等职业教育、专业硕士职业教育的发展通道问题，专科层次职业学位缺失问题，不同层次高等职业教育主体共同建设学分课程体系问题，职业教育和技术教育的创新发展问题，高等职业教育受教育者的学习成果（学历、学位、职业资格）在人力资源市场的含金量及其准入问题。从高等职业教育产业外部成员来看这道复杂难题，是家庭部门对高等职业教育认识的发展问题，政府部门出台相关政策和制度性文件直接推进高等职业教育学分积累与转换的问题，金融机构与高等职业教育的利益互惠问题，人力资源市场提升对高技能和高技术应用人才的服务和完善准入制度的问题。

第二节 高等职业教育学分积累与转换的教育生产关系问题

在高等职业教育学分积累与转换过程中，高等职业教育产业成员都具有自身的法人地位，享有和配置高等职业教育资源的权力，肩负国民充分就业的社会使命和责任。高等职业教育学分积累与转换的生产关系问题，第一是高等职业教育主体之间的体制共建与资源共享问题，第二是高等职业教育主体与客体的角色定位、缺位与转换问题，第三是高等职业教育理念与微观运行的矛盾问题。

斯大林指出：生产关系的内容包括三个方面，一是生产资料所有制形式；二是生产的不同社会集团在生产中的地位及其相互关系；三是因上述两项决定的产品分配形式。[①] 从这个定义的内涵进行推论，高等职业教育学分积累与转换的生产关系应当具备以下特征：第一，是从事学分积累与转换的高等职业教育主体具有高等职业教育法人地位，占有或者能够配置高等职业教育产业的教育资源；第二，高等职业教育集团成员（包括投资者、管理者、教育者和受教育者）在高等职业教育的运行过程中能够发挥各自不同的地位和作用，并且拥有各自的权利和义务；第三，高等职业教育产业主体各自享有自身的权益和利益，并且共同负有国民充分就业的社会使命和责任。

---

① 于光远等：《经济大辞典》，上海辞书出版社1983年版，第156页。

一　学分积累与转换：高等职业教育体制共建与资源共享问题

体制共建与资源共享问题，是构建高等职业教育学分积累与转换教育生产关系的首要问题。解决这一问题路径选择是：确定高等职业教育主体的权利、义务边界，理顺高等职业教育相关主体的角色，明确高等职业教育主体社会使命和责任。

1. 高等职业教育学分积累与转换主体的推论

教育部《高等职业教育创新发展行动计划（2015—2018年）》指出：推动专科高等职业院校逐步实行学分制，推进与学分制相配套的课程开发和教学管理制度改革，建立以学分为基本单位的学习成果认定积累制度；开展不同类型学习成果的积累、认定，建立全国统一的学习者终身学习成果档案（包含各类学历和非学历教育），设立学分银行；在坚持培养要求的基础上，探索普通本科高校、高等职业院校、成人高校、社区教育机构之间的学分转移与认定。[①] 由此可见，"推动专科高等职业院校逐步实行学分制"，是普通本科高校、高等职业院校、成人高校、社区教育机构等专科层次高等职业教育主体实施学分积累与转换的必要前提，推进与学分制相配套的课程开发和教学管理制度改革，是专科层次高等职业教育与本科以上高等职业教育（技术应用型本科高校、实施专业学位教育的普通高等学校）实现学分积累与转换的必要条件。在推进高等职业教育学分积累与转换的进程中，应用型本科高校、高等职业院校、成人高校、高级技工学校（技师学院）、社区教育机构将共同构成高等职业教育学分积累与转换主体，只不过这些高等职业教育主体在这一进程中所履行的义务有所差异。第一，高等职业院校。高等职业院校是中国高等职业教育的最大主体，"截至2014年7月，全国高等职业院校共计1327所，占全国高等学校（不含独立学院）2246所的59%"。在高等职业教育产业中，高等职业院校的责任是为国民经济运行培养高技能型应用人

[①] 教育部：《高等职业教育创新发展行动计划（2015—2018年）》（教职成〔2015〕9号），http://www.moe.gov.cn/srcsite/A07/moe_737/53876_cxfz/201511/t20151102_216985.html。

才，健全和完善专科层次高等职业（学历与学位）教育与职业资格教育的体制机制，服务受教育者就业、创业和职业创新的基本需求；第二，应用型本科高校。从数量上看，应用型本科高校将成为高等职业教育的半壁江山。2014 年《国务院关于加快发展现代职业教育的决定》正式公布，揭开了中国高等教育新一轮改革面纱。根据这一文件精神，教育部决定将把 700 多所地方高校逐步改变为从事现代高等职业教育的应用技术型高校。[1] 应用型本科高校的义务是为国民经济运行培养技术应用和技术技能型人才，推进国家大众创新万众创业发展战略，促进与中职、专科层次高等职业教育有机衔接，建立与普通高中教育、中职教育和专科层次高等职业教育的衔接机制。[2] 第三，高级技工学校（技师学院）。从高等技工教育的角度来看，高级技工和技师教育是高等职业教育的主体，根据《教育部等六部门关于印发〈现代职业教育体系建设规划（2014—2020 年）〉的通知》，在未来的一段时间内，将"根据高等学校设置制度规定，将符合条件的技师学院纳入高等学校序列。"[3] 高级技工学校（技师学院）的义务是为社会生产一线培养高级技术工人和技师。第四，成人高校。成人高等学校包括开放大学（原电视大学）、普通高校的继续教育学院以及行业企业、科研院所、社区职业培训机构，根据国家法律举办的特色学院[4]。"根据不同时期成人高等教育基本价值取向的不同，可将中国成人高等教育类型依次划分为学历导向、职业导向和学习导向三种，简称学历型成人高等教育、职业型成人高等教育和学习型成人高等教

---

[1] 程宇、宋美霖：《2014 年全国高职院校数量变化趋势及分类比较》，《职业技术教育》2014 年第 23 期。

[2] 教育部等：《关于引导部分地方普通高校向应用型转变的指导意见》，2015 年 10 月，教发〔2015〕7 号，http: //www.moe.gov.cn/srcsite/A03/moe - 1892/moe _ 630/201511/t20151113_ 218942.html。

[3] 《教育部等六部门关于印发〈现代职业教育体系建设规划（2014—2020 年）〉的通知》（教发〔2014〕6 号），http: //old.moe.gov.cn/publicfiles/business/htmlfiles/moe/moe - 630/201403/170737.html。

[4] 《现代职业教育体系建设规划（2014—2020 年）》指出：鼓励大型企业、科研机构和行业协会举办或参与举办以服务产业链为目标，主要依托企业开展教学实训，人才培养和职工培训融为一体，产教、科教融合发展，专业特色明显的特色学院，新增一批优质高等职业教育资源。

育。"因此,成人高校兼具高等职业教育的基本功能,是高等职业教育的主体。第五,社区教育机构。社区职业教育机构的形式多样、职业教育内容繁多,是高等职业教育的重要补充。目前社区职业教育机构的主要职责,是为下岗失业人员和离退休人员提供职业培训和文化教育。随着中国高等职业教育市场的逐步开放,社区职业教育机构的角色将发生质的飞跃。社区培训机构、社区学院和社区老年大学也将融入高等职业教育事业的跨越发展。

2. 高等职业教育学分积累与转换的体制共建问题

高等职业教育学分积累与转换的目的,第一是通过学分制度实现不同层次、类型高等教育主体对学习者取得的学习成果的认定,第二是通过学分积累与转换制度实现不同层次、类型高等职业教育主体对学习者学历与非学历资格的认定。高等职业教育学分积累与转换的体制共建,需要建立与之相适应的教育生产关系。从纵向来看,专科层次高等职业教育与本科层次高等职业教育、本科层次高等职业教育与本科以上高等职业教育之间开展的学历、学位教育,就是建立学分积累与转换制度的教育生产关系进行不同层次的学历教育与学历(学位)认证;从横向来看,就是通过改革教育生产关系推进"职业院校同时开展学历职业教育和非学历职业教育,满足行业、企业和社区的多样化需求。职业院校和职业培训机构开展的非学历职业教育可以通过质量认证体系、学分积累和转换制度、学分银行和职业资格考试进行学历认证。"[①] 然而,不论从提升学习者学历层次为目的的纵向学分积累与转换,还是以实现学历与职业资格认证为目的的横向学分积累与转换,都存在办学体制共建的现实问题。建立提升学习者学历层次为目的的纵向学分积累与转换制度,办学体制共建的问题可以通过建立专、本、研融为一体的职业大学(或者就作高等职业教育集团)来实现,也可以通过在低层次办学机构(例如高等职业院校或技师学院)提升学分课程水平和层次的方法来实现。实现以学历与职

---

① 《教育部等六部门关于印发〈现代职业教育体系建设规划(2014—2020年)〉的通知》(教发〔2014〕6号),http://old.moe.gov.cn/publicfiles/business/htmlfiles/moe/moe - 630/201403/170737.html。

业资格认证为目的的横向学分积累与转换，办学体制共建的问题可以通过高等职业教育主体（高等职业院校、技师学院、社会职业培训机构）联合举办职业教育集团来实现，还可以通过技术资本、智力资本、人力资本、股权资本的资本运作来实现。

3. 高等职业教育学分积累与转换的资源共享问题

实现高等职业教育学分积累与转换，不但需要创新办学体制，而且必须实现资源共享。这就需要整个高等职业教育体系之间开放办学体制、共享教育资源。因此，高等职业教育学分积累与转换的资源共享问题，其实质是高等职业教育主体之间实现资源共建与资源配置的问题。从纵向来看，目前专科层次高等职业院校的突出问题是职业教育（职业资格教育与职业生涯规划教育）、技术教育（经验、技能、技巧、方法）和职业技术教育（创业教育＋创客培育＋大学生创业）的深化改革和创新问题，而深化职业教育、技术教育和职业技术教育的纵深是实现不同层次和类型高等教育的需求，进而实现普通高等教育与高等职业教育的资源共享。目前本科以上层次高等职业院校（应用型本科高校）的突出问题是由学科型高等教育向应用型和应用技术型高等职业教育的转型发展，实现与专科层次高等职业教育的接轨。从横向来看，专科层次高等职业教育主体的资源共享问题主要来自办学体制封闭，学历教育、高级技工（技师教育）和社会职业培训机构之间没有形成有效的衔接渠道，而开放高等职业院校、高级技工学校（技师学院）和社会培训机构的办学体制，衔接高等职业院校、高级技工学校（技师学院）和社会培训机构的运行机制，实现专科层次高等职业教育学分积累与转换的资源共享，需要教育行政部门推进质量认证体系、学分积累和转换制度、学分银行和职业资格考试制度建设，需要高等职业院校、高级技工学校（技师学院）和社会培训机构推进法人制度（特别是系、部二级法人制度）建设，保障高等职业教育的教学团队、专业带头人和一线教师依法实现教学改革和创新的基本权益。

二　学分积累与转换：高等职业教育教育主体的角色问题

在整个国民经济体系中，高等职业教育是一个重要的产业部门。在这个产业部门，管理者、教育者和受教育者都具有各自的双重角色。高等职业教育主体的管理者（高等职业院校、技师学院、社会职业培训机构的一级法人和二级法人）的双重角色，一是管理者、二是经营者；高等职业教育主体的教育者的双重角色，一是教育者、二是生产者；高等职业教育主体受教育者的双重角色，一是受教育者、二是社会人。

1. 学分积累与转换：高等职业教育教育角色的定位问题

高等职业教育学分积累与转换的实现过程，是完善教育生产关系，确立高等职业教育管理者、教育者和受教育者自身角色的过程。高等职业教育主体角色定位问题，主要是管理者和教育者的问题。管理者的问题，是完善管理职能、确立高等职业教育产业经营理念的问题。从产业经济学的视角来看，高等职业教育具有一个立体结构的三维产业发展链条。高等职业教育三维发展的产业链条，第一个维度是高等教育的产业发展链条，第二个维度是职业教育的产业发展链条，第三个维度是社会职业培训产业发展链条。完善高等职业教育管理者的管理职能、确立高等职业教育产业经营理念，第一是确立高等职业教育法人之间共建高等职业教育产业链条，从不同类型（高等教育与职业教育、学历教育与非学历教育）、不同层次（专、本、研）受教育者需求出发，共建学分积累与转换的高等职业教育项目、实训和社会实践教学基地，共同推进受教育者岗前培训、就业、创业以及职业创新活动；第二是推进弹性学分制度建设、引领学分积累与转换的学分课程改革。推进弹性学分制度改革是高等职业教育主体的共同使命。在推进弹性学分制度改革的过程中，只有实现高等职业教育主体（包括普通高校、高等职业院校、技师学院和社会培训机构）引领和推进弹性学分制改革，构建能够满足不同层次、不同类型受教育者职业生涯规划、职业选择和就业需求的学分课程体系，才能满足受教育者实现学分积累与转换、提升自身学历与职业资格层次和水平的基本需求。教育者的问题，是创新职业技术素质教育理念、建设学分课程体系问题。高等职业教育的本质是高层次的职业技术素质教育，从哲学的角度来看，"职业技术素质教育"是一个可以"一分为二"与"合二而一"的教育理念。所谓"一分为二"就是职业素质＋技术素质教育；所谓合二而一就是"职业技术素质教育"本身。从教育学的角度来看,"职业技术素质教育"是职业教育(就业教育+职业生涯规划教育)、技术(经验、技能、技巧、方法)教育、职业技术教育(创业教育+创客培育+大学生创业)模式、方法与社会经济基础的无缝对接。从经济学的角度来看,"职业技术素质教育"是市场机制下的资源配置、大学生就业和创业在高等职业教育产业链条中的实施和实现。对于高等职业教育的教育者来说,创新职业技术素质教育理念,是建设职业技术素质教育学分课程体系的必要前提;实现职业技术素质教育,创新职业技术素质学分课程(案例教学课程、项目课程、工作过程课程、学徒制课程等)的教学内容、教学模式和教学方法的实践过程,是一个由教育者向教育产业生产者身份提升的过程。

2. 学分积累与转换:高等职业教育教育角色缺位问题

高等职业教育学分积累与转换经营者、生产者与社会人的角色缺位,是制约高等职业教育学分积累与转换体系构建的难点问题。导致这一问题的根源,是目前高等职业教育生产力相对于学分积累与转换的教育生产关系需求滞后,制约了基于高等职业教育学分积累与转换的生产关系变革。高等职业教育学分积累与转换的经营者、生产者与社会人角色缺位问题,第一是经营者的角色缺位。高等职业教育学分积累与转换的经营者,是高等职业教育主体的一级法人和二级法人,他们是高等职业教育学分积累与转换教育生产关系的制造者。在目前相对封闭的教育体制下,建立学分积累与转换的教育生产关系还没有列入高等职业教育法人主体的议事日程,高等职业教育的公益性和社会效益的相对不足,使得市场机制也很难发挥助推高等职业教育学分积累与转换的体制改革。第二是生产者的角色缺位。高等职业教育学分积累与转换的生产者,是高等职业教育主体的师资力量,同时也是实现高等职业教育学分积累与转换最有生机的生产力要素。由于高等职业教育学分积累与转换经营者的角色缺位,使得高等职业教育主体的师资力量不能发挥建设适应学分积累与转换的学分课程体系、推进高等职业教育弹性学分制改革的决定性作用。第三是社会人的角色缺位。高等职业教育学分积累与转换的社会人,是高等职业教育受教育者,包括应用型本科高校、高等职业院校、技师学院的在校学生,社会职业培训机构的受教育者。这是因为高等职业教育受教育者是年满中国法定就业年龄的潜在就业群体，是准备或已经走向社会职业岗位的劳动者群体。高等职业教育社会人主体缺位的主要原因，一是来自应试教育对这部分人群的长期影响，二是来自对高等职业教育认识的欠缺，三是来自高等职业教育主体自身的职业、就业和创业导向的相对不足。

3. 学分积累与转换：高等职业教育教育角色的转换问题

在高等职业教育产业内部实现学习成果的互认，推进学分积累与转换的体制与机制建设，已经构成高等职业教育跨越发展不可回避的现实问题。打破传统教育管理体制的藩篱，消除职业本位的影响，摆脱应试教育的阴影，是促进高等职业教育管理者向经营者的角色转换，教育者向生产者的角色转换，学习者向社会人的角色转换，提升高等职业教育生产力水平，建立适应学分积累与转换教育生产关系的当务之急。要实现高等职业教育管理者向经营者的角色转换，打破传统教育管理体制的藩篱，必须解决高等职业教育产业封闭运行和开放运行的路径选择问题。随着市场经济体制的建设和发展，高等职业教育开放发展理念已经成为国家宏观导向的策略选择。然而从微观运行层面，开放发展并没有突破传统教育管理体制的藩篱，这个藩篱主要来自高等职业教育主体的产权制度、管理体制和传统的教育模式。产权制度问题，是高等职业教育主体法人对高等职业教育资源的所有权（例如公立高等职业院校教育资源的所有权归上级教育行政部门）与经营权分离；管理体制问题，来自高等职业教育产业自上而下的纵向管理体制；传统的教育模式问题，来自高等职业教育的改革进程还没有跨越以学校、教室、课堂、实训为主线的教育运行。要实现高等职业教育主体教育者向生产者的角色转换，消除职业本位的影响，必须转变高等职业教育主体的管理职能。这个转变包括加大激励和减小约束；加大活力和减小制衡，要允许教育者摸着石头过河、允许失败和挫折。要使广大的教育者消除"井田制"管理的阴霾，解放思想、敢于担当。要实现高等职业教育主体学习者向社会人的角色转换，摆脱应试教育的阴影，必须实现教育运行的以人为本和责任关怀，将职业教育、技术教育、创业教育、职业创新融入受教育者接受高等职业教育的整个过程。

三 学分积累与转换：高等职业教育教育理念与微观运行的矛盾

从国民经济运行的角度来看，实现高等职业教育学分积累与转换的目的，是保障国民经济结构调整、受教育者的充分就业，解决技术技能型人力资源供给侧有效供给不足的社会矛盾。要实现这一目标，需要重新面对高等职业教育理念和受教育者的充分就业问题。

1. 学分积累与转换：高等职业教育教育理念问题

高等职业教育作为高等教育发展中的一个类型，肩负着培养面向生产、建设、服务和管理第一线需要的高技能人才的使命，在中国加快推进社会主义现代化建设进程中具有不可替代的作用。[①] 以就业为导向、服务区域经济和社会发展，践行校企合作、工学结合的基本方向，这是高等职业教育微观运行的基本理念。构建高等职业教育学分积累与转换的办学体系，是高等职业教育跨越发展的重大举措。这项重大举措的实施与推进，必须遵循高等职业教育的办学理念。尽管高等职业教育的办学理念已经得到高等职业教育办学主体（高等职业院校、技师学院、社会职业培训机构）的共识，但是在高等职业教育的微观运行中仍然存在这样或那样的问题。第一是对人才培养定位的问题。随着中国高等职业教育产业的跨越发展，高等职业教育人才培养将呈现专业学位、技术应用和技术技能型层次分明（专、本、研）的梯次结构。与这样的人才培养结构相对应，建设高等职业教育学分积累与转换体系，需要高等职业教育主体对不同层次高等职业教育的衔接确立科学的理念和方法论，对不同层次高等职业教育的人才培养目标进行科学定位。第二是对高等职业教育的认识问题。学术教育、技术教育、职业教育、技能教育成果是高等职业教育学分积累与转换的物质基础，这对于高等职业教育主体来说是一个挑战。从专科层次高等职业院校的人才培养目标来看，学术教育、技术教育相对较弱；

[①] 教育部：《关于全面提高高等职业教育教学质量的若干意见》（教高〔2006〕16号），http://old.moe.gov.cn/pubucfiles/business/htrnlfiles/moe/moe_737/201001/xxgh_79649.html。

从应用型本科高校的人才培养目标来看，职业教育、技能教育明显不足。这对于建立高等职业教育学分积累与转换制度无疑是一个障碍，科学认识和评估学术教育、技术教育、职业教育、技能教育在不同层次高等职业教育过程中的量和度，以人为本地界定不同知识、技能、智能、智力受教育群体的学习内容，是实现高等职业教育学分积累与转换进程不能跨越的重要环节。

2. 学分积累与转换：高等职业教育充分就业问题

充分就业（Full Employment）是指在某一工资水平之下，所有愿意接受工作的人，都获得了就业机会。充分就业并不等于全部就业，而是仍然存在一定的失业。但所有的失业均属于摩擦性的和结构性的，而且失业的间隔期很短。通常把失业率等于自然失业率时的就业水平称为充分就业。[①] 在推进高等职业教育学分积累与转换的进程中，提升受教育者对就业、择业、创业的认识水平和能力，转变受教育者依赖学校推荐就业的传统理念，引导受教育者自主择业、自谋职业、大胆创业，是高等职业教育主体（应用型本科高校、高等职业院校、社会培训机构）义不容辞的责任和义务。推进"大众创业和万众创新"，是"十三五"期间高等职业教育产业"创新、协调、绿色、开放、共享"发展的时代契机，这对于推进高等职业教育学分积累与转换体系建设，实现受教育者的充分就业带来了天赐良机。然而，高等职业教育宏观纵向管理的体制机制、微观封闭运行的改革模式，对于高等职业教育跨界、转型和升级发展还具有负面的制约作用。改革职业教育办学体制，共享职业教育社会资源，构建协调、绿色发展的高等职业教育生产关系，提升高等职业教育的综合国力，需要开放职业教育市场为高等职业教育的产业化发展铺路搭桥（实现市场对职业教育资源配置的基础性作用），需要通过法治建设规范土地、资本、股权、法人、师资、技术应用和技术技能型人才等职业教育要素的市场准入，需要政府为职业教育的"法人"松绑（实现法人财产权与经营权的合二而一），需要引入市场机制实现高等职业教育主体（应用型本科高校、职业院校、技师学院、社会培训机构）的优胜劣汰，需

---

① 余小波：《成人高等教育型及转型探略》，《现代大学教育》2011年第1期。

要党和国家顶层设计和科学决策的战略支撑。

第三节　高等职业教育学分积累与转换的经济基础问题

建立高等职业教育学分积累与转换的教育生产方式，必须实现高等职业教育核心竞争力建设的开放式发展，必须实现高等职业教育生产方式与顶层设计的协调发展，实现高等职业教育生产方式与国民经济运行的有序对接。

一　学分积累与转换：高等职业教育核心竞争力建设问题

1. 学分积累与转换对高等职业教育核心竞争力建设的环境需求

高等职业教育学分积累与转换体系的建设与发展，需要与之相适应的经济基础。从生产力适应生产关系的视角来看经济基础的纽带——高等职业教育的核心竞争力，能够满足高等职业教育学分积累与转换体系建设的核心竞争力，第一是高等职业教育生产力的核心竞争力，包括现代化高等职业教育理念，能够满足不同层次和不同类型高等职业教育学习成果评价、认定、积累与转换平台的先进性与科学性，高等职业教育"双师型"师资资源高度的知识化、智能化、技能化和技术化；第二是高等职业教育生产要素的核心竞争力，包括高等职业教育硬件资源建设的水平已经达到相当高的程度（能够满足高等职业教育教学要求的教学场所、实训基地、社会实践教学基地、就业和创业教育基地建设达到相当高的水平，软件（案例教学学分课程体系、工作过程学分课程体系、项目课程学分课程体系，学分积累与转换的制度体系）建设已经能够满足不同层次和不同类型高等职业教育受教育者学分积累与转换的需求；第三是高等职业教育社会效益的核心竞争力，是高等职业教育满足国民经济发展需求的能力。在"十三五"时期就是能够为国家去库存、降产能、调结构，实现应用技术和技术技能型人才充分就业所作出的突出贡献。显然，全面提升高等职业教育的核心竞争力，需要宏观、中观与微观运行的社会环境与之相适应。宏观的社会环境是国家法制建设同高等职业教育学分积累与转换体系建设协调发展；中观的社会环境是高等职业教育市场机制和产业化发展进程同高等职业教育学分积累与转换体系建设与时俱进；微观的社会环境是高等职业教育主体（应用型本科高校、高等职业院校、高级技工学校和技师学院、社会培训机构）共同推进产业化和一体化"创新、协调、绿色、开放、共享"的发展进程。

2. 学分积累与转换：高等职业教育核心竞争力建设的难点问题

从高等职业教育学分积累与转换对经济基础的客观要求来看，高等职业教育半开放的体制机制、双轨运行的管理体制以及自身的制度缺陷，是制约高等职业教育核心竞争力建设的难点问题。第一是高等职业教育产业半开放的体制机制问题。所谓高等职业教育半开放的体制机制，是指目前高等职业教育主体（除民办院校和社会培训机构外）所有权与经营权两权分离所形成的体制机制。在这样的体制机制下，高等职业教育主体（应用型本科高校、高等职业院校、高级技工学校和技师学院）虽然具有教育运行模式、教育教学改革对外搞活、对内创新的经营权，却没有对自身教育资源处置和对外配置的自主权。这样两权分离的体制机制，自然与社会经济运行主体难以形成互利互惠、协调发展的教育生产关系，难以构建法人自主的体制机制，因而不利于高等职业教育经济基础的和谐发展。第二是高等职业教育产业双轨运行的管理体制问题。如果对高等职业教育产业主体按照产权结构进行分类，那么将会呈现两种截然不同的管理体制。一种是自上而下的纵向管理体制，一种是自我约束、自我激励和自我发展的管理体制。建设高等职业教育学分积累与转换体系，是建设高等职业教育产业内部教育生产关系，在双重管理体制下建设这种生产关系显然存在天然的屏障，这一问题如果得不到妥善解决，必然会对高等职业教育核心竞争力建设带来这样和那样的矛盾和冲突。第三是高等职业教育主体自身的制度缺陷。高等职业教育主体（以专科层次高等职业院校为例）自身的制度缺陷主要来自僵化和模糊的制度规范。这种僵化、模糊制度规范的弊端使得大多数基层管理者和广大教师受到管理权限、范围的限制，因而在教育教学的改革和创新中不敢跨越自身的职责范围，害怕在改革和创新的过程中犯错误、胆小怕事、故步自封。

3. 学分积累与转换：高等职业教育核心竞争力的开放发展问题

高等职业教育学分积累与转换体系建设，是高等职业教育不同类型高等教育和不同层次高等职业教育之间办学体制、办学模式、教育资源、教学内容、教学方法以及运行机制互动、协调发展的动态过程。所以，开放发展是高等职业教育学分积累与转换体系建设的必经之路。对于高等职业教育学分积累与转换体系建设来说，高等职业教育核心竞争力的开放发展是高等职业教育产业内、外双向的开放发展。在目前条件下，也是半开放和双轨运行体制机制下的开放发展。在这样的背景下，高等职业教育产业对内和对外的双向开放发展，不可避免地会存在来自自身办学体制和制度体系的诸多矛盾和现实问题。第一是高等职业教育产业内部的问题。从层次上看，是不同层次高等职业教育主体之间的开放发展问题。主要问题是高等职业院校（专科）提升适应本科应用技术和技术技能教育的办学水平，开发与应用本科高校接轨的学分课程的问题；应用型本科高校开发应用技术和技术技能教育学位（学术）课程，建设技术创新实训（教学）基地的问题。这是不同层次高等职业教育学分转换的先决条件，需要不同层次高等职业教育主体的共同努力和开放运行。第二是高等职业教育产业内部与外部协调发展的问题。工学结合与校企合作是高等职业教育的本质特征。广义地说，高等职业教育践行工学结合与校企合作的外部主体，包括国民经济运行每一个产业生产、流通和服务的单位或部门。从经济学的角度讲，任何一个国民经济产业生产企业或部门的生产经营活动，都必然遵循经济利益、社会利益最大化的基本原则，都会受到市场经济和国家政策调控力量的双重作用和影响。在这样的基本前提下，实现对外开放的难点问题是提高高等职业教育的核心竞争力。这是因为，从协调发展的角度来看，中国高等职业教育与国民经济各个部门之间，存在突出的不协调和不和谐的矛盾和问题，解决这些问题的最佳途径是提升高等职业教育的核心竞争力，提升高等职业教育服务社会经济发展的质量和水平。只有这样，才能实现高等职业教育校企合作与工学结合的双赢，才能保障高等职业教育学分积累与转换体系建设的正常运行。

二 学分积累与转换：高等职业教育生产方式与顶层设计的脱节问题

1. 学分积累与转换：高等职业教育跨越发展的顶层设计

2001年的《国民经济和社会发展第十个五年计划纲要》，提出了建立职业教育与普通教育相互沟通的教育体系，推行弹性学习制度，深化与毕业生就业相关的劳动人事制度改革等与职业教育直接相关的改革举措。① 同年，教育部办公厅出台了《关于在职业学校进行学分制试点工作的意见》指出："学分制是以学分作为衡量学生学习份量、学习成效，为学生提供更多选择余地的教学制度""允许学生根据社会需要、个人兴趣和条件跨学校、跨专业选择课程和学习方式，允许学生工学交替、分阶段完成学业"，要"建立校际之间、相近专业之间、学历教育与职业资格培训和各种形式的短期培训之间学分相互承认的机制。对于从其他职业学校、其他专业转入的学生，应承认其取得的相关的学分""学校对学生取得相关的国家职业资格证书、技能等级证书，可以折合成相应的学分。学校对学生在参加国际、全国或省部级各种知识、技能和文艺、体育等竞赛中受到的表彰和获得的奖励，应酌情承认或奖励一定学分。学校应允许学生根据已有的学习经历和成绩，或根据自身情况，申请免修相应课程，经考核成绩合格者可取得相应学分"②。2010年的《国家中长期教育改革和发展规划纲要（2010—2020年）》，提出了在高等教育体系建立"学分银行"制度的构想。指出："建立区域内普通教育、职业教育、继续教育之间的沟通机制；建立终身学习网络和服务平台；统筹开发社会教育资源，积极发展社区教育；建立学习成果认证体系，建立"学分银行"制度等。""到2020年，形成适应经济发展方式转变和产业结构调整要求、体现终身教育理念、中等和高等职业教育协调发展的现代

---

① 国务院：《国民经济和社会发展第十个五年计划纲要》，《人民日报》2001年3月18日第1版。
② 教育部办公厅：《教育部办公厅关于在职业学校进行学分制试点工作的意见》（教职成司〔2001〕3号），http://old.moe.gov.cn//publicfiles/business/htmlfiles/moe/moe_956/200407/825.html。

职业教育体系，满足人民群众接受职业教育的需求，满足经济社会对高素质劳动者和技能型人才的需要"①。

2. 学分积累与转换：高等职业教育顶层设计的反作用失灵

从哲学的角度讲，经济基础是上层建筑赖以存在的根源，是第一性的；上层建筑是经济基础在政治上和思想上的表现，是第二性的、派生的。经济基础决定上层建筑，上层建筑反作用于经济基础。② 如果说国家对职业教育微观运行的顶层设计属于上层建筑的范畴，那么高等职业教育学分积累与转换体系建设则是其反作用的直接产物。杨晨在《中国远程教育》2012年第6期发表的《中国"学分银行"建设的三大问题》文章中指出了中国"学分银行"建设的基本问题。第一个问题是职业教育主体对"学分银行"的认识问题，即对"学分银行"的内涵、"功能"和属性（制度还是机构）的把握问题。第二个问题是"学分银行"技术操作问题，即构建"学分银行"的需求机制问题、学分认证的服务对象问题、"学分银行"的认证标准问题和"学分银行"的学习者如何能够学到各校的优质课程问题。第三个问题是深层次障碍问题，即体制机制问题和来自学校方面的障碍。虽然杨晨的观点是一家之言，所揭示的问题不能反映出在中国建设学分银行（学分积累与转换系统）的全貌，但是仅此三个主要观点就已经说明了中国建设学分积累与转换系统的瓶颈问题，这个瓶颈问题就是国家层面关于学分积累与转换的决策设计与职业教育微观运行脱节。也就是说，关于学分积累与转换的顶层设计反作用职业教育经济基础的功效失灵。

3. 学分积累与转换：高等职业教育生产方式与顶层设计的对立统一

学分积累与转换顶层设计的反作用失灵，是上层建筑与经济基础之间矛盾运动的结果。黑格尔说：矛盾"是一切运动和生命的根源；事物只因为在本身之中包含着矛盾，所以才能运动。"③ "矛盾是事物

---

① 教育部：《国家中长期教育改革和发展规划纲要（2010—2020年）》，2010年3月1日，http://www.gov.cn/jrzg/2010-07/29/content_1667143.htm。
② MBA智库·百科，https://wiki.mbalib/wiki/经济基础。
③ 《黑格尔"逻辑学"一书摘要》，《列宁全集》第33卷，第145页。

发展的动力，矛盾双方又同一又斗争，推动事物变化和发展。"[①] 高等职业教育生产方式与顶层设计的矛盾运动，其本质是高等职业教育上层建筑与其经济基础之间的矛盾双方同一性与斗争性相互作用的结果。高等职业教育上层建筑与经济基础之间矛盾的同一性，是构建高等职业教育学分积累与转换体系的必要前提，这个同一性的基础是矛盾双方共同的社会利益，即推进高等职业教育事业的可持续发展。从国家顶层设计来看，建设高等职业教育学分积累与转换体系能够推进国家终身教育体系建设，推进国民教育协调发展，更加有效地发挥高等职业教育服务国民经济运行的社会作用，为技术应用和技术技能型人才实现充分就业打造更为坚实的文化和物质基础。从高等职业教育微观运行来看，建设高等职业教育学分积累与转换体系，有利于推进自身的资源建设，有利于提升办学层次、扩大办学范围、争取更多的财政支持。高等职业教育上层建筑与经济基础之间矛盾的斗争性，是高等职业教育学分积累与转换体系建设的动力源泉。从国家的立场上看，国家的顶层设计要求在高等职业教育体系建设学分积累与转换体系，提升高等职业教育的核心竞争力，改革不适合高等职业教育跨越发展的教育生产关系，实现高等职业教育的跨越发展。从高等职业教育主体（应用型本科高校、高等职业院校、高级技工学校和技师学院、社会培训机构）微观运行的需求来看，这个斗争性是来自因建设学分积累与转换体系而带来的一系列的发展中问题。在这一系列发展中的问题里有弹性学分制建设问题，教学组织和运行机制创新问题，学分制课程体系建设问题，基于不同高等职业教育主体学习成果认定、计量、评价问题等。唯物辩证法认为，矛盾的同一性与斗争性共处于一个统一体之中，并且在一定的条件下相互转化。推进基于学分积累与转换上层建筑与经济基础之间矛盾同一性与斗争性之间向有利于国家利益的方向转化，需要国家顶层设计的引领、市场机制的导向、高等职业教育的体制机制建设，需要高等职业教育市场的有序跟进，需要高等职业教育需求侧对学分积累与转换体系建设供给侧倒逼

[①] 上海市高校《马克思主义哲学基本原理》编写组：《马克思主义哲学基本原理》，上海人民出版社 2003 年版，第 84 页。

机制的创造。

三　学分积累与转换：高等职业教育产业与国民经济协调发展问题

高等职业教育产业与国民经济的协调发展，不仅是建设高等职业教育学分积累与转换体系的经济基础，也是实现国家伟大复兴的经济基础。在高等职业教育学分积累与转换体系建设的初级阶段，高等职业教育与国民经济协调发展的主要问题，一是高等职业教育供给的短板问题，二是国民经济发展对学分积累与转换有效需求的拉动问题。

1. 学分积累与转换：高等职业教育供给的短板问题

建设高等职业教育学分积累与转换体系是国家层面的顶层设计，这一顶层设计需要高等职业教育微观运行的策略设计和长期跟进，逐步解决推进学分积累与转换进程的矛盾和问题。在高等职业教育学分积累与转换体系建设的初级阶段，首要问题是解决高等职业教育产业对学分积累与转换要素的供给问题。学分积累与转换要素有效供给不足是高等职业教育发展进程的突出问题，这个问题已经成为高等职业教育可持续发展的短板。在高等职业教育三维（高等教育、高等职业教育、社会培训）发展的产业链条中，高等职业教育学分积累与转换体系建设是其中的一个重要节点，这个节点链接着高等教育、职业教育和社会培训。从经济学的角度透视高等职业教育学分积累与转换体系建设的瓶颈问题，这个瓶颈问题不是社会对高等职业教育学分积累与转换要素的需求问题，因为高等职业教育学分积累与转换体系建设与国家的社会利益和个人经济利益正相关。从国家利益上来看，建设高等职业教育学分积累与转换体系有利于建设学习型国家和国民终身教育体系，有利于经济结构战略调整的国家发展战略，有利于推进应用技术型和技术技能型人才群体的充分就业。从个人（接受高等职业教育的受教育者）利益上看，建设高等职业教育学分积累与转换体系，能够提升高等职业教育的学历水平和职业资质，能够在职业竞争中占有更大的优势，能够在职业工作中获取更多的经济利益。所以说，高等职业教育学分积累与转换体系建设是高等职业教育产业的供给侧问题。在高等职业教育学分积累与转换体系建设初期，高等职业教育供给侧的主要问题是：

（1）高等职业教育的刚性问题。高等职业教育的公益性，导致市场机制对于高等职业教育的影响很小，尽管某些高等职业院校办得不好也不会受到优胜劣汰市场机制的惩罚。

（2）高等职业教育的创新激励问题。在相对封闭的办学体制下，高等职业教育制度体系自身的自我约束机制大于自我激励机制，这样的制度设计使得教育者墨守成规、按部就班的工作，在工作中往往不求有功、但求无过。因此，很少有人敢于犯改革和发展进程中的错误，高等职业教育创新能力怎么样因此也就不言而喻了。

（3）高等职业教育产业结构问题。产业结构问题主要来自专业结构问题，具体问题是专业设置雷同的现象比较普遍，许多专业的设置与国民经济的调整失之交臂。

（4）弹性学分制度建设滞后，直接阻碍高等职业教育学分积累与转换体系建设。

2. 学分积累与转换：国民经济运行需求的拉动问题

高等职业教育学分积累与转换体系建设是国民经济发展的短板，因此也是"十三五"期间国民经济结构调整的节点内容。2015年12月18—21日的中央经济工作会议对"十三五"开局作出了明确的战略部署，"去产能、去库存、去杠杆、降成本、补短板"将成为"十三五"时期国民经济结构调整的中心工作。"去产能、去库存、去杠杆、降成本、补短板"，将会对国民经济的产业结构、人力资源需求结构和高等教育结构产生重要影响，给高等职业教育产业发展带来了勃勃生机。这是因为，高等职业教育产业是中国国民经济发展的朝阳产业，高等职业教育的改革开放和产业化发展态势能够给需要"去产能、去库存、去杠杆、降成本、补短板"行业企业带来转型发展的巨大商机，这是国民经济发展转型的巨大需求，这是国家存量社会资源的重新洗牌，这是一个新兴产业崛起的导火线和方向标。不难推论，高等职业教育产业是中国经济发展的巨大蛋糕，怎样切割这块蛋糕是中国国民经济发展一道重大难题。第一是开放高等职业教育市场问题。2014年6月教育部等六部门联合下发了《现代职业教育体系建设规划（2014—2020年）》（以下称《规划》），《规划》对高等职业教育的深化改革作出了明确的部署，在高等职业教育体制改革方面推出探索举办特色学院的重大举措，指出：鼓励大型企业、科研机构和行业协会举办或参与举办以服务产业链为目标，主要依托企业开展教学实训，人才培养和职工培训融为一体，产教、科教融合发展，专业特色明显的特色学院，新增一批优质高等职业教育资源。① 这一举措意味着高等职业教育改革将进入企业化（特色学院）办学的发展阶段，开放高等职业教育市场也将由探索逐步走向现实。第二是高等职业教育产业化发展问题。高等职业教育产业化发展的关键问题，是高等职业教育办学主体的两权分离问题，解决这一问题还有待特色学院的实践探索，有待高等职业教育主体与行业企业与社会培训机构协调发展，还需要由双轨运行②向单轨过渡的一段比较长的时间周期。开放高等职业教育市场与高等职业教育的产业化发展，不仅能够推进国民经济"去产能、去库存、去杠杆、降成本、补短板"的结构调整，也能够带来受教育者高等职业教育学分积累与转换的巨大需求，进而拉动高等职业教育学分积累与转换平台建设的有序进行。

第四节　高等职业教育学分积累与转换的上层建筑问题

马克思在1859年撰写的《〈政治经济学批判〉序言》中，对经济基础和上层建筑的理论作了精辟的表述："人们在自己生活的社会生产中发生一定的、必然的、不以他们的意志为转移的关系，即同他们的物质生产力的一定发展阶段相适合的生产关系。这些生产关系的总和构成社会的经济结构，即有法律的和政治的上层建筑竖立其上并有一定的社会意识形式与之相适应的现实基础。"由此推论，基于高等职业教育学分积累与转换体系建设的上层建筑，是建立在高等职业教育经济基础之上，以学分积累与转换生产关系为核心的社会关系之

---

①　教育部、国家发展改革委、财政部、人力资源社会保障部、农业部、国务院扶贫办：《现代职业教育体系建设规划（2014—2020年）》，2014年6月16日。

②　这里的双轨运行，是指（一轨）国有办学机构的两权分离的运行机制，（另一轨）特色学院、企业和社会培训机构的两权合一的运行机制。

和。从法律和政治双重视角纵观这种社会关系问题,那么,高等职业教育学分积累与转换的上层建筑问题,第一是法治建设问题,第二是制度设计问题。

一 基于高等职业教育学分积累与转换的法治建设问题

文化发展、体制创新、要素准入的法治环境,是构建高等职业教育学分积累与转换生产关系的首要前提。推进文化发展、体制创新、要素准入的法制建设,是构建高等职业教育学分积累与转换体系的第一要务。

1. 高等职业教育文化发展的法治建设问题

人类学之父英国人 E. B. 泰勒在《原始文化》一书中将"文化"定义为:"文化或文明,就其广泛的民族学意义来讲,是一复合整体,包括知识、信仰、艺术、道德、法律、习俗以及作为一个社会成员的人所习得的其他一切能力和习惯。"[①] 中国高等职业教育文化源于20世纪初期晚清民国时期实业救国与职业教育的产生阶段,[②] 历经一个多世纪的发展,高等职业教育文化跨越了明末清初的实业教育文化、民国期间的职业教育文化、中华人民共和国成立初期的技术教育文化。20世纪80年代中国现代高等职业教育产生,"一经面世就身兼高等教育和职业教育的双重角色和双重属性,说明高等职业教育应该具有自身发展的文化特色,它既是高等教育的,又是职业教育的;既是院校教育的,又是岗位教育的;既是人文教育的,又是技术教育的;既是素质教育的,又是能力教育的"[③]。经过三十多年的可持续发展,中国现代高等职业教育文化已经越过萌芽期和成长期走向成熟期的发展阶段。以就业为导向、对外开放、工学结合、校企合作、现代学徒制、职业教育集团、"双师型"教师队伍建设、案例教学、项目教学、工作过程教学、职业生涯规划教育、创业教育等现代高等职业教育文化理念得到了国民的认可和信赖。随着中国高等职业教育内涵

---

① 霍桂桓:《文化哲学:是什么和为什么》,《光明时报》2011年8月3日。
② 王琦、邢运凯:《高等职业教育文化逻辑的分析》,《中国高教研究》2013年第11期。
③ 罗忆:《探析我国高等教育文化》,《乌鲁木齐职业大学学报》2010年第2期。

发展的不断深入，高等职业教育改革进入跨界、转型、升级的深水区。在这个深水区，学分积累与转换的文化建设问题也伴随着国家终身教育体系建设步伐浮出了水面。高等职业教育学分积累与转化的文化建设，包括学习成果认定的评价文化，以人为本（教、学、做一体化改革）的教学文化，技术教育创新的学术文化，创业实践的职业修养文化等。学分积累与转换的文化建设需要国家顶层设计的战略引领，需要改善高等职业教育的生产关系，需要高等职业教育生产力倒逼机制的推进。在这一进程中，需要国家立法、政府引领、高等职业教育主体的制度建设的有序跟进，需要高等职业教育市场的进一步开放，需要高等职业教育实现产业化运营。

2. 高等职业教育体制创新的法治建设问题

中国共产党第十八届五中全会提出了"创新、协调、绿色、开放、共享"发展的治国理念，为推进高等职业教育的体制创新、建设学分积累与转换的生产关系奠定了科学的逻辑起点。如果沿着这个逻辑起点的坐标展开推论，那么创新高等职业教育办学体制，开放高等职业教育市场，共享社会职业教育资源，协调高等职业教育生产关系，推进高等职业教育产业绿色发展，将构成"十三五"期间高等职业教育体制创新的核心内容。推进高等职业教育体制创新需要法治建设保驾护航，也就是说需要上层建筑对高等职业教育生产关系施加反作用的动能。创新高等职业教育办学体制，需要教育行政管理部门制定高等职业教育准入门槛，规范高等职业教育主体的法人行为；开放高等职业教育市场，需要国家立法，逐步实现高等职业教育体制的多元化发展，逐步实现国有高等职业院校财产权和经营权的两权合一；共享社会职业教育资源，需要实现高等职业教育的全方位开放，特别是国有高等职业院校的教育资源向社会开放，实现高等职业教育资源和社会生产性资源的转化；协调高等职业教育生产关系，需要各级政府出台更加有力的措施，推进高等职业教育（专科、本科、研究生层次高等职业教育）纵向发展和横向（高等职业院校、高级技工学校、技师学院、社会培训机构）链接的立体对接；推进高等职业教育产业绿色发展，需要政府部门统筹规划高等职业教育产业园区建设，宏观调控高等职业教育产业循环的运行机制，推进高等职业教育产业与国民经济运行的有序对接。

3. 高等职业教育要素准入的法治建设问题

高等职业教育要素，是指高等职业教育运行过程中的资源集合。从学分积累与转换的角度来看高等职业教育的基本要素，主要包括高等职业教育法人，土地和企业不动产固定资本、投资者资金、股权、技术等要素资本，高等职业教育主体（高级技工学校和技师学院、高等职业院校、应用型本科高校、普通本科高校、行业企业、社会职业培训机构、职业技术科研院所）教育教学的实践环境、设施和设备，教育教学结构、专业和课程结构、制度体系及其一切可以转换为教材资源的信息资本。高等职业教育要素准入，是指高等职业教育要素在市场机制和政府调控下的资源配置。从中国高等职业教育开放发展的态势来看，高等职业教育市场将呈现两种市场类型，一种是完全竞争的市场类型，一种是垄断竞争的市场类型。国家对高等职业教育管理和有条件开放的体制机制下，高等职业教育完全竞争市场机制还需要较长的时间周期才能建立起来，垄断竞争的市场机制随着高等职业教育法人自主权的逐步扩大逐渐显现。尽管完全开放高等职业教育市场需要一个漫长的时间周期，但是在高等职业教育产业引入市场机制已经成为不以人们意志为转移的必然趋势。高等职业教育开放发展的必然趋势，使得市场配置高等职业教育要素成为可能，为构建高等职业教育学分积累与转换体系建设打开了方便之门。市场配置高等职业教育要素的首要前提是国家、政府与高等职业教育之间保障有力、管理有序、运行有章的法治环境。这是高等职业教育学分积累与转换体系建设的法治需求，包括国家立法和相关的制度规范，政府部门为高等职业教育学分积累与转换体系建设制订的规章制度，高等职业教育主体之间通过章程或协议订立的有效法律文件。

二 基于高等职业教育学分积累与转换的制度设计问题

多轨运行、立体交叉的高等职业教育体系，是实现高等职业教育学分积累与转换的经济基础，这个经济基础决定了与之对应的上层建筑。基于高等职业教育学分积累与转换的上层建筑，就是党和国家关于职业教育跨越发展的战略构想，国家教育行政部门与相关部委关于高等职业教育的顶层设计，高等职业教育的直接管理者协调高等职业教育体系纵横交错、立交发展的制度规范。

1. 基于高等职业教育体系结构的理想模型

从高等职业教育供求关系的需求侧来看，学分积累与转换的有效需求是不同层次高等职业院校学生实现学历、学位层次提升；相同层次高等职业院校学生在不同专业之间实现学习成果转换；社会在职人员技术成果、学术成果能够取得相应的学历资格和职业资格认定所能够得到的社会利益和经济利益。从高等职业教育供求关系的供给侧来看，学分积累与转换的有效供给是不同层次学习成果的评价和认证体系，不同专业领域学习成果转换的制度规范。这样的供求关系对高等职业教育纵横交错、立体交叉产业发展链条构成了现实的有效需要，这一有效需求与中国高等职业教育体系结构的发展态势一脉相承。从纵向上看，中国高等职业教育的发展进程还处于结构调整的初级阶段，普通高校、民办高校向应用技术型高校转型、研究生层次专业学位教育的快速发展，已经成为高等职业教育纵向发展的产业链条；从横向上看，高级技工学校（技师学院）办学层次的提升，电视、网络开放大学和新建特色学院的创新发展，不断发起对专科层次高等职业教育的挑战；从立体交叉的方向上看，行业企业和社会培训机构正在加快与不同层次和类型高等职业教育的密切联系。在这样的发展态势下，高等职业教育主体（普通高校、应用型本科高校、高等职业院校、高级技工学校和技师学院、行业企业、社会培训机构）之间逐渐形成了高等职业教育三维产业链条的节点坐标。建立有效制度框架下的运行机制联结这些节点坐标，高等职业教育将呈现出纵横交错、立体交叉结构的产业模型。从国民经济发展的有效需求来看，纵横交错、立体交叉的体系结构是高等职业教育产业化发展的理想模型。这个理想模型的传导机制是利益、学制和课程。第一是利益。经济利益和社会利益最大化，是任何一个高等职业教育法人的行为准则。提升高等职业教育的层次和品质、实现大学生充分就业，提高全体员工的社会福利是国立高等职业院校（包括应用型本科高校和技师学院）所追求的利益目标，实现经济利益最大化、奠定和提升高等职业教育法人的社会地位是非公立高等职业教育主体（民办普通高校、高等职业院校、社会培训机构、非公立特色学院）所追求的利益目标。在利益目标与国家政治导向相一致的情况下，无论哪一类型、哪一层次的普通高校或高等职业院校都会义无反顾地释放自身全部的正能量，反之则不同。第二是学制。学制是界定不同层次高等职业教育法人资质的尺度。推进高等职业教育产业纵横交错、立体交叉协调发展的纽带是弹性学分制度。这是高等职业教育在新形势下跨越发展的门槛和瓶颈问题。第三是课程。高等职业教育资源型学分课程体系的有机构成，包括不同层次高等职业教育的职业学位课程和职业技术课程；高等职业教育学分课程体系建设是高等职业教育体系每一个法人成员的义务和责任。

2. 基于高等职业教育纵向发展的制度设计问题

从国家的顶层设计和宏观调控来看，高等职业教育类型和层次的争论已经得到定性的解决，建立专、本、研层次齐全的高等职业教育体系结构，在微观运行的层面已经不再是纸上谈兵。虽然高等职业教育顶层设计和微观运行的两端都明确了纵向发展的目标和方向，但是在高等职业教育的直接管理者（主要是省级教育行政部门）层面对高等职业教育纵向发展的制度设计还存在较大的空白，这一层面制度设计的空白不能不说是高等职业教育纵向发展的上层建筑问题。"社会吸引力不强、发展理念相对落后、行业企业参与不足、人才培养模式相对陈旧、基础能力相对薄弱、层次结构不合理、基本制度不健全、国际化程度不高等诸多问题"[①]，是高等职业教育发展的短板，也是阻碍高等职业教育学分积累与转换体系建设的主要问题。从管理者层面剖析高等职业教育制度设计的短板问题，主要表现在三方面：第一个方面，专科层次高等职业教育学位缺失问题。众所周知，专科层次学位制度缺失已经构成高等职业教育纵向发展的瓶颈问题。虽然"完善学历学位证书和资格证书'双证书'制度，逐步实现职业教育

---

① 《教育部等六部门关于印发〈现代职业教育体系建设规划（2014—2020年）〉的通知》（教发〔2014〕6号），http://old.moe.gov.cn/publicfiles/business/htmlfiles/moe/moe-630/201403/170737.html。

学历学位证书体系、专业学位研究生教育与职业资格证书体系的有机衔接"①，已经纳入"十三五"时期高等职业教育的发展规划，然而，实现这一目标还需要教育行政部门的制度设计以及国家立法的时间周期。第二个方面，不同层次和类型高等职业教育课程互认问题。探索建立各级职业教育与普通教育相衔接的制度②的难点问题是课程问题，建设高等职业教育与普通高等教育互相衔接课程体系的难点问题是制度问题。这个制度问题不可能由哪一所职业院校来解决，因为它涉及高等职业教育体制机制和制度体系的跨界发展和转型升级。解决这个问题省级教育行政部门具有不可推脱的责任和义务。第三个方面是不同层次和类型高等职业教育的学历（学位）衔接问题。一个理想的模型是举办专、本、硕教育为一体，融职业教育、高等教育和继续教育于一体的新型大学。这样的新型大学能够实现不同层次和类型高等职业教育的学历（学位）教育的有序衔接。然而，从高等职业教育的发展态势看，在短期内这样的发展模式还不能适应中国的基本国情。解决这一问题的最佳途径，仍然是省级教育行政部门针对这一问题的制度设计和科学规划。

3. 基于高等职业教育横向发展的制度设计问题

专科层次高等职业教育的基本特征是应用技术教育和技术技能教育。根据《教育部等六部门关于印发〈现代职业教育体系建设规划（2014—2020年）〉的通知》，专科层次高等职业教育横向发展的对象是技师学院和特色学院。由于大多数技师学院是高级技工学校的代名词（一所学校两块牌子），所以培养服务国民经济运行生产和服务一线的高级技师、高级技术工人是专科层次人才培养目标的定位选择。关于专科层次高等职业教育横向发展的实施办法，《教育部等六部门关于印发〈现代职业教育体系建设规划（2014—2020年）〉的通知》

---

① 《教育部等六部门关于印发〈现代职业教育体系建设规划（2014—2020年）〉的通知》（教发〔2014〕6号），http://old.moe.gov.cn/publicfiles/business/htmlfiles/moe/moe-630/201403/170737.html。

② 《教育部等六部门关于印发〈现代职业教育体系建设规划（2014—2020年）〉的通知》（教发〔2014〕6号），http://old.moe.gov.cn/publicfiles/business/htmlfiles/moe/moe-630/201403/170737.html。

指出："根据高等学校设置制度规定,将符合条件的技师学院纳入高等学校序列。"①"鼓励大型企业、科研机构和行业协会举办或参与举办以服务产业链为目标,主要依托企业开展教学实训,人才培养和职工培训融为一体,产教、科教融合发展,专业特色明显的特色学院,新增一批优质高等职业教育资源。"②专科层次高等职业教育的横向发展,对于全面推进高等职业教育的深化改革具有不可估量的重要作用。从高等职业教育学分积累与转换体系建设的角度来看,高级技工学校(技师学院)和特色学院加入高等职业教育序列,对于现代学徒制、创业教育、创客培育都具有直接的重要作用,这使得高等职业教育的学习成果有了更加宽泛的演变空间,进而能够拉动学分积累与转换体系建设的有效需求。从程序上看,将高等技工学校(技师学院)纳入高等学校序列和举办特色学院是国家的发展战略,因此并不存在较大的运作问题。从制度设计上看,这项工作的实际运作还需要省级教育行政部门在制度设计层面的科学制作。基于高等技工学校(技师学院)纳入高等学校序列的制度设计问题包括:弹性学制问题,半工半读问题,高级技工教育或者技师教育的学位问题;大型企业、科研机构和行业协会举办特色学院的制度设计问题包括:生源问题,企业社会利益与经济利益的关系问题,特色学院企业化运行问题,市场化运营问题以及生产性资源的赢利问题。

4. 基于高等职业教育立体交叉发展的制度设计问题

学历教育与非学历教育、学校教育与社会职业培训、专业教育与学徒制教育办学模式,专业设置与产业需求对接、课程内容与职业标准对接、教学过程与生产过程对接、毕业证书与职业资格证书对接、职业教育与终身学习对接③的改革理念,工学交替、双元制、学徒制、

---

① 《教育部等六部门关于印发〈现代职业教育体系建设规划(2014—2020 年)〉的通知》(教发〔2014〕6 号),http://old.moe.gov.cn/publicfiles/business/htmlfiles/moe/moe-630/201403/170737.html。

② 《教育部等六部门关于印发〈现代职业教育体系建设规划(2014—2020 年)〉的通知》(教发〔2014〕6 号),http://old.moe.gov.cn/publicfiles/business/htmlfiles/moe/moe-630/201403/170737.html。

③ 国务院:《关于加快发展现代职业教育的决定》(国发〔2014〕19 号),http://www.gov.cn/zhengce/content/2014_06/22/content_8901.htm。

半工半读、远程教育①灵活学习的教学方式，跨界发展、转型升级的教育体系，将高等职业教育的发展框架由专科层次的断头式发展推进纵横交错、立体交叉的发展道路。在这样的发展框架下，混合所有制高等职业院校、公共实训基地、社会培训机构、行业企业职业培训组织在这一过程中构成了焦点坐标和桥梁纽带，为高等职业教育学分积累与转换体系建设打造了有效的物质平台。从办学体制上看，政府调控和市场导向的双重功效对混合所有制高等职业院校、公共实训基地、社会培训机构、行业企业职业培训组织都能够发挥管理、引领和导向的积极作用，都能够合理配置和有效利用一切有利于自身发展的教育资源，都能够实现办学主体法人财产权和经营权的合二为一。因此，这些高等职业教育主体开展的非学历职业教育具备通过质量认证体系、学分积累和转换制度、学分银行和职业资格考试进行学历认证的基本条件，因此是建立高等职业教育学分积累与转换制度，推进学习成果互认衔接的中坚力量。推进混合所有制高等职业院校、公共实训基地、社会培训机构、行业企业职业培训组织发展，省级教育行政部门具有对其调控、协调和管理等方面进行制度规范的权利和义务。对混合所有制高等职业院校、公共实训基地、社会培训机构、行业企业职业培训组织的制度设计：包括建立中职、专科、本科高等职业教育的贯通通道，设置现代学徒制试点单位的门槛，制定学历教育与非学历教育转换通道实施办法，践行受教育者学术成果（论文、专利、研究报告、学术专著）、职业培训成果（各类技能大赛等级）和职业成果（技术发现、技术发明）对应相应层次的学历学位学分试行标准等。

---

① 《教育部等六部门关于印发〈现代职业教育体系建设规划（2014—2020 年）〉的通知》（教发〔2014〕6 号），http://old.moe.gov.cn/publicfiles/business/htmlfiles/moe/moe - 630/201403/170737.html。

第五章

高等职业教育学分积累与转换的假定前提

2020年5月23日上午，习近平总书记就当前人民群众高度关注的热点问题传递出了一系列重要信号，他强调："我们要科学分析形势、把握发展大势，坚持用全面、辩证、长远的眼光看待当前的困难、风险、挑战，积极引导全社会特别是各类市场主体增强信心，巩固我国经济稳中向好、长期向好的基本趋势。"① 高等职业教育学分积累与转换体系建设关乎中国高等教育的分类发展，关乎中国高等职业教育跨界转型发展的颠覆式变革，必须用全面、辩证、长远的眼光看待当前的困难、风险、挑战。截至2020年4月24日世界新冠肺炎疫情的数据推论②，这次新冠肺炎疫情对世界的影响已经远远超出经济领域内的范围，政治、军事、社会、教育等领域，也将伴随新冠肺炎疫情世界范围内的防控和根治周期，出现难以预料的不确定格局。

如果将新冠肺炎疫情暴发到因新冠肺炎疫情而引发世界经济危机结束这一时期界定为后疫情时期，那么这一周期少则几年，多则十几年。本书研究的重点，包括揭示后疫情时期中国高等职业教育学分积累体系建设的意义、作用和重要功能。高等职业教育学分积累与转换体系建设的假定前提，第一是对中国高等职业教育产业开放发展的假

---

① 新华社：《人民日报》2020年5月24日第1版。
② 据美国约翰斯·霍普金斯大学最新数据，全球新冠肺炎确诊病例已突破270万例，累计死亡病例逾19万例。世界各国疫情最新数据：《世界各国疫情最新数据（31日全球疫情最新数据）》，http://www.860816.com/aricle.asp?id=2401&p=1。

定；第二是法治先行下高等职业教育运行的假定；第三是充分就业高等职业教育导向的假定。

第一节　开放的高等职业教育产业

高等职业教育具有中国特色，这是因为只有中国的高等职业教育才具有高等教育、职业教育和终身教育的三重属性。作为特殊的高等教育产业，集高等教育、职业教育和终身教育于一体的产业运行的基本假定，第一是法治化、第二是社会化、第三是市场化。

一　三重属性的高等职业教育

1. 高等职业教育的高等教育属性

中国高等职业教育是高中后教育，因此在国民教育序列属于高等教育。然而，中国高等职业教育又是高等教育的一个类型，说明高等职业教育的高等教育属性有别于普通高等教育。从高等职业教育类型结构来看，中国高等职业教育包括工程应用型高等职业教育、技能型高等职业教育、高级技工与技师类型高等职业教育，所对应的高等职业院校是应用型普通高校、高职院校和技师学院。从管理归口来看，应用型本科高校和高职院校归教育行政部门管理，技师学院归人力资源和社会保障部门管理。从学历层次结构来看，应用型本科高校培养四年学制本科应用型人才，高职院校培养三年制高技能人才，技师学院培养技师和高级技工。由于管理属性的差异，中国高等职业教育主体对于毕业生所发放的毕业证书有所不同，应用型本科高校对学业合格学生发放大学本科毕业证书和学士学位证书，高职高专院校对学业合格学生发放三年学制大学专科毕业证书（委托劳动和社会保障部门发放）和较高级别职业技能证书（较高级别职业技能证书不作为硬性规定），技师学院对学业合格学生委托人力资源和社会保障部门发放技师证书和高级技工证书（不发放学历证书）。从以上高等职业教育的特征不难看出，高等职业教育在高等教育意义上的属性：第一，高等职业院校发放学历文凭的高等教育属性。即应用型本科高校具有独立发放本科学历和学士学位的办学资格，高职高专院校具有独立发放三年学制大学专科学历证书的办学资格。第二，高等职业教育具有高等工程教育的高等教育特征。即应用型本科高校培养工程技术应用型人才的高等教育属性。第三，高等职业教育具有学术教育、创新创业教育的高等教育属性。进入21世纪以来，以创新创业驱动的学术教育不仅在应用型本科高校、在高职院校也已经如火如荼地迅猛发展起来，数字技术革命更进一步助长了这一迅猛发展的势头。

2. 高等职业教育的职业教育属性

如果将高等职业教育的双高（高等教育与高等职业教育）属性用一个数学概念来描述，那么高等职业教育的学术（工程）性与职业性相比，应用型本科是四六开，高职院校是三七开，技师学院是二八开，即四六、三七、二八定律。也就是说，应用型本科普通高校的教育结构是，高等教育占四成，高等职业教育占六成；高职院校的教育结构是，高等教育占三成，高等职业教育占七成；技师学院的教育结构是，高等教育占二成，高等职业教育占八成。这样假定的依据是：第一，应用型本科高校人才培养目标是应用型工程技术人才，毕业生就业走向是社会生产一线的工程技术人员。在社会生产一线，工程技术人员的定位是技术员，技术员岗位的基本特征是直接参加生产一线的生产劳动，解决生产一线的技术技能问题，在社会生产力与信息数字技术融合发展的现代化企业，技术员岗位已经成为技术工人的代名词。因此，应用型本科高校的教育教学活动，应用技术和工作技术教育应占较大的比例，学术教育和工程教育内容应当服务应用技术与工作技术方向的高等职业教育，因而适用四六定律。第二，高职院校人才培养目标是高技能人才，毕业生就业走向是社会生产一线的操作者。在现代社会分工越来越细分的发展态势下，社会化大生产的许多岗位越来越趋向以技术应用为主、技术发明为辅，也就是说越来越需要应用技能型人才。在经济发达地区的许多规模型民营企业，大批农民工群体正在占据许多应用技能型岗位。其中，工龄较长的农民工的工作技能，实际上高于高职院校毕业生的技能水平。这并不等于低估高职院校毕业生的就业能力与生产技能。与农民工相比，高职院校毕业生接受过创新创业教育、职业技能培训和劳动教育，他们适应工作岗位的能力强、转岗和职业转型的反应速度快。在这一方面，农民工没有可比性，因此使用三七定律。第三，技师学院的技师教育与高级技工教育，毕业生走向是社会生产一线的技师和高级工岗位。在生产企业，技师与技术员是两个称谓一种岗位。能够找到相关证据，技师与技术员处于同等职业资历层次，就是说技师与技术员可以来自应用型本科高校，也可以来自技师学院。而企业的高级技工既可以来自高职院校，也可以来自技师学院，但是由于高职院校学术教育内容远大于技师学院，因而适用二八定律。

3. 高等职业教育的终身教育属性

终身教育应该是个人或集团为了自身生活水平的提高，而通过每个个人的一生所经历的一种人性的、社会的、职业的过程。这是在人生的各种阶段及生活领域，以带来启发及向上为目的，并包括全部的正规的（formal）、非正规的（non-formal）及不正规的（informal）学习在内的，一种综合和统一的理念。高等职业教育是终身教育的组成部分，不仅包括高职院校对在校学生所实施的正规教育，也包括对职业者在整个职业生涯过程中的学校教育和网络教育。高等职业教育在终身教育体系中的时效，体现在受教育者的整个职业生涯阶段中。高等职业教育在终身教育体系的功能，具有提高社会职业群体核心竞争力、维护社会稳定、促进充分就业、调节经济结构、应对经济风险等重要作用。

（1）提高社会职业群体核心竞争力。目前，由于高职院校主要开展学历教育，对职业学位教育和职业资历培育的能力较弱，全国范围内绝大多数高职院校（包括民办高职院校）都没有开展学位教育，职业资历培育成果大都在较低的层面，与高等职业教育目标严重偏离。因此，如果对高等职业教育设定一个比较理想化的人才培养目标定位，这个定位第一是高等职业教育的职业资历成果，第二才是高等职业教育学历。然而遗憾的是，全国范围内的高职院校都在反其道而为之。应当说这是高等职业教育发展中的问题，一定会得到很好的解决。怎样解决，第一是尽快推进高等职业学位教育，实现高职院校人才培养方向由教育资历向职业资历目标转移。第二是推进高等职业教育的社会化发展，对已经离开高职院校学生实施补救措施，这个补救措施就是学位教育。这仅仅是针对接受过高等职业教育的职业群体，更大的问题是针对整个社会职业群体和非职业群体的终身教育。这个终身教育的内容包括高等职业学位教育和职业资历培育。

（2）维护社会稳定和促进充分就业。这是不容置疑的客观事实，因为作为终身教育的高等职业教育，能够聚集数量庞大的无业劳动者和失业者，在国家宏观经济政策的作用下，这个庞大的群体能够得到免费的职业技能培育，因而这是一个巨大的蓄水池，具有维护社会稳定的重要功能。

（3）调节经济结构和应对经济风险。在非常时期，国民经济结构会受到经济波动的巨大冲击，这一时期任何国家都会出台调整经济结构和稳就业的宏观经济政策，在国家的政策导向和财政支持下，高等职业教育和社会非学历高等职业教育机构能够发挥难以估量的重大作用。

二 开放运行的高等职业教育产业

1. 社会化发展的高等职业教育产业

学历学位教育、非学历学位教育、职业资历教育、职业继续教育是高等职业教育产业的有机构成，市场化运行的产教融合是高等职业教育产业的运营模式，弹性学制和项目课程导向是高等职业教育产业的路径选择，服务国家经济结构调整、推进国家充分就业目标的实现、保障社会稳定、降低经济风险是高等职业教育产业的重要使命。

第一是学历教育、非学历教育、继续教育的产业结构。应用型本科高校、高职院校是高等职业教育产业中学校教育的载体，具有实施学历教育、非学历学位教育、职业资历培训的全部功能。技师学院虽然也是高等职业教育学校教育载体，但是目前只具有职业资历教育的基本功能，随着国家学分积累与转换体系的建设与运行，技师学院也将具有实施学历教育、非学历学位教育、职业资历培训的全部功能。

第二是高等职业教育产业市场化的运营模式。只有实现高等职业教育产业的市场化运营，才能实现国家法制框架下非学校高等职业教育主体的准入，才能够实现行业企业、社会培训机构、社区教育和创新创业团队从事非学历高等职业教育和职业资历教育的合法化运行，才能真正实现高等职业（院校）教育产教融合、校企合作、工学结合、技能大师工作室、现代学徒制等一系列深化改革的举措。高等职业教育产业的市场化运行能够引发高等职业教育主体（包括学校和非学校高等教育机构）的市场竞争，能够使非学历高等职业教育主体在市场机制下优胜劣汰，能够迫使公立高等职业教育机构和民办高职院校面对生存危机，进而实现高等职业教育资源的优化配置，实现高等职业教育产业的高效运营。

第三是高等职业教育产业弹性学制、项目课程导向的制度选择。这样制度导向的重要功能，是实现学校和非学校高等职业教育主体教学成果的转换和衔接，实现非学校高等职业教育主体与学校高等职业教育主体的融合发展，扩大高等职业教育的产业规模。例如，某一创新创业团队经有关部门注册从事一门课程或一门课程某一单元学分的教学活动，教学对象既可以是在校学生，也可以是从业或失业人员，这样运行并不是砸高职院校的饭碗，而是满足高职院校学生的个性化需求，推进高等职业教育的社会化发展。

第四是推进充分就业、维护社会稳定、降低经济风险的重要使命。高等职业教育产业具有扩大就业和推进就业的双向功能，从产业发展的视角来看，它具有扩大就业的作用，从产业运行的视角来看，它又具有推进就业的功能。高等职业教育产业规模越大，维护社会稳定的功能就越强，高等职业教育产业市场导向下的国家调控力度越强，优化产业结构降低经济风险的作用越大，这是不容置疑的社会哲学。

2. 健全完善的高等职业教育资历架构

高等职业教育资历架构，是指高职院校和应用型本科高校的学历梯次架构。中国目前应用型本科高校有专业硕士研究生教育和应用型本科教育，颁发大学硕士研究生学历、硕士学位，大学本科学历和学士学位。应用型本科高校颁发的硕士研究生学历学位和本科学历学位按照一级学科设计。高职高专教育资历只有三年制大专学历，没有相应学位。因此，如果按照学位梯次建立高等职业教育资历架构，那么，这个高等职业教育资历架构是不完善的。所谓不完善，是指目前高等职业教育资历只有本科及以上的有学士学位和硕士学位，没有高职院校什么事，而传统的高等职业教育是指高职院校的三年制教育，如果不包含三年制高等职业教育，那么学士学位和硕士学位所构成的高等职业教育资历架构就是空中楼阁，形同虚设。因此，设立专科层次高等职业教育学位，是建设高等职业教育资历架构的节点问题。专科层次高等职业教育资历是什么，以什么形式建设，建设后的作用怎样定位，是建设三年制高等职业教育资历的关键问题。从国际高等职业教育资历架构建设经验看，三年学制高等职业教育学位名称是副学士学位，但是这个副学士学位是按照学科建、按照专业建、还是按照专业方向建，目前还找不到相关专家和学者的高论。如果按照学科建问题就很严重，因为中国高等职业教育教学体制是专业和专业群，已经是学科教育体制下的最低版本。如果按照专业或专业群来建，也会有问题，这个问题表现在专业或专业群与国家职业资历架构难以融合，就是说无论是按专业或专业群设计学士学位都过窄，难以和人社部门设置的职业技能称谓相吻合。还有另外的问题，就是学位可以应用于非学历教育，而非学历教育一般是短期教育没有学制。因而要设立高等职业教育学位，还要考虑高职院校学历学位与社会职业资历教育的衔接问题。实现高职院校学历学位与社会职业资历教育衔接，推进高等职业教育市场化和社会化发展，破解中国高等教育财政问题，破解中国高等教育全民化发展问题，才是设立高等职业教育学位的政治意义。高等职业教育学位设立，一定是以职业教育成果为导向，以职业劳动者职业资历、职业专长和技术传承为导向，以国家职业大典相关职业分类为导向。解决了高等职业教育学位问题，其他相关问题就会迎刃而解了。

3. 开放运行的非学历教育与职业资历教育

非学历教育是指学位教育，职业资历教育是指从业资格教育。高等职业教育的特殊性决定了高等职业学位的非学历属性，这一属性意味着工程硕士、应用型学士、副学士学位，都能够实现非学历高等职业教育。非学历教育与职业资历教育共同构筑了高等职业教育体系的学校和非学校教育体系。严格意义上讲，非学历高等职业学位教育的办学主体，需要具有相应的资质，需要对接高等职业教育主体（应用型本科高校、高职院校、技师学院），是与高等职业教育主体实现产教融合的科研院所、行业企业或其他事业单位。开展非学历高等职业学位教育，必须在产教融合、校企合作、工学结合的基础上运行。在这样的基础上，主办应用型本科学士学位和专科副学士学位的办学主体（行业企业的职业大学、技师学院、社区学院、职业资历培训机构），就具有了教育资源的办学优势（教师资源、实训资源和实践教学资源）。在开放的办学体制下，应用型本科高校、高职院校与非学历教育机构（其实就是行业企业和社会经济组织）都受到了政府调控和市场导向的双重作用，都具有进入职业教育市场、创新职业教育产品、参与职业教育竞争的权利和义务。非学历学位教育市场巨大，高职院校已经毕业的千万计毕业生，千万计需要国家提供职业培训的农民工产业大军，数以亿计的职业从业人员和非从业人员（包括转业军人群体），都是副学士层次非学历教育的受教育资源。技师学院已毕业的技师群体，行业企业生产一线的技术骨干，优秀的社区工作者，都是学士层次非学历教育的受教育资源。因此，这块蛋糕大到目前应用型本科高校、高职院校和社会非职业教育机构一时还很难消化的地步。这还仅仅是非学历高等职业教育，还有职业资历教育这一块蛋糕，应当说应用型本科高校、高职院校、行业企业、社会经济组织都有职业资历的受教育需求。各种较高层次的注册职业资历，各种较高层次的从业资格资历，各种较高层次的技术职业资历，仅靠一部分社会培训机构来做是远远不够的。要吃掉这块大蛋糕，还要消化好，就必须实现现代大数字革命背景下的产教融合。这不仅是行业企业和社会培训机构的专利，更是高等职业教育主体的发展取向。在当今新冠肺炎疫情还在全世界蔓延的态势下，政府也不能保证高等职业教育主体没有生存和发展的危机，重新评估后疫情时期高等职业教育市场的变化，重新定位高等职业教育的创新方向，审时度势地做好应对高等职业教育风险的预案，对于高等职业教育主体已经成为刻不容缓的战略选择。

三 开放高等职业教育产业的国家监管与市场调控

1. 高等职业教育产业国家监管的组织机构

开放运行高等职业教育产业存在营利性和非营利性两种运作模式，存在事业化和市场化运作的双重机制，存在非高等教育主体进入与退出的市场机制，存在高等职业院校与非学校职业资历教育组织的市场竞争，存在政府调控与市场机制下的优胜劣汰。这样的产业运行架构必须具备强有力的国家调控和监管机构。从中国的政治体制来看，中国高等职业教育产业发展的协调机构是国务院，管理机构包括教育部、人力资源和社会保障部、国家市场监管总局。这是对高等职业教育产业化运行的必要假定前提。第一，中华人民共和国国务院，即中央人民政府，是最高国家权力机关的执行机关，是最高国家行政机关。根据《中华人民共和国宪法》第八十九条规定，国务院具有规定各部和各委员会的任务和职责，统一领导各部和各委员会的工作，并且领导不属于各部和各委员会的全国性的行政工作；统一领导全国地方各级国家行政机关的工作，规定中央和省、自治区、直辖市的国家行政机关的职权的具体划分；领导和管理教育、科学、文化、卫生、体育等工作。因此，高等职业教育产业多头管理的组织协调非国务院莫属。第二，中华人民共和国教育部。中华人民共和国教育部的主要职责是，统筹管理普通高等教育、研究生教育以及高等职业教育、成人高等教育、社会力量举办的高等教育、成人高等教育自学考试和继续教育等工作。研究提出高等学校设置标准，审核高等学校的设置、更名、撤销与调整；制定学科专业目录、教学基本文件，指导高等学校教育教学改革和高等教育评估工作是教育部的主要职责。因此，高等职业教育产业发展与教育部工作职能的改革创新具有密不可分的连带关系。第三，中华人民共和国人力资源和社会保障部。人力资源和社会保障部是技师学院和非学历教育的管理和审批机关，高等职业教育产业非学历教育必须得到人力资源和社会保障部门的许可。非学历资历成果需要人力资源和社会保障部门的认可并发放相应的职业资格证书。只有在人力资源和社会保障部门的宏观调控下，高等职业教育产业的就业功能才能发挥最大的效用。第四，国家市场监督管理总局。高等职业教育产业没有监管，一旦步入市场化运行的轨道必然会出现无序竞争，必然会出现为了赢利而违法的各种现象和事件，必然会出现各式各样的欺诈消费者行为，导致高等职业教育产业无法正常运行。将高等职业教育纳入国家监管范围，通过国家行政监管部门出台科学、有效的法律规范，指导和约束高等职业教育产业市场主体及其交易、竞争行为。以法律准则、指标体系等为依据，检查、监测经营者行为,对有偏离准则倾向或已开始发生偏离的行为人,给予提醒、指导,督促其采取防范措施或及时纠正偏差,使违法行为在即将发生或刚刚发生时就得到避免或制止。对于规范职能、监督职能未能避免和阻止的违法行为,市场管理者对此进行调查,给予严肃认真的处理,以便强制纠正越轨行为,并对越轨行为产生的后果加以补救,同时,维护法律的严肃性和权威性,警示市场经营者守法经营。

2. 高等职业教育产业国家监管和协调职能

高等职业教育产业建设是一项重大的国家人才工程,在这项人才工程的建设进程中,国家立法,国家各部委相关职能部门设置,国家部委之间协作、调控与监管,是高等职业教育产业能否在市场机制作用下高效运行的基本前提。从宏观管理上看,高等职业教育产业需要多头管理、协作分工的管理体制,如技师学院的没有学历授予权问题,作为主管单位人力资源和社会保障部就需要和教育部共同出台相关政策才能解决;高等职业学位问题,尽管是教育部的职责管辖范围,但是作为非学历教育的有机构成,技师学院和社会职业资历办学单位开办这样形式的高等职业资历教育,还需要人力资源保障部门与教育部门的通力合作;高等职业教育产业的市场化运作,多头管理的部门则会更多,这里假定国家产业大学建设归国家工业和信息化部,那么国家产业大学建设和运行的问题就更多,管理部门和管理内容则更加复杂。从横向运行上看,高等职业教育产业既要解决自身横向发展问题,又要解决与国家各产业部门的融合发展问题。高等职业教育产业自身发展的问题,是高等职业教育定位问题,高等职业教育体系建设问题,高等职业教育产教融合问题,高等职业教育的就业导向问题。既然高等职业教育是中国特色的高等教育,那么中国的高等职业教育就不一定要走原本就没有却要去努力寻求前人走过的道路。也就是说中国的高等职业教育要建立在中国政治、经济和社会发展的国情之上。既然中国高等职业教育是高等教育的一个类型,那么这个类型就一定有别于包括世界高等教育模式在内的高等教育。既然中国的高职院校和技师学院都同属高等职业教育序列,而高职院校颁发的学历文凭和技师学院颁发的技师资格都能够算作高等职业教育的成果,那么就说明中国高等职业教育可以是学历教育,也可以是非学历教育。

但是，不能不考虑中国高等职业教育体系的协调发展，不能不考虑中国高等职业教育与世界高等教育的衔接，而中国高等职业教育体系协调发展及其与世界高等教育接轨的唯一工具是高等职业学位。高等职业教育产业与国家各产业部门的融合发展，是高等职业教育产业运行的基本问题，因为高等职业教育产业运行，关联国民经济运行所有的产业部门，高等职业教育产业解决的问题，关系到国民经济运行的所有产业部门。因此，高等职业教育产业的横向运行，几乎涉及地方政府分门别类的职能单位，涉及诸如人力资源和社会保障部门、教育部门、市场监管部门的通力合作与上下衔接。

3. 高等职业教育产业国家管控下的市场运营

高等职业教育产业化运营的动力，来自政府的宏观经济政策和市场导向的经济利益，在经济衰退时政府的宏观经济政策起决定作用，在经济增长时市场的经济导向起决定作用，这是有效管控高等职业教育产业运营相辅相成的基本政策工具。在后新冠肺炎疫情时期，推进高等职业教育产业化发展本身是利国利民的好事，但是如果国家调控政策不当，就可能事与愿违，不但对国民经济复苏不会起到很好的助推作用，反而会带来难以预料的社会风险。这不仅是经济问题，而且是政治问题。高等职业教育产业发展的两个重要关系，一个是政治关系，一个是经济关系。政治关系是国家管控下的宏观经济政策，经济关系是市场导向下的市场机制。在后新冠肺炎疫情时期，只有先处理好高等职业教育产业发展的政治关系，市场导向下的高等职业教育产业发展才能有序推进，才能发挥抵御国家经济风险的助力作用。高等职业教育产业国家管控的主要任务是：建立非高等职业教育主体准入的法治框架，严控高等职业学位和职业资历标准，严控非学历高等职业教育产品价格，逐步开放高等职业教育产业市场。第一是对非高等职业教育主体准入的管控。非高等职业教育主体进入高等职业教育产业，需要有关政府部门设置严格的准入门槛，例如对于申请举办高等职业学位教育的办学机构（国家产业大学、技师学院、企业职工大学），在办学设施、"双师"结构师资队伍、高等职业学位项目（技师项目、能工巧匠培育项目、创新创业项目）、面向市场经营性项目等设置硬性要求；第二是对高等职业学位和职业资历标准管控。在制度面前人人平等，无论何人、何背景，也无论是公立或民营，对于申报高等职业学位和职业资历教育的办学机构，不仅教育行政部门要把关，人力资源和社会保障部门要把关，而且还要有第三方评估机构的先行工作。第三是对非学历高等职业教育产品价格的管控。高等职业教育不是商品，但不等于没有价值。高等职业教育是产业就有产品生产，只要这个产品面对市场就有价格，有市场价格就会有交易，有交易就会有竞争，有竞争就会有市场经济运行过程中这样或那样的问题。因此需要政府部门实行严格的监管，这种监管不仅仅是价格的监管，而且包括对高等职业教育产品（学位、职业资格）真伪的监管。第四是对开放高等职业教育产业市场的管控。开放高等职业教育产业的政府管控，是对高等职业教育主体办学能力、办学水平、教学质量、学生就业的全面管控。今天，中国的市场经济已经逐步走向快速发展阶段，在市场经济体制基本完善的背景下，不应当再有"铁饭碗"和终身制的教育体制。国有制、公有制、民办高等职业教育主体，都没有不接受国家管控、不遵循市场规则的权利。特别是在后新冠肺炎疫情时代，为了国家、民族和公民的利益，国家有权力将民办高职院校收归公有，也有权力将国有、公办高等职业教育主体推向市场。国家有义务砸碎公立高职院校的"铁饭碗"，打破专业技术职务的终身制和高校体制的行政化。"经过5—10年左右时间，职业教育基本完成由政府举办为主向政府统筹管理、社会多元办学的格局转变，由追求规模扩张向提高质量转变，由参照普通教育办学模式向企业社会参与、专业特色鲜明的类型教育转变，大幅提升新时代职业教育现代化水平，为促进经济社会发展和提高国家竞争力提供优质人才资源支撑。"①

第二节　法治先行下的高等职业教育运行

高等职业教育产业运行的假定前提，第一是完善高等职业教育法

---

① 国务院：《国家职业教育改革实施方案》，2019年2月13日，http：//www.gov.cn/zhengce/content/2019_02/13/content_5365341.htm。

律法规，实现高等职业教育资历架构和职业资历架构的立法先行，完善应用型和技能型人才的就业准入制度。第二是高效的高等职业教育行政架构，稳健的高等职业教育产业政策，高等职业教育产业发展的国家调控。第三是高等职业教育去边界化的产教融合，面向市场的校企合作，工作过程导向下项目课程的就业导向。

一　完善的高等职业教育法治框架

1. 高等职业教育法律的补充与完善

截至 2020 年 5 月，中国并没有进行对高等职业教育的立法，高等职业教育的法律依据依然是高等教育法和职业教育法，因而就产生了这样的问题，即高等职业教育是高等教育和职业教育的交叉与融合。虽然这是对高等职业教育的误解，但是在高等教育法和职业教育法的法律条文中却都找不到合理的解释。高等职业教育是有别于精英教育和学术教育的高等教育，是有别于职业教育的高等应用型技术教育和高技能应用型职业资历教育。高等职业教育不是纯粹的学校教育，更不是单纯的企业培训，而是高等教育与国民经济产业部门融合、学校教育与企业生产融合、学术教育与工厂技术实验结合的教育类型。因而，高等职业教育具有非事业性产业的基本特征，具有独立高等教育类型的基本特征，具有教育时空边界模糊的基本特征。这样看来，用高等教育法和职业教育法的部分法律条文诠释中国特色的高等职业教育具有先天的不足。因此，国家出台一部高等职业教育法是必要的，只有出台了这样一部法律，才能够定位高等职业教育的真正属性，才能明确高等职业教育产业发展的市场取向，才能够重新界定高等职业教育主体的法律地位，才能推进高等职业教育真正的产教融合、校企合作、工学结合的实质性运作。国家出台高等职业教育法，并不影响高等教育法和职业教育法的法律效力，因为不论是高等教育法和职业教育法都需要对职业、劳动、就业等相关术语进行法律的界定。高等职业教育立法是国民教育法律体系建设的重大工程，高等职业教育法律建设的重大意义，不仅在于能够对国民教育体系和非国民教育体系建设和发展带来双赢，更在于这部立法对国家政治、社会、经济各项事业发展的重大支点作用。特别是对于发生在 21 世纪初由于新冠肺炎疫情而带来的世界经济波动，高等职业教育法建设对于抵御中国自身的经济风险具有重大作用和深远的影响。新出台高等职业教育法律，需要对以下内容进行补充与完善。

（1）关于高等职业教育定义的法律诠释，即从学历教育、学位教育、职业资历全方位界定高等职业教育的三重高等属性。

（2）关于高等职业教育产业的法律诠释，即从法律的角度界定高等职业教育产业在国民经济体系中的地位，在社会主义市场经济运行中的地位，在国民教育体系中的地位。

（3）关于高等职业教育主体的法律诠释，即对应用型本科高校、高职院校、技师学院、产业大学、企业职工大学、社区学院等高等职业教育主体给予明确的法律认定。

（4）关于高等职业教育成果的法律诠释，即明确高等职业教育学历、学位、高等职业资历的法律意义。

（5）关于高等职业教育学分制度的法律诠释，即对学年学分制度和弹性学分制度在高等职业教育产业部门的应用条件和应用方式给予明确的法律认定。

（6）关于高等职业教育主体之间学习成果互认的法律规定，即明确高等职业教育学习成果横向互认和纵向衔接的法律条文。

（7）关于高等职业教育学分积累与转换的相关条款。包括国家学分积累与转换管理体制，高等职业教育学分银行建设，高等职业教育学分积累与转换机制，高等职业教育学分积累与转换运行等相关内容。

（8）关于高等职业教育主体去行政化，专业技术职务非终身化，高等职业教育机构事业与企业双重体制的相关法律规定。

（9）关于特殊情况下，国家对高等职业教育主体实施收购、兼并和改制的相关规定。

2. 国家资历架构与学分银行的立法先行

建立高等职业教育资历架构和学分银行体系，在世界许多高等教育比较发达的国家不乏先例。中国是世界上高等教育发展速度较快的国家，特别是高等职业教育已经具有了鲜明的中国特色。进入 21 世纪以来，中国高等职业教育以产教融合、校企合作、工学结合为取向的改革进程加快。在国家的大力支持下，高等职业教育规模也得到了迅速的扩张。然而，2020年世界范围内暴发了新冠肺炎疫情。这个重大的国际事件已经开始制约世界经济的发展，百年以来的世界经济文明同样面临前所未有的巨大挑战，中国经济的发展也同样不能幸免。在这样的背景下，中国高等职业教育虽然不能充当国家经济复苏的脊梁，但是最起码也是中国经济可持续发展的有生力量。中国高等职业教育产业集结号需要吹响，这是世界经济危机发出的警号。中国高等职业教育需要跨界转型发展，中国高等职业教育需要聚集所有高等职业教育主体的正能量。这是一个蓬勃向上的国家产业，这是一股能够崛起而正在崛起的国家力量。高等职业教育资历架构和学分银行建设需要立法先行，只有立法先行才能够实现中国高等职业教育的颠覆式变革，彻底改变目前中国高等职业教育还没有形成规模发展、产业化发展、市场取向发展、推进国民充分就业发展模式的模样。国家高等职业教育资历架构与学分银行立法先行需要教育部、人力资源和社会保障部的通力合作。第一是国家高等职业教育资历架构的立法问题。高等职业教育资历架构与普通高等教育资历架构不同，中国普通高等教育具有独立和完善的资历架构，从学士、硕士到博士，学位层次分明，学历结构合理，与国际高等教育资历架构能够实现有序衔接。然而，与高等教育不同，如果将高等职业教育作为高等教育的一个类型，中国高等职业教育资历架构建设并非那么简单，因为既找不到国际惯例，也不存在中国经验。第二是高等职业教育学分银行建设的立法问题。高等职业教育学分银行，既不同于韩国国家学分银行，也不同于中国国家开放大学学分银行。高等职业教育学分银行，是一个需要解决中国特色高等职业教育学历、学位、职业资历在内的所有高等职业教育成果学分积累与转换的全新命题。这是一条需要摸着石头过河的中国道路，探寻这条道路可以从高等职业教育发展进程中发现的主要问题得出结论，这个结论就是公有体制下高等职业教育断头发展不能实现高等职业教育的国家目标，高等职业教育脱离产业、背离社会生产、封闭在有限的（学校）办学空间不能实现可持续发展。因此，中国高等职业教育资历架构与学分银行建设问题，事关高等职业教育的上层建筑、人力资源发展的上层建筑以及国家产业布局的上层建筑，解决这一关乎国家多头管理的顶层设计问题，需要国家的立法先行。

3. 规范的高等职业教育主体人才准入制度

目前，中国高等职业教育主体主要是应用型本科高校、高职院校和技师学院。随着高等职业教育的产业化发展，产业大学、职工大学、社区学院将不断加入高等职业教育产业行列。从高等职业教育主体人才引进制度来看，应用型本科高校教师引进一般要求具有博士研究生学历、高校副教授以上职称或具有国家特殊专业技术资格（如音乐学院招收国家一级演员、一级演奏员）的职业工作者（有年龄限制）。公办高职院校教师引进招收博士研究生（特殊专业招收硕士研究生）非应届硕士研究生、副教授以上高校教师（有年龄限制）。技师学院教师引进的基本要求略低于高职院校。这样的人才引进制度看起来似乎并没有什么毛病，能够满足目前高等职业教育发展的人才需要。而且，即便这样的高标准，想加入高等职业教育行业的博士和硕士生也并非容易。上百研究生竞聘一个高职院校岗位的现象屡见不鲜，高等职业教育已经成为目前高校博、硕毕业生职业选择的重要选项。然而，仔细分析就会发现这样的运行体制存在许多深层次问题。一个突出的问题是高等职业教育人才高消费带来的收入分配问题。人才高消费必然带来人才高收益，但人才高收益的背后却暗藏着诸多的社会问题。对于博士研究生来说，安家费、年薪制、学术资助、学位补贴，名目繁多。而对他们的考核成果却主要限于拿课题、作文章，对教学工作要求却简单得可怜。为什么会这样，原因很简单，是国家对高等职业教育的顶层设计出了问题。高等职业教育既不是精英教育，也不是学术教育，把拿项目、作学术当作高等职业院校的教师的主要工作绩效，肯定地说是完全错误的。这样做既对踏踏实实在教学一线岗位工作的广大教师造成制度上的不公平，也对这些高层次人才极不负责。高职院校引进高层次人才并没有错，给予高回报也没有错，而错在对高层次人才的定位与应用出了错。高等职业院校需要领军人才，需要破解地方经济发展难题，需要解决应用技术、技能教育工艺的瓶颈问题，需要实现与地方产业、企业的横向融合和协作，创新以工作为导向的项目课程，这是高等职业院校高层次人才应该做的事情，可是急需这一人才群体破解的诸多问题一直以来却不尽人意，因而暴露出高等职业教育主体人才准入制度问题。科学的高等职业教育人才准入制度，应当包括以下内容：

（1）同等条件下（同等学术背景和高等教育资历）重能力，例如进入过国家博士后工作站，承担或参与过国家重大、重点工程项目。

（2）不排除学历不达标的特殊贡献人才。例如，在生产一线工作，具有产业技术成果（本科学历以上）的工程技术人员。

（3）不排除低学历高技能且具有一技之长的能工巧匠。

（4）不排除行业企业学历不达标（本科及以下）的领军人才，优秀企业家，关键生产流程组织者。

二　市场化运作的高等职业教育运行

1. 高等职业教育去边界化的产教融合

伴随中国特色社会主义新时代的发展进程，无边界数字经济、去边界现代企业在中国经济增长中的份额越来越大，这说明中国经济发展已经步入数字革命引领下跨越式开放发展的新阶段。高等职业教育的发展需要与时俱进，需要创新发展模式，需要在深化改革中找到一条新路。如果说建设产业大学是高等职业教育的新生事物，那么这个新生事物起码在组织结构、教学时空和课程建设方面要有新的起色。作为假设，这个新的起色是无边界的组织结构、无边界的教学时空和无边界的项目课程。第一是无边界的组织结构。产业大学是一个有型的高等职业教育机构，但组织形式却具有无形的拓展空间。从组织结构来看，产业大学既有以高职院校、行业企业为主体的办学实体，也有学术教育、基础教育、应用教育、劳动教育、生产实践、创新创业的教学空间。从拓展空间来看，产业大学具有灵活多变、无拘无束的教学单元。正是因为无法用数字计量的灵活多变、无拘无束的教学单元，才能满足对受教育者漫无边际的海量需求，这是产业大学组织结构的基本特征。产业大学的教学体制（相当于高职院校从校、院、教研室到教师的组织架构）是产业大学、教育生产研发部、产教融合项目部、产业大学认证的教学项目。产业大学认证的教学项目，是经由产业大学教育评估机构认证的课程或课程单元，这个课程和课程单元可以来自产业大学组织内部，也可以来自产业大学组织外部①。因而打破了产业大学教学组织的内部边界。第二是无边界的教学时空。产业大学的教育运行，实行教学地点和教学时间的动态管理。在弹性学制前提下，学生可根据学习、工作、社会实践自我安排选择最有利的学习时空。例如农村学生，可以在农忙时选择劳作，在农闲时回校上课学习。第三是无边界的项目课程建设。以完整的工作过程，对接市场的产品生产，教、学、做一体工作单元组成项目课程，是产业大学课程建设的基本思路。由若干项目课程组成专业学习单元，由若干专业学习单元组成完整的学业框架，是产业大学实施高等职业教育的路径选择。在这样的路径下，专业学习单元包括：学术学习单元、基础理论学习单元、劳动学习单元、专业技术技能学习单元和创新创业学习单元。在这样的教学模式下，不同学习单元课程由不同的教育主体来承担，学术学习单元的教学单位可能是普通高校，也可能是科研院所，基础理论学习单元可能是高职院校，也可能是线上教学资源课程，劳动学习单元可能在校园、可能在企业，也可能在家庭，专业技术技能学习单元可能在高职院校的实训基地、可能在企业生产线，还可能在产品市场，创新创业学习单元可能在高职院校，也可能在社会的其他产业组织。

2. 高等职业主体面向市场的校企合作

教育产业与国民经济其他产业不同，具有常态化、稳定性的基本特征。高等职业教育在教育产业中既具有特殊的地位，又具有特殊的产业功能。这个特殊地位表现在高等职业教育能够实现社会化发展，这个特殊功能表现在高等职业教育发展能够实现市场化运行。在这样的前提下，高等职业教育产业能够面向资本市场实现校企合作，面向人力资源市场践行校企合作，面向产品市场的经济运行实现校企合作。第一，高等职业教育产业面向资本市场的校企合作。高等职业教育产业化发展，意味着高等职业教育主体具有企业法人的主体地位，

---

① 来自产业大学组织外部的课程或课程单元，包括国家线上教学相关课程，国家开放大学相关课程，社会培训机构、社区学院相关课程，创新创业项目课程。

因而高等职业教育主体（以下称产业大学）既能够选择产业集团的运营模式，也可以采用校、企共建的战略选择。因此，产业大学能够通过资本市场实现融资需求，进而实现面向资本市场的校企合作。产业大学的融资对象具有两个面向的特征，一个面向是产业大学联合体内部的合作办学单位，另一个面向是社会公众。在这样的运营模式下，产业大学可以实现跨越国家边界的国际化发展。第二，面向人力资源市场践行校企合作。这一层含义，是指产业大学面向人力资源需求实施校企合作。从国家可持续发展和产业大学人才培养定位的角度来看，人力资源需求是行业企业的人才需求、解决国家三农问题的人才需求、地方经济发展对服务业的人才需求。因而，产业大学的校企合作对象包容所有产业类别的行业企业，特别是包容直接服务国民生活的各类企业，如快递企业、外卖企业等。第三，面向产品市场经济运行问题实施校企合作。产业大学面向产品市场经济运行问题实施校企合作，包括供给侧和需求侧两个方面的内涵。产品市场经济运行的供给侧问题，往往是国民经济运行的焦点问题。例如世界新冠肺炎疫情暴发初期，各国产品市场出现防护物资短缺问题、呼吸机供给侧问题，面对国际疫情防控的物资禁运和国际封锁的粮食市场安全问题等。在这样的局面下，产业大学就要加大与抗击疫情的相关企业、加大对涉及三农问题的产业实施深度的校企合作，助力国家的抗疫战争。产品市场经济运行的需求侧问题，往往是由于经济衰退和通货膨胀而造成的有效需求不足问题。在这样的局面下，产业大学一方面要调整人才培养方向，助力国家产业结构的调整；另一方面要加大校企合作扩大办学规模，通过对具有转岗需要以及有岗无业的潜在失业人员开展大规模培训，以缓解因产品市场有效需求不足而带来的社会失业问题。

3. 现代学徒制与技能大师工作室教育创新

现代学徒制改革试点项目，是推进产教融合、校企合作、工学结合深化改革的重要突破口，技能大师工作室建设项目是"发挥高技能领军人才在传技带徒、技能攻关、技艺传承、技能推广等方面作用的重要平台，是推动技能大师实践经验及技术技能创新成果加速传承、推广应用的重要载体,更是高技能人才孕育的孵化器"①。近几年来,一些高职院校开始践行现代学徒制和技能大师工作室建设项目,希望通过这两个项目的实施推进产教融合、校企合作、工学结合的深化改革。然而,由于目前高等职业教育并未解决产教融合机制创新、校企合作体制合一、工学结合时空矛盾等突出问题,这两项改革的举措步履艰难。产业大学的构想巧妙地破解上述几个难点问题。第一,现代学徒制问题。产业大学的体制本身是学校融入了产业,开展现代学徒制教育教学本来就是分内的事;第二,产业大学是学校和企业体制合一的双轨运行,现代学徒制改革并不影响受教育者基础理论和专业基础的学习和实训;第三,产业大学实施真实工作任务导向下的教、学、做一体教学模式,其实质是双师(高职院校导师、企业技术工程人员)结构的教育运行,在这样的机制下开展现代学徒制改革顺理成章。第四,是技能大师工作室建设问题。不难推论,技能大师工作室建设的首要问题是技能大师(包括企业能工巧匠、社会传统文化和非物质遗产的继承人)和技能大师工作项目。而对于产业大学来说,一不缺技能大师,二不缺能工巧匠,三不缺技能大师项目,四不缺技能大师工作的场地、氛围和环境。那么,现实问题就是产业大学怎样才能把现代学徒制和技能大师工作室项目做得更好和更有特色。要解释这个问题,就要回答高职院校现代学徒制和技能大师工作室项目的真实含义。高职院校现代学徒制,不是将学生送到企业生产车间实现师傅带徒弟的传统学徒制;高职院校技能大师工作室项目,也不单纯是由学校聘请技能大师开展的教学改革活动。高职院校现代学徒制和技能大师工作室项目,都是以高等职业教育为前提,以实现高等职业教育深化改革为目的,以培养地方经济、行业企业工程技术和技术技能应用型人才群体为实现目标。对于产业大学来说,践行现代学徒制和技能大师工作室项目的第一步就是确立培养高智商和高情商应用型技术技能人才的指导思想;第二步,就是优化和配置适合现代学徒制和技能大师工作室项目的教育资源,打造最实用现代学徒和技能大师工

---

① 顾宏亮:《"三位一体"技能大师工作室建设机制的探索——以无锡技师学院为例》,《职业》2018 年第 29 期。

作室的完美环境；第三步，聘用最能够代表现代产业和新兴产业先进生产力水平的"师傅"和技能大师（包括大学教授、企业工程师、能工巧匠、非物质文化遗产传承人、劳动模范、农民创新创业大王等等）；第四步，科学设立适合高等职业教育特点的教学项目；第五步，是组织实施。公办高职院校技术大师工作室的运作，需要在建立弹性学分制度，校企共建技能大师工作室，国家职业教育实训基地的跨界融合基础上组织实施；民办高职院校技能大师工作室的运作，则需要通过建立高校间的产教联盟，开设第二课践行弹性学分制改革，在实现民办高校主体间教育资源的合作与共享的基础上组织实施。

三 高效的高等职业教育治理体系

1. 高等职业教育宏观管理的行政架构

中国目前高等职业教育宏观管理的行政架构，是教育行政主管部门（应用型本科高校、高职院校）、人力资源和社会保障部门（技师学院）自上而下的管理体制。这样的体制架构虽然做到了大一统，但却做不到与高等职业教育产业化运行的和谐与完美。高等职业教育产业发展的理想状态是：大学办在产业上、专业设置在生产一线上、课程建设在工作导向的项目上。中国目前高等职业教育主体的规模虽然庞大，但是产业支撑的力量却微不足道，要改变这种现状，则必须变革高等职业教育的管理体制。既然是假设，不妨作一次大胆的构想。要实现大学办在产业上、专业设置在生产一线上、课程建设在工作导向的项目上的办学理念，高等职业教育主体管理的归属就应当是相关产业的管理部门。比如汽车行业的产业大学归工业和信息化部管理，石油行业的产业大学归中国石化总公司管理，文化产业大学归文化部管理，等等。

这里所说的产业大学，实质上是高等职业教育主体的代名词，是应用型本科高校、高职院校、技师学院实现产教融合的产物。这就出现了一系列问题。

第一，什么是产业大学。高等职业教育主体在产业大学的地位和作用是什么。产业大学是高等职业教育的办学单位，是产业与高等职业教育主体融合的产物，产业大学的办学层次有应用型本科和专科，学位架构是副学士、学士和硕士。产业大学是无边界的高等职业教育主体，应用型本科高校和高职院校则是产业大学中有规矩和方圆的高校校园。高等职业教育的双高属性（高技术应用、高技能应用）需要产业和学校的共同担当，在产业大学中的企业和高职院校分别实现技术技能教育、劳动教育、创新创业教育和文化基础、思想政治、职业道德、学术教育的各自职能。

第二，什么是无边界。无边界概念提出的基本假定，是以工作过程为导向项目课程。由于人才市场需求和受教育者职业选择的动态变化，高等职业教育人才培养方案会随时调整，因此工作过程为导向的项目课程的教学时空会动态变化，所以这种教学模式没有时间和空间的边界。

第三，产业大学运行体制与高职院校有什么区别。产业大学具有事业化管理、市场化运作的基本特征，从管理体制上实行事业化企业管理，从运行机制上遵从市场导向。因而，产业大学采取国家财政、学生学费和部分生产经营收入的三位一体的经济运行模式。在目前条件下，产业大学人员编制可实行事业与企业双重编制的过渡。

说清楚了产业大学的运行机制，高等职业教育宏观管理行政架构的问题也就迎刃而解。这个宏观管理的行政架构，是国家教育部门宏观调控下的产业行政管理部门（包括行业企业管理部门）直接管理自上而下的管理体制。

2. 稳健的高等职业教育产业政策

高等职业教育产业化发展，需要与之相适应的国家产业政策支持。高等职业教育产业的基本特性需要在发展进程中，国家出台相应的产业结构政策、产业布局政策、产业组织政策、产业技术政策和产业国际竞争力政策。

第一，产业结构政策。无论在经济增长还是在经济衰退时期，高等职业教育产业都具有稳定和调节国民经济结构的作用。虽然不同时期国家对主导产业的定位有所不同，但是在新冠肺炎疫情带来世界经济衰退的非常时期，各个国家都会防范国家间闭关锁国和经济封锁，这一时期，保障国家民生安全成为世界各个国家的重要选择。在这样的前提下，中国高等职业教育产业的重要性就会凸显，因而从国家整体利益考量，有必要将产业结构政策向高等职业教育倾斜。

第二，产业布局政策。高等职业教育产业布局与国家产业布局密切相关，与地方高等职业教育资源禀赋密切相关，与国家和地方经济发展规划密切相关。因而高等职业教育产业布局不仅是国家层面、同时也是地方政府依据地方经济发展规划，对高等职业教育实施规划和布局。

第三，产业组织政策。高等职业教育产业面向市场运行，需要政府实施科学的组织政策。通过制定反垄断政策、直接规制政策、扶持职工大学、社区学院政策、民办高职院校产权调整和重组政策等，规范高等职业教育产业的市场秩序。

第四，产业技术政策。教育行政部门、人力资源和社会保障部门、地方发展和改革部门、市场监管部门具有引导和促进高等职业教育产业进步的职责，及时出台促进高等职业教育技术进步的各项制度措施，包括研究开发援助政策、高新技术鼓励政策、知识产权保护政策、技术转移政策以及有关职业培训方面的政策等。

第五，产业国际竞争力政策。教育部是高等职业教育国际竞争力政策的制定和组织实施部门。提升高等职业教育国际竞争力政策包括：高等职业教育产业主体（产业大学、应用型本科高校、高职院校、技师学院、职工大学、社区学院等）人才引进政策；高等职业教育主体横向（产业大学与应用型本科高校之间，高职院校与技师学院之间，技师学院与职工大学之间，高职院校与社区学院之间）协调发展政策；高等职业教育产业主体之间学分积累与转换政策；高等职业教育主体之间纵向衔接政策；高等职业教育主体与国外高等职业教育主体访问学者与交换生政策；应用型本科高校、高职院校学生国际间交流的学分积累与转换政策等。

3. 高等职业教育产业发展的国家调控

高等职业教育产业发展，既需要国家调控，也需要市场导向；既需要国家资助，也需要在市场中盈利。什么时候采取什么发展战略，这与国家经济发展状态不无直接关系。从国家层面宏观调控的视角来看，在我国国民经济"十三五"末到"十四五"期间。经济增长不可能不受到新冠肺炎疫情的影响，党和国家势必将根据"创新、协调、绿色、开放、共享"发展战略对新形势下的产业结构进行调整和布局，这无疑会对高等职业教育产业带来新的机遇。从我国社会主义市场经济发展的视角看，在国民经济"十三五"末到"十四五"期间，高等职业教育产业发展的政策环境将得到进一步提升，市场取向的社会化发展将为高等职业教育产业带来新的动力和潜能。在这样的特殊历史阶段，开发中国高等职业教育产业具有特殊的意义。这个特殊意义的重要表现，第一是对抵御国家经济波动、提升国民就业质量、稳定经济社会具有重要的作用。第二是对中国高等职业教育变革具有引领和推动的作用。第三是应对后新冠肺炎疫情时代国家产业结构调整，能够发挥人才结构优化的功能。第四是对新冠肺炎疫情时期和后新冠肺炎时代的不同阶段，具有动态调节的人力资源市场供给侧的重要作用。高等职业教育产业在特殊时代的健康发展，国家宏观调控是不可或缺的重要力量，市场调节也将充当着重要的角色。在新冠肺炎疫情导致的经济波动的不同阶段，国家对高等职业教育产业发展可采用政府调控和市场导向动态组合的多种手段。对于经济增长受到新冠肺炎冲击比较严重的省份或地区，政府宏观调控的主要手段是通过政策扶持和财政支持扩大高等职业教育产业的规模。比如，通过重组与改制的办法实现行业企业和高职院校（包括应用型本科高校）共建产业大学，鼓励企业建立职工大学，扶持社区学院发展，加大对高等职业教育主体的财政投入。这样做的目的是通过产业大学容纳产业过剩人员，解决因国家外部经济形势突变带来产业链节点断裂而导致的在职人员转岗、失业和因无工作可做的潜在失业问题。这一过程中，产业大学运作一般以保障社会稳定的非盈利为主。对于经济增长势头强劲并受到新冠肺炎影响较小的省份或地区，国家应当采取积极市场导向的相关政策，一方面逐步削减对高等职业教育主体的财政支持，另一方面鼓励高等职业教育主体市场化运营，充分发挥高等职业教育产业技术和技能人才的资源优势，实现产教融合下的社会化生产经营活动，并大力开展高等职业院校内部的创新创业活动。这一过程，产业大学运作一般以提高就业率，推进学生创新创业，扩大社会的经济活力为主。

第三节　充分就业的高等职业教育导向

高等职业教育是中国高等教育的一个类型，践行以就业为导向、直接为地方经济和产业一线服务，本教育教学过程中实施产教融合校企合作，工学交替的办学模式，这些都是来自国家教育行政部门的顶层设计。由于学校办学的高等职业教育体制，学历教育的高等职业教育运行机制，以教育行政部门实施专业审批、教学班级为组织单位的办学形式。教师课堂授课为主的教学方式却与之形成了比较突出的现实矛盾。这些现实矛盾的存在使得以学生为本，以充分就业为导向的教育运行遇到了相当大的阻力。尽管大多数高职院校在教育教学实践中大胆探索，学习国内外先进的办学模式和自由创新取得了令人瞩目的成绩，然而无论怎样的改革举措都难以跳出因学历教育、课堂授课、班级化教学的基本定式。这样的微观运行结果必然使得受教育者实现以产业需要、市场需求、自我意志为取向的就业、择业和创业活动动力不足，受教育群体实现充分就业的需求难以保障。在这样的背景下，推进高职院校以学分制改革为支点，以学分积累与转换为纽带的深化改革就具有了特殊的重要意义，诸如学徒制改革、技能大师工作室建设、教学机构建在产业链上等。由于这些改革举措充分就业的目标导向是在同一性，双方协同共进互为保证，因而充分就业是高职院校实现学分积累与转换的必要前提。

一　高等职业学历教育的就业导向

高等职业学历教育包括工程类专业硕士研究生学历学位教育、应用型本科学历学位教育、高职院校技能型专科学历学位教育。高等职业学历教育的就业导向，融合在德育、劳动和专业教育过程中，是高等职业教育的主要特色。

1. 高等职业教育主体德育教育的就业导向

广义的德育指所有有目的、有计划地对社会成员在政治、思想与道德等方面施加影响的活动，包括社会德育、社区德育、学校德育和家庭德育等方面。狭义的德育专指学校德育。学校德育是指教育者按照一定的社会或阶级要求，有目的、有计划、有系统地对受教育者施加思想、政治和道德等方面的影响，并通过受教育者积极地认识、体验与践行，使其形成一定社会与阶级所需要的品德的教育活动，即教育者有目的地培养受教育者品德的活动。显然，德育既具有社会性，也具有延续性。中国五千年的教育文化传承，德育占据着首要的地位。在当今时代，无论是经济发达的资本主义国家，还是经济欠发达的发展中国家，都十分重视德育对公民的影响，只不过处于不同的政治目的罢了。在后新冠肺炎疫情时代，通过德育教育在全社会树立爱国爱岗、敬业的职业风尚，实现全国范围内的复工复产，打赢农村脱贫攻坚保卫战，以极大的努力和最快的速度挽回新冠肺炎疫情对中国经济造成的损失具有重要作用。中国高等职业教育规模巨大，开展德育教育不但责任重大，而且责无旁贷。全面推进思政课程和课程思政改革，是目前应用型本科高校、高职院校和技师学院推进德育教育的主要渠道。利用思政课程和课程思政开展以就业为导向的德育教育，需要做好以下工作：第一，开展爱国主义教育。第二，开展职业道德教育。第三，开展集体主义教育。第四，开展人道主义与社会公德教育。第五，开展理想教育。第六，开展科学世界观和人生观教育。第七，开展民主与法治观念的教育。通过爱国主义教育，培养学生听从国家召唤，到祖国最需要的地方去的爱国情怀；通过职业道德教育，培养学生服从大局、爱岗敬业、克己奉公的职业精神；通过集体主义教育，培养学生团队合作、相互信任、同心协力的工作作风；通过人道主义与社会公德教育，培养学生珍爱生命、关心他人、助人为乐的社会公德；通过理想教育，树立学生远大的职业目标，科学规划职业生涯；通过科学世界观和人生观教育，培养学生热爱科学技术、遵循科学规律的人生观和方法论；通过民主与法治观念教育，培养学生民主与法治意识，遵纪守法、依法办事，能够应用法律武器在自身利益受到侵害时维护自身的合法权益。

2. 高等职业教育主体劳动教育的就业导向

高等职业教育微观运行与行业企业、村镇、社区和家庭部门具有密不可分的必然联系，深入推进高等职业教育与行业企业，村镇社区和家庭部门的产教融合和知行合一，充分利用大学生在实习实践和假期生活的时间和空间，践行以就业为导向的劳动教育，对于高等职业教育的深化改革具有四两拨千斤的重要作用。2020年3月中共中央、国务院印发《关于全面加强新时代大中小学劳动教育的意见》（以下简称《意见》）。《意见》强调劳动教育是中国特色社会主义教育制度的重要内容，要全面贯彻党的教育方针，坚持立德树人，把劳动教育纳入人才培养全过程，贯通大中小学各学段，贯穿家庭、学校、社会各方面，把握育人导向，遵循教育规律，创新体制机制，注重教育实效，实现知行合一，促进学生形成正确的世界观、人生观、价值观[①]。规定了劳动教育基本内容，要求各级各类学校开展日常生活劳动、生产劳动和服务性劳动。高等职业教育是以就业为导向的高层次职业教育，劳动教育本身就是高等职业教育的必修内容。高职院校具有开展劳动教育的优势，不仅容易开展以家庭、校园为载体的日常生活劳动教育，还可以在专业实训、社会实践课程展开生产劳动，还能够利用共青团、学生社团开展服务性劳动。高等职业教育主体（应用型本科高校、高职院校、技师学院）劳动教育的就业导向，就是在高等职业教育的过程中将劳动教育与就业教育融为一体。第一是实现以家庭、校园为载体，日常生活劳动教育的就业导向。以家庭为载体的日常生活劳动，主要培养学生独立生存的能力、独立生活的能力和居家生活的能力，使学生认识现代生活水、电、气的用途和使用方法，学会用斧、刀、钳、锯等简单的日常工具解决生活中遇到的常见问题。以校园为载体的日常生活劳动，主要培养学生关爱美好环境、保护生态平衡、树立绿色发展理念。在以家庭和校园为载体的劳动教育中，指导教师要引导学生将日常生活与职业人生有机结合，指导学生懂得日常生活劳动对职业生涯发展的重要意义。第二是在专业实训、社会实践课程展开生产劳动的就业导向。专业实训、社会实践课程的目的，是使学生走出教室，动起来、干起来。实现学生对社会和职业感性认识的理性升华，让学生动手实践，出力流汗，在劳动实践中实现职业素养的提升。第三是利用共青团、学生社团开展服务性劳动的就业导

[①] 中共中央、国务院：《全面部署新时代大中小学劳动教育》，2020年3月26日，人民网，http://edu.people.com.cn/nt/2020/0326/c1053-31649888.html。

向。在职业院校共青团引领下，组织团员、青年开展系列服务性劳动，培养大学生的职业理想和爱国情操。比如，"三下乡"活动、学雷锋活动、爱心奉献活动等。

3. 高等职业教育主体对毕业生的就业导向

应用型本科高校和高职院校，由于人才培养方向上的差异、毕业生学历层次的差异、毕业生就业诉求的差异，因而对毕业生就业教育和就业导向有所不同。应用型本科高校毕业生面对毕业的选择是，读研、就业、创业、参加各类职业考试或继承产业，高职院校毕业生面对毕业的选择是，学校推荐就业、专升本、参军、回老家创业、参加各类职业考试或继承产业。虽然高职院校学生面对毕业做出何种选择都无可厚非，但是作为高职院校（包括应用型本科高校和技师学院）却没有理由对毕业生就业不加疏导地放任自流。因为这样做的结果会与国家充分就业的国家调控出现偏差，也会对毕业生在求职就业的道路上造成阴影。无论是哪一层次的高职院校，都有义务对毕业生实施就业教育，都有责任对毕业生进行必要的引路与职业疏导。高职院校对毕业生实施的就业教育，主要是就业形势教育。通过就业形势教育，使毕业生了解当前国家经济状况、就业形势、国家政策以及国际经济形势对中国就业形势的影响。以2020年高职院校对毕业生开展就业形势教育为例。面对2020年国内和国际新冠肺炎疫情对中国经济的影响，高职院校承担就业形势教育的教师应当完成以下教学内容：

（1）客观求实地讲清楚新冠肺炎疫情对世界经济和中国经济的影响，用真实的数据说话，客观分析世界经济危机对中国经济结构的影响。

（2）客观分析新冠肺炎疫情时期，经济运行主体（国有企业、民营企业、私营企业）面临的实际困难，各地企业复工、复产与中国经济的基本走势。

（3）客观分析因疫情影响西方国家将采取的闭关锁国、撤资转产对世界产业链和中国产业链的影响。

（4）客观分析应对新冠肺炎疫情，世界各国正在采取的财政政策和货币政策，中国正在采取的财政政策、货币政策、就业政策和其他政策措施。

（5）客观分析教育部关于2020年度扩大研究和专升本招生规模的国家战略。

高职院校就业形势教育的目的是正确疏导毕业生的毕业选择。在经济下行风险不断增加的形势下，因势利导部分学生积极准备参加研究生或专升本考试，以缓解2020年度毕业生就业的压力，鼓励毕业生到国家需要的地方去，鼓励毕业生创新创业和自主择业。在经济上行国民经济向好的形势下，通过就业形势教育鼓励大学生积极就业，到国家需要的地方去，到新农村建设需要的地方去，到基层去，到经济发展需要的产业一线去。除此之外，还要通过各种形式的教育活动，激发大学生创新创业的积极性，激发大学生职业创新和就业创新，促进高职院校毕业生的充分就业。

二　非学历高等职业教育的职业导向

非学历高等职业教育主体，包括高职院校和承担职业学位教育和职业资历教育办学机构，高职院校举办非学历教育形式主要是学位教育，职业大学、社会培训机构举办的非学历教育既有学位教育，也有职业资历教育。

1. 高等职业教育主体资源整合的职业导向

高等职业教育主体资源整合，是指应用型本科高校、高职院校和技师学院与产业部门、行业企业组建产业大学，产业大学在非学历教育运行中优化配置企业技术技能教育资源。高等职业教育主体资源整合的职业导向是指产业大学、职工大学、社区学院、职业培训机构等非学历高等职业教育（部门）机构在优化整合教育资源过程中的职业导向，也就是说在资源配置社会化前提下，真实的工作项目、真实的工作任务、真实的工作岗位和真实市场环境下的职业导向。

第一是对真实工作项目的职业导向。所谓真实的工作项目，是指企业生产一线（工程项目现场、企业生产车间、保险公司早会、汽车4S店等）工作项目。真实工作项目职业导向主要解决学校教育与企业工作融合的问题。

第二是真实的工作任务的职业导向。所谓真实的工作任务，是指企业生产过程中的工作任务，例如汽车生产企业生产线上不同的装配工作，企业零部件加工车间的车工、铣工、钳工工作。真实工作任务的职业导向，是将非学历教育项目（职业学位项目、职业资历项目）从学校搬到企业工作现场，从教师模拟的教学环境转变为双师结构（学校教师和企业工程技术人员）的现场教学。真实的工作任务不是一项工作任务，而是一个完整的工作流程。例如在汽车总装车间，在企业调度的科学组织下，双师结构教师团队（可以是两人团队，也可以是工作组多人团队）有计划地带领学生在一个时间周期内完成汽车总装生产线全部岗位的教学工作。

第三是真实的工作任务的职业导向。所谓真实的工作任务，是指企业生产岗位上的日常工作。真实的工作任务对于学习者来说，能够亲身经历工作过程。以数字加工为例：学习者上班后穿好工作服、做好安全准备，接受工作任务、确认图纸、准备加工刀具、编制或确认加工程序，开动数控机床，加工完毕后取下工件。真实工作任务的就业导向，解决了学校教育资源短缺和成本过高、产品不能对接市场的尴尬局面，同时让学习者从理性认识的角度掌握了学习内容。

第四是真实的市场环境的职业导向。所谓真实的市场环境，是指教学过程与企业经营活动相结合。以金融保险专业实践教学为例：金融保险专业一项比较难做的工作是接触客户，推销金融保险产品。金融保险工作人员要接触的客户有金融机构（银行或储蓄所）、企业事业单位（工厂、学校、医院），还有消费者个人。无论接触哪类客户都有相当大的难度。真实的市场环境的职业导向，就是利用真实的企业市场（这里是金融保险市场，即金融保险消费的中介市场和消费者市场）培养学生应对复杂多变市场环境，在真实的市场环境下学习和创新学习方法。

2. 高等职业教育主体师资培育的职业导向

非学历教育与学历教育的主要区别，第一是学制不同，第二是学习成果不同，第三是学习环境不同，第四是学习资源不同。学制不同，表现在职业学位和职业资历教育不需要具有连续的学制，学习者可以根据自己的时间选择学习项目和学习内容。学习成果不同，表现在非学历教育的学习成果不是学历，而是职业学位和职业资历。虽然这里所说的职业学位和高职院校颁发的学历学位在高等职业教育资历认定中的属性相同，但是学习内容却有很大的差异。高职院校颁发的学历学位，主要含金量集中在学校教育的教学项目，而非学历教育学习者所取得的学位（学习成果）的含金量比学校教育要复杂得多。学习环境不同，表现在学习地点的不确定性。学位教育的学习地点可以在学校学术报告厅，也可以在普通教室；职业资历教育可以在学校实训教学基地、社会公共实践教学基地，也可以在选择的企业的生产车间。学习资源不同，表现在学习者学习资源广泛性。与学历教育不同，一所专门从事非学历教育的高等职业教育主体①（例如某一企业集团开办的职工大学），教育对象是企业在职职工，所涉及的教育成果涵盖与企业生产经营有关工作岗位的专业学位，因此学习者的学习内容具有各自的独立性，教学内容具有广泛性。再如 4S 店技师职业资历项目，学习者的学习资源是 4S 店能够利用的教育资源，但是这些教育资源不能用在大型挖掘机高级技工的职业资历教学过程中。正是由于非学历教育与学历教育存在很大的区别，因而对师资的要求更加苛刻。高等职业教育主体师资培育的职业导向，第一是指对实施非学历（职业学位和职业资历）教师资源配置的职业导向，第二是指对非学历师资培育的职业导向。对实施非学历教育师资配置资源的职业导向，就是高等职业教育主体在非学历教育师资团队组织过程的职业导向。就是说，无论开展哪一个专业的职业学位教育，无论开展哪一种职业的职业资历教育，在组织教学团队时，都必须根据所开设专业和职业教育的特殊需要，从国民经济产业前沿选择和配置教师团队。例如，针对外卖行业开展职业资历教育，就必须聘请从事外卖工作的专业技术人员②。对非学历师资培育的职业导向，是指高等职业教育主体有意识通过各种渠道挖掘国民经济各产业部门生产一线的师资力量，充实非学历教育教学活动。对于一些特殊职业的非学历教育需求，还要有意识地发现和培养相关专业技术骨干，充实非学历教育

---

① 笔者注：这里所说的职工大学是与高职院校并列的产业大学的教学机构，因此是高等职业教育主体。

② 截至 2019 年底，已经有个别城市针对外卖行业出台相关专业技术职务的政府文件。

教学工作。

3. 高等职业教育主体开展继续教育的职业导向

继续教育是高等职业院校的工作内容，目前高等职业院校继续教育规模还比较小，主要工作是从事学历学位教育。从继续教育的视角分析，应用型本科高校发展前景远不如专科层次的高职院校，原因很简单，是因为高职院校没有实施学位教育。如果高职院校开展学位教育，那么学位教育需求第一来自在校学生，第二来自已经毕业并需要取得学位的毕业生，第三是高等职业学位需求还包含目前无法统计的在职人员群体和非从业者群体，因为高等职业学位教育是非学历教育。这里做一下与国家需求相吻合的假定：由于产业开放和后新冠肺炎疫情时代国民经济发展态势的动态变化，能够容纳专业人员，潜在失业人员和非职业人员"蓄水池"的社会需求会不断攀升，这个"蓄水池"就是能够实现国家充分就业宏观调控目标的各级各类职业教育机构，高职院校开展非学历教育也将承担这个"蓄水池""蓄水"和"排水"的重要职能。就像在新冠肺炎疫情暴发时需要建设大量的方舱医院，在经济波动时期，大量具有职业岗位需求的方仓医院正是国家建设的各级各类职业教育机构。因此，设立高等职业教育学位，从现象上看是补齐高等职业教育短板，推进高等职业教育的横向联结和纵向衔接，但本质上却是国家对高等职业教育可持续发展应该作出的国家战略。要实现这一国家战略，目前高职院校的办学力量是不够的，这就需要调动产业力量建设批量国家产业大学并与高职院校实现跨界融合。产业大学开展高等职业继续教育，必须确立旗帜鲜明的职业导向，就是说产业大学就是为产业发展服务，为产业结构调整服务，为提升中华民族产业走向世界的核心竞争力服务，这一过程的本身也是为国民服务，为特定时期需要转岗的群体、需要就业的群体、需要提高自身综合职业素质的群体服务。

三 高等职业教育充分就业的社会功能

高等职业教育在经济周期的不同阶段具有不同的经济功能，在经济衰退时期具有对社会失业群体的蓄水池功能，发挥稳定社会的重要作用；在经济复苏时期具有稳就业的基本功能，发挥对劳动者职业结构优化整合的重要作用；在经济增长时期具有对技术、技能型人才供给侧的基本功能，以协调人力资源市场的供需平衡。

1. 实现中国高等教育充分就业的社会功能

高等教育充分就业，是对中国高等教育全民化所作出的一个假设，指除了不愿意接受高等教育和因特殊原因不能接受高等教育的群体之外，所有中国公民都能够找到接受高等教育的机会，并享受国家给予的相关政策和待遇。高等职业教育是高等教育的一个类型，这个类型具有学校教育、非学校教育、职前教育、在职教育、继续教育以及对失业群体和农村劳动力群体实施技术技能教育的基本特征，因此高等职业教育发展具有超规模和全社会覆盖的本质特征。高等职业教育体系是一个巨大的高等职业教育产业，这个产业结构分为"学历+学位"的学校高等职业教育和"学位+职业"资历的非学校高等职业教育。高等职业教育产业主体能够聚集众多产业协调发展，包括现代产业结构的所有部门。高等职业教育产业大家庭成员众多，有归属于不同产业部门、行业企业的产业大学（××农业产业大学、××数字化产业大学、××现代物流与快递业产业大学），有实施学历学位教育的高等教育机构（应用型本科高校、高职院校、技师学院），还有县域或社区产业大学。产业大学的组织机构，可以有"职工大学+应用型本、专科高校"的组织模式；也可以有"产业大学+应用型本、专科高校"产教融合、职责分明、产权明晰的联合体制。产业大学具有改革创新发展的法治优势，第一是产业大学运行能够充分利用所属产业和国家教育部门给予政策支持。第二是产业大学能够最大限度地利用国家扶持政策，优化配置产业部门和教育部门的教育资源。第三是产业大学最不缺的是生源，因为产业大学可以实施对专科层次受教育者的注册入学，对本科层次受教育者实施单独考试和技术技能测试的选拔制度。第四是产业大学不缺对受教育者的吸引力，因为产业大学具有解决毕业生就业功能，具有实现受教育者接受更高层次高等教育的衔接功能，还具有助力在校学生创新创业的功能。第五是产业大学具有灵活的管理体制，比如弹性学分制，能够满足受教育者学习和就业的双向转换，能够满足受教育者学习成果与纵向高等教育机构的衔接，又比如半工半读的现代学徒制，能够实现受教育者在学习中工作、在工作中学习，还比如技能大师工作室制度，能够给受教育者提供成为能工巧匠的发展平台和机会，能够为受教育者实现创新创业梦想提供强有力的发展动力。第六是产业大学终身职业教育功能，这是因为产业大学不会谢绝任何年龄的求学者，因为产业大学是终身职业教育的摇篮。

2. 应用型人才培养和市场调节的社会功能

应用型人才包括技术型和技能型两个类型。在社会生产中，技术应用型人才大都从事生产一线关键技术岗位、生产流程工艺指导或技师工作；技能应用型人才大都从事生产一线技能操作岗位工作。无论在国民经济哪一个产业部门，技术、技能型人才都是生产一线的主要生产力。中国目前已经是世界制造大国，但并不是世界制造强国。因为现在还需要承认中国的科学技术与世界经济发达国家之间的差距，技术与技能型人才群体与世界发达国家的差距。导致差距的原因虽然很多，但都不能排除职业教育还存在的这样和那样的问题。高等职业教育是高层次的职业教育，因此负有提高国家技术技能型人才群体层次和质量的双重任务。过去，人们说高等学校是工程师的摇篮，肯定了高等学校在培养高端工程技术人才的重要作用。今天，人们在说高等职业教育是培养国家应用型技术技能人才群体的摇篮，是实现中国由世界制造大国走向世界强国的希望。应当说高等职业教育还处在走中国特色自主发展道路的初级阶段，建设成为国家应用型技术技能人才培养的摇篮还需要持之以恒的努力。目前部分高职院校正在建设的高水平高职院校和高水平示范性专业，无疑是高等职业教育加快发展的孵化器，通过高水平高职院校和高水平示范性专业建设的引领，高等职业教育一定会成为应用型技术技能人才群体培养的摇篮。高等职业教育的时代使命，不仅是建设应用型人才培养的摇篮，同时肩负着平衡高层次人才结构，承担中华民族伟大复兴愿景下应用型人才供给侧的社会功能。平衡高层次人才结构需要高等职业教育分层次的全方位发展，不仅要有学历教育的硕士、学士和副学士人才培养体系，而且还要有与之对应的非学历教育高技能人才培养的国家工程。这个国家工程就是产业大学体系建设，就是从产业发展和行业企业发展的心脏解决因产教融合、校企合作、工学结合而出现裂痕的高等职业教育深化改革的深层次问题。高等职业教育发展同时还是一把双刃剑，一方面保障国家发展对技术技能人才群体的供给，另一方面还要保持技术技能人才群体供求的基本平衡。这就需要高等职业教育体系对外能够满足供给侧的需求，对内还要具有创造技术技能人才需求的基本功能。能够得出这样的一个结论，以学校教育为主导的高等职业教育，难以实现调节国民经济发展对技术技能人才群体的供求均衡。因此高等职业教育深化改革的攻坚战是体制改革，重头戏是建设体制和主体多样化的高等职业教育产业大学。

3. 调整经济运行周期产业结构的社会功能

理想状态下的中国高等职业教育产业就像一个巨大的蓄水池，这个蓄水池具有梯形体下大上小的立体结构，在这个蓄水池不同的高度安装着不同数量的进水阀门和出水阀门，这些进水阀门和出水阀门随着蓄水池高度的上升逐渐递减。这巨大蓄水池的结构就像现代物流企业的大型仓库，物资存储出入分明，物资存放方位清晰，物质类别复杂多样，物质品牌透明。如果把中国潜在劳动力资源（不满18岁的学生青年）和显在劳动力资源（高职院校毕业生、在职在岗人员、下岗失业人员、农民工群体、转业退伍军人）比作这个物流企业大型仓库的物资存放在不同的仓储空间，再把这些仓储物资作为潜在劳动力的化身，那么这个中国高等职业教育巨大的蓄水池模型就脱颖而出。在这个巨大的蓄水池模型内部具有和国家定点医院、方舱医院、社区医疗机构医疗体系相似的物资存储结构，就像不同等级医疗机构一样存储"病情"轻重不一的"患者"，而不同等级医疗机构收治患者和患者出院都有极为严格的标准。满足这样的前提条件下，高等职业教育这个巨大的蓄水池就可以开闸蓄水了[①]。2020年世界经济危机的大爆发比新冠肺炎疫情给世界人民带来的灾难更加可怕，应对世界经济危机中国也必须有各产业部门的中国方案。建设中国高等职业教育蓄水池，就是作为高等职业教育学者向国家提交的建言献策。在经

---

① 笔者注：将医疗系统比作高等职业教育蓄水池结构和将劳动力比作"患者"，只是学术上的逻辑论证，因为在后疫情时期这样的逻辑认证更容易让读者读懂作者的本意。

济学中，经济周期（Business Cycle）也称商业周期、景气循环，经济周期一般是指经济活动沿着经济发展的总体趋势所经历的有规律的扩张和收缩，是国民总产出、总收入和总就业的波动，是国民收入或总体经济活动扩张与紧缩的交替或周期性波动变化。波动以经济中的许多成分普遍而同期地扩张和收缩为特征，持续时间通常为2—10年。2020年世界经济危机以经济大衰退为起点，严重时则进入经济萧条，此后经济缓慢进入复苏和繁荣阶段。然而这一过程的不确定，还没有经济学家给出比较科学的解释和说明。高等职业教育调整经济运行周期产业结构的社会功能，体现在高等职业教育蓄水池蓄放的国家宏观调节。在经济衰退时期，国家一方面通过扩大研究生和专升本招生规模，缓解应用型本科高校、高职院校毕业生就业压力，一方面通过积极的财政政策和货币政策支持产业大学建设，扩大高职院校对应届高中生的招生规模，进而实现高等职业教育蓄水池蓄的功能。然后高职院校和产业大学分层次，按照学分制度对受教育者实施技术技能型人才培养，并根据国家需要和经济下行或上行时的市场需求，分层次、分专业结构实现蓄水池放的功能，以保证社会稳定和技术技能型人才群体的充分就业。

第六章

高等职业教育学分积累与转换制度体系建设

《中华人民共和国职业教育法修订草案》第二章第十二条指出：国家建立健全适应经济社会发展需要，产教深度融合，职业学校教育和职业培训并重，职业教育与普通教育相互沟通，初级、中级、高级职业教育有效衔接，体现终身学习理念的现代职业教育体系。国家建立国家资历框架制度，建立职业教育国家学分银行，推进职业教育各类学习成果的认定、积累和转换。国家根据不同地区的经济发展水平和教育普及程度，在义务教育后的不同阶段实施职业教育与普通教育分类发展，优化教育结构，科学配置职业教育资源。国家促进军民职业教育融合发展，将军队职业资格、职业技能等级纳入国家职业资格认证和职业技能等级评价体系[①]。从这一段话的字里行间可以总结出这样几层含义：第一，中国在义务教育后的不同阶段实施职业教育与普通教育分类发展，就是说高等职业教育和普通高等教育是两个类型的高等教育，这两个类型的高等教育根据自身的教育规律分类发展。第二，中国高等职业教育体现终身学习理念，国家建立国家资历框架制度，建立职业教育国家学分银行，推进职业教育各类学习成果的认定、积累和转换。就是说中国职业教育（包括高等职业教育）是终身教育，国家建立包括高等职业教育和技术技能教育双高内涵的资历

[①] 教育部：《中华人民共和国职业教育法修订草案（征求意见稿）》，中华人民共和国中央人民政府网站，http://www.gov.cn/xinwen/2019-12/08/content_5459462.htm。

框架。第三，高等职业教育需要适应社会发展需要，产教深度融合，高等职业学校教育和职业培训并重，职业教育与普通教育相互沟通，初级、中级、高级职业教育有序衔接。虽然从高等教育法和职业教育法（包括修订草案）还找不到高等职业教育层次的基本定义，但是以往国家教育行政部门出台的文件能够说明高等职业教育具有专科、本科和工程硕士三个层次。

从国家立法的层面分析，建设高等职业教育学分积累与转换体系，其目的是实现高等职业教育与普通高等教育横向互通、纵向衔接，推进国家终身职业教育体系建设，实现学习者终身职业学习过程中学习成果的积累和转换。但是不足之处是没有关于专、本科高等职业教育学习者学习成果横向互通和纵向衔接的描述。因而反映出中国高等教育法与职业教育法在规范高等教育运行的法律缺陷。中国目前能够遵循的两部法律（《中华人民共和国高等教育法》《中华人民共和国职业教育法》包括修订草案），还不能诠释建设高等职业教育学分积累与转换体系的全部意义，至少在以下几个方面：第一个问题是对高等职业教育学习成果的法律诠释，即专科层次高等职业教育学位问题，高等职业教育技术技能成果的界定问题，高等职业教育学习成果哪些需要积累、"谁"[①]和"谁"转换的问题。第二个问题是高等职业教育体制问题，具体来说就是投资者问题，目前中国高等职业教育的主要投资者是国家，因而高等职业教育活力明显不足，如果不进行体制改革，高等职业教育学分积累与转换体系建设再好也发挥不了太大的作用。第三个问题是高层次高等职业教育技术技能成果问题。高层次技术技能成果、高层次技术技能资历是高等职业教育学分积累与转换的重要内容，然而从目前能够遵循的两部法律找答案，还为时过早。

因此，建设高等职业教育学分积累与转换体系之前，还要补齐国家相关立法的短板。

[①] 笔者注："谁"指学习成果。

第一节 高等职业教育资历架构建设

一 高等职业教育改革的立法先行

1.《中华人民共和国高等职业教育法》立法先行

中国有没有高等职业教育资历架构呢？要回答这个问题必须从《中华人民共和国高等教育法》（以下简称《高等教育法》）和《中华人民共和国职业教育法》包括修订草案（以下简称《职业教育法》）中寻找答案。《高等教育法》第二十二条规定：国家实行学位制度。学位分为学士、硕士和博士。公民通过接受高等教育或者自学，其学业水平达到国家规定的学位标准，可以向学位授予单位申请授予相应的学位。显然，这项规定不是为高等职业教育而设。而《职业教育法》中根本找不到高等职业教育学位的字样。不用说在《职业教育法》中找不到高等职业教育学位字样，就是查阅以往国家教育行政部门的所有文件也找不出高等职业教育实行学位制度和能够培养博士研究生的任何规定。这就是说中国目前还没有高等职业教育资历架构。而在没有国家高等职业教育资历架构的前提下，建设中国高等职业教育学分积累与转换制度则缺少既充分又必要的前提条件。那么，通过修订《高等教育法》和《职业教育法》能不能解决高等职业教育资历架构的问题呢？回答应该是肯定的，不能。如果高等职业教育资历架构立法问题，是高等教育和职业教育立法的交叉问题，这个问题谁也管不了，谁也管不好。要解决高等职业教育资历架构问题，要解决中国特色高等职业教育学分积累与转换制度体系建设问题，设立《中华人民共和国高等职业教育法》或出台《中华人民共和国高等职业教育学位管理条例》是责无旁贷的必要选择。然而，对于中国高等职业教育可持续发展来说，需要解决的立法问题不只是一个高等职业教育资历架构问题，还有比这更重要的高等职业教育主体问题、高等职业教育怎样实现产教融合问题都没有解决。因此出台《中华人民共和国高等职业教育法》势在必行。高等职业教育学分积累与转换对高等职业教育立法的需求已在第五章第二节阐明，这里不再赘述。

2. 出台《高等职业教育企业法》保驾护航

体制问题依然是制约中国高等职业教育可持续发展的瓶颈问题。应当承认中国职业教育（包括高等职业教育）与德国的差距，德国职业教育体制是企业化组织形式。会有学者提出很多问题说明中国高等职业教育在体制上很难模仿德国职业教育体制，应当说不能照搬是对的，很难模仿也不无道理。不能照搬和模仿德国的职业教育体制的原因，是两国国情、办学资源、办学层次和办学水平都存在很大的差异，但这并不能证明中国高等职业教育体制不可以改革的命题。证明中国高等职业教育体制需要改革的论点很多，第一条就是国家事业运行模式下的高等职业教育产业与市场机制运行下的国民经济产业不能融合的问题；第二条就是计划体制高职院校和市场运行企业合作的产权障碍问题；第三条就是学校和企业分离状态下工学结合难以奏效问题，还有诸如现代学徒制、技能大师工作室、创新创业教育等必须实现产教融合、校企合作和工学结合深化改革才能解决的一系列问题。不改肯定不行，改得不好也一定不行，20 世纪中国企业改制的许多教训还不能忘记。那么，中国高等职业教育体制到底能不能改革，怎样改革？回答是肯定的，能改革，但需要在科学的发展观统领下去改革。高等职业教育体制改革不是急风暴雨，必须循序渐进。高等职业教育体制改革不是要砸高职院校（包括应用型本科高校和技师学院）的"铁饭碗"，而是既要使高职院校从业者通过体制改革得到金饭碗，也要通过高等职业教育体制改革使国家产业布局更加合理，使中国高等职业教育能够真正独立构成中国制造的核心力量。《中华人民共和国职业教育法修订草案（征求意见稿）》第七条指出："国家鼓励发展多层次的职业教育，推进多元办学，发挥企业重要办学主体作用，支持社会各种主体广泛参与职业教育。"[1] 可见，混合所有制是高等职业教育体制改革的方向，混合所有制是指国家、企、事业单位和其他经济体共同提供土地、技术、资本、企业家才能和职业教育智力资源的产权所有制形式。混合所有制高等职业教育主体的名称，可

---

[1] 教育部：《中华人民共和国职业教育法修订草案（征求意见稿）》，中华人民共和国中央人民政府网站，http://www.gov.cn/xinwen/2019-12/08/content_5459462.htm。

以叫产业大学、科技大学、技术大学和职业大学。在混合所有制高等职业院校，国家不再充当举办者的角色，不再直接干涉混合所有制高职院校的人事、投资、学科和专业设置，混合所有制高职院校实行事业化企业管理，不再参照事业单位的行政管理体制。混合所有制高职院校有权对学校财产、国家财政性资助、受捐赠财产依法自主管理、使用和处置。高等职业教育混合所有制改革，需要国务院出台《高等职业教育企业法》保驾护航。《高等职业教育企业法》是建设混合所有制高职院校的法律依据，在《高等职业教育企业法》的规范下，产业部门的行业企业可以通过资本运作的形式出资重组高等职业教育资源，组建产业大学。

3. 中等、高等职业教育贯通与招生制度改革

"国家建立国家资历框架制度，建立职业教育国家学分银行，推进职业教育各类学习成果的认定、积累和转换"[1]，为建立"职业学校教育和职业培训并重，职业教育与普通教育相互沟通，初级、中级、高级职业教育有效衔接，体现终身学习理念的现代职业教育体系"[2] 构筑了职业教育坚实的制度基础；"在基本学制基础上，可以适当调整修业年限，实行弹性学习制度，经批准，可以实行中等、高等学校职业教育的贯通培养"[3] 的国家战略，为高等职业教育深化改革提供了机制创新的重要平台。这样的战略框架为高等职业教育体制创新指出了新的出路：第一，高职院校与企业职业学校建立新型职业教育机构成为可能，这样的创新思路一方面有利于实现职业教育共同体之间的产教融合、校企合作和工学结合，另一方面有助于实现学校教育与企业办学之间的优势互补和资源配置，同时也降低了中等职业教育和高等职业教育的办学风险和因生源问题而带来的生存危机。第二，在国家学分积累与转换机制作用下，高等职业教育办学主体（应

---

[1] 教育部：《中华人民共和国职业教育法修订草案（征求意见稿）》，中华人民共和国中央人民政府网站，http://www.gov.cn/xinwen/2019-12/08/content_5459462.htm。

[2] 教育部：《中华人民共和国职业教育法修订草案（征求意见稿）》，中华人民共和国中央人民政府网站，http://www.gov.cn/xinwen/2019-12/08/content_5459462.htm。

[3] 教育部：《中华人民共和国职业教育法修订草案（征求意见稿）》，中华人民共和国中央人民政府网站，http://www.gov.cn/xinwen/2019-12/08/content_5459462.htm。

用型本科高校、高职院校、技师学院）的学分银行系统有了新的功能，即衔接来自普通中学、职业学校的学习成果。对被录取的学分银行"客户"的学业年限给予适度的降低，进而增加高等职业教育的吸引力。

招生制度改革不仅是高等职业教育体制改革的组成部分，也是高等职业教育学分积累与转换体系建设的必要前提。从纵向上看，高等职业教育招生制度改革的基础是中等职业教育招生制度的改革。《中华人民共和国职业教育法修订草案（征求意见稿）》第二十七条指出："国家推行学徒制度，鼓励有技术技能人才培养能力的企业设立学徒岗位；有条件的企业可以与职业学校联合招收学员（学徒），以工学结合的方式进行培养。"① 可见，假如某产业大学创新初等、中等和高等职业教育贯通培养战略，那么对于初等职业教育就可以采取注册入学的招生制度，对于高等职业教育就可以采取自主招生（或者对口升学）的招生制度；假如，某科技大学创新专、本、硕贯通的高等职业教育模式，那么应用自主招生的国家政策就有绝对的竞争优势。

职业教育办学体制和招生制度改革，为高等职业教育学分积累与转换创造了有效需求，高等职业教育学分积累与转换为高等职业教育招生制度改革提升了动力的空间。

二 国家高等职业教育资历架构建设

1. 国家高等职业教育资历架构的有机构成

什么是高等职业教育资历架构？目前还找不到相应的解释，因为在世界范围内就没有什么高等职业教育资历架构。高等职业教育体系建设的教育经济基础是高等职业教育层次齐全的教育生产关系，从高等教育的意义上讲这个生产关系应当涵盖学士、硕士和博士三个层面的高等职业教育。然而目前世界上基本承认的只有专科层次的高等职业教育，而中国是这个层次高等职业教育的发达国家。中国建设高等

---

① 教育部：《中华人民共和国职业教育法修订草案（征求意见稿）》，中华人民共和国中央人民政府网站，http://www.gov.cn/xinwen/2019-12/08/content_5459462.htm。

职业教育体系是国家的需要，这个国家需要一方面是建设世界制造业强国的需要，一方面是用最少的国家财政资源建设最大的全民高等教育的需要，还有就是提升14亿人口教育生产力水平和提升充分就业国家竞争力的需要。建设高等职业教育体系是中国特色，是在世界范围内高等教育类型的独创和高等教育资历架构类型的独创。中国经历了40多年的改革开放，已经积累了经济、科技和教育令人瞩目的中国经验，高等职业教育同样如此。中国具备建设完善的高等职业教育体系的国家力量，当然也能够建成具有中国特色的高等职业教育架构。中国高等职业教育架构不是在普通高等教育架构上的改良，而是与普通高等教育资历架构并列前提下的自主创新。中国高等职业教育架构建设会超越普通高等教育架构，因为这个架构涵盖了从副学士、学士、硕士到博士的高等教育资历。中国高等职业教育资历架构建设的难点在两头，即学士学位和博士学位资历问题。学士学位教育资历问题的焦点是学术教育问题，博士学位教育资历问题的焦点是职业教育问题。这两个问题不解决，即使建成了国家高等职业教育资历架构也不会发挥太大的作用。破解这两个问题的实质是回答这样几个问题，即不同层次高等职业教育过程中学术教育与职业教育的关系，高等职业教育大众化与精英教育的关系，高层次高等职业教育与普通高等教育的关系。第一，高等职业教育不能没有学术教育，随着高等职业教育层次的递增，学术教育由少到多梯次递增，技术技能教育、应用技术教育、工程教育和高端应用工程教育梯次递增。第二，高等职业教育既有大众化教育也有精英教育。高等职业教育体系具有金字塔型结构，在金字塔底端是大众职业教育，在金字塔顶端一定是精英教育。第三，高层次高等职业教育是以应用科学为主的高等教育，高层次普通高等教育是以应用基础研究为主的高等教育。

2. 国家高等职业教育资历架构建设标准

构建国家高等职业教育架构建设标准，应当从不同层次办学机构和高等职业学位层次两个方面分别考虑。从中国高等职业教育办学机构现状来看，高职院校、技师学院是举办副学士职业学位教育的办学机构，应用型本科高校是举办学士职业学位教育的办学机构，部分应用型本科高校和普通高校是举办职业硕士学位教育的办学机构，具有博士（点）授权的普通高等学校是举办职业博士学位教育的办学机构，但是这只是目前中国高等职业教育的基本现状。如果严格地说，在这样的现状下构建高等职业教育资历架构肯定不是理想状态，因为缺少产业和企业的元素，缺少产业创新的元素，缺少中国创造、大国工匠和中国高端产业科学技术的元素。只有容纳了国民经济运行和中国产业科技高端的全部高等职业教育元素，才能实现中国高等职业教育架构建设的国家使命。从高等职业教育学位层次的建设标准来看，《中华人民共和国高等教育法》对学业标准的描述与高等职业学位层次虽然有对应的关系，但是所描述的内容与高等职业学位资历标准建设的社会需求有很大的差距。《中华人民共和国高等教育法》第十六条原文是这样描述的："高等学历教育分为专科教育、本科教育和研究生教育。高等学历教育应当符合下列学业标准：（1）专科教育应当使学生掌握本专业必备的基础理论、专门知识，具有从事本专业实际工作的基本技能和初步能力；（2）本科教育应当使学生比较系统地掌握本学科、专业必需的基础理论、基本知识，掌握本专业必要的基本技能、方法和相关知识，具有从事本专业实际工作和研究工作的初步能力；（3）硕士研究生教育应当使学生掌握本学科坚实的基础理论、系统的专业知识，掌握相应的技能、方法和相关知识，具有从事本专业实际工作和科学研究工作的能力。博士研究生教育应当使学生掌握本学科坚实宽广的基础理论、系统深入的专业知识、相应的技能和方法，具有独立从事本学科创造性科学研究工作和实际工作的能力。"[1] 如果用高等职业学位体系建设标准的理想状态与上述描述相对应，那么有交叉也有不足。不足之处是上述描述强调的专业知识和技能，学科知识体系和专业实际工作，系统理论知识和科学研究能力，独立创造和科学研究工作的高等教育逐级上升学业标准的逻辑，是建立在以国家为投资者的高等学校的基础上。在这样的前提下，不用说再提升标准，即使保持现状，要完全达到高等教育的人才培养目标尚有难度，更何况高等职业教育学位体系架构的标准应当比上述标

---

[1] 教育部：《中华人民共和国高等教育法》，http://www.moe.gov.cn/578/A02/zfs_left/s5911/moe_619/201512/t20151228_226196.html。

准高很多。

因此，要建设中国特色高等职业教育体系，构建高等职业教育资历架构标准，必须融入产业元素、必须融入国家创新和中国制造元素、必须融入中国高端产业发展的科技创新元素。

三　高等职业教育资历架构建设微观运行

1. 职业博士学位教育机构的组织与实施

如果将基础领域研究归属普通高等教育，工程应用研究归属高等职业教育，那么职业博士学位教育就是普通高等教育的转型，至于能转型哪些专业领域，应当根据目前中国产业发展和高等教育发展实际状况，在产业发展超前的领域应当实现产业主导、科研院所和普通高校融合的职业博士教育，在高等教育发展超前的应用研究领域应当继续以高等学校为主导、科研院所和产业主体为补充的博士教育。实现博士层次高等教育由普通高等教育向高等职业教育转型，具有提升国民经济运行质量和国家高端产业核心竞争力的重要作用。从目前高等学校毕业生择业走向来看，学校已经成为博士研究生择业的主要渠道，博士研究生到大学工作无可厚非，可是越来越多的博士研究生竞聘高职院校，高级中学，甚至小学，这不能不引起国家教育部门的高度重视。肯定地说是高等学校博士教育出了问题，国家人才发展导向出了问题，国家对高层次人才的宏观调控出了问题。这个问题第一是博士教育的水平和质量不容乐观，第二是市场机制下金钱诱惑的巨大能量，第三是国民经济产业部门对高层次人才制度的缺陷，第四是国家对高层次人才的调控问题。在这样严峻的形势面前，实现博士研究生教育由普通高等教育向高等职业教育的转型，实现部分综合实力较弱的博士生教学机构由高等学校向产业主导的转型，实现产业部门国家顶级专家和高端科技成果为导向，国家尖端科技项目为载体的博士研究生培养是完全必要的。这样做的目的，第一是提升博士研究生的培养质量，第二是调整博士研究生在国民经济产业部门的不合理结构，第三是扭转国民教育体系师资资源人才高消费的不合理局面，第四是建立中国高等职业教育资历架构。工程类博士研究生教育组织结构转型之后，下一个问题就是导师和学生的问题。解决这个问题的办法就是产教融合，即高等学校和产业部门共同改组博士研究生培养机构，这需要国务院的协调和教育部的大量工作。还要加大对产业一线优秀硕士研究生或同等学力人员的招生比例，提高对产业部门在职博士研究生的培养力度。

2. 职业硕士学位教育机构的组织与实施

从国际惯例来看，硕士研究生教育具有学术型和专业型两种属性，学术型研究生教育注重于学，而专业型研究生教育则注重于术。学术型研究生教育的职业培养方向是科学研究，主要培养科学接班人，高校教师和科研人员是学术性学位获得者的主要职业，因此，在品德和素质结构方面，他们除了要具备热爱祖国、遵纪守法、优良品行等一般教育所共有的思想品德外，关键在于养成科学家的素养，培养科学研究所具有的实事求是、开拓创新、锲而不舍、甘于寂寞的科学家精神。专业型研究生教育主要培养产业一线的应用型人才，研究生毕业主要是从事特定职业领域的高层次技术与管理工作，这种特定职业并非一般意义上的职业，而是高级的、专门化程度较高的一种技脑结合的职业，它需要经过较深入的专业理论知识的学习和专业技能的训练。这种特定职业的专业人士所应具有的品德和素质结构，强调的是养成实干家精神，即培养实干家所具有的高水平的专业技能、高度的职业道德以及忘我的职业奉献精神。学术性学位研究生从事科学研究的学习在于认识世界，回答的是"是什么""为什么"和"能不能"的问题，专业型研究生则主要通过利用基础性研究的成果，创造和开发出新产品、新技术、新设计，体现知识的理论学习和产业实践，解决其创新价值，研究成果的社会价值和应用价值问题。可见，专业学位研究生教育具有高等职业学位教育的基本属性，可以界定为高等职业教育。截至2017年底，我国专业研究生招生规模已经超过学术型研究生[1]，如果将专业学位研究生教育纳入高等职业教育，那么在这个层次上高等教育的两个类型就已经实现了均衡发展。然而，专业学位研究生教育同样存在投入不充分和产出（人才结构）不合

---

[1] 黄宝印、唐继卫、郝彤亮：《我国专业学位研究生教育的发展历程》，《中国高等教育》2017年第2期。

理的问题①、人才培养目标模糊、培养机构单一、培养过程理论化、培养效果低质化问题②。因此，解决高等职业教育架构硕士层面的问题，是人才培养结构、教育组织机构和教学团队问题。第一，中国目前专业学位设置总量虽然已突破 40 种③，但是与应用型本科教育衔接还有很大缺口，这需要国家出台新的政策和规划。第二，人才培养结构还不能适应国民经济快速发展的需要，需要高等学校和应用型本科高校加大对应用型专业硕士研究生结构的调整力度。第三，解决教育组织机构和教学团队问题，需要国家层面出台高等学校产教融合体制改革的法律和政策。

3. 职业学士学位教育机构的组织与实施

将工程应用型和基础研究型博士研究生教育分开，将学术型和专业型硕士研究生教育分开，是实现中国高等教育分类发展的战略选择，这使中国高等职业教育体系能够得以健全和完善，至于高等学校是学术型还是应用型，完全不必要在综合性大学界定得十分清楚，因为中国高等教育的发展必然要实现教育资源的社会化重组和优化配置。应用型本科学士教育是中国高等职业教育改革的重大举措，应用型本科高校建设是中国高等职业教育发展的重大突破。2019 年 2 月，国务院印发了《国家职业教育改革实施方案》，提出："随着中国进入新的发展阶段，职业教育重要地位和作用越来越凸显。但是与发达国家相比，与建设现代化经济体系、建设教育强国的要求相比，中国职业教育还存在着体系建设不够完善、职业技能实训基地建设有待加强、制度标准不够健全、企业参与办学的动力不足、有利于技术技能人才成长的配套政策尚待完善等问题，到了必须下大力气抓好的时候。"④ "到 2022 年，职业院校教学条件基本达标，一大批普通本科

---

① 马永红等：《专业学位研究生教育质量指数研究》，《研究生教育研究》2019 年第 5 期。
② 武晋等：《应用型高校专业学位研究生培养质量的提升》，《教育与职业》2020 年第 3 期。
③ 《教育部等六部门关于印发〈现代职业教育体系建设规划（2014—2020 年）〉的通知》（教发〔2014〕6 号），http：//old.moe.gov.cn/publicfiles/business/htmlfiles/moe/moe － 630/201403/170737.html。
④ 国务院：《国家职业教育改革实施方案》，2019 年 2 月 13 日，中华人民共和国中央人民政府网站，http：//www.gov.cn/zhengce/content/2019 － 02/13/content_5365341.htm。

高等学校向应用型转变，建设 50 所高水平高等职业学校和 150 个骨干专业（群）。"① "建成覆盖大部分行业领域、具有国际先进水平的中国职业教育标准体系。企业参与职业教育的积极性有较大提升，培育数以万计的产教融合型企业，打造一批优秀职业教育培训评价组织，推动建设 300 个具有辐射引领作用的高水平专业化产教融合实训基地。"② 这不仅是国家的顶层设计，也是未来三年中国高等职业教育跨越发展的大决战。然而，建设高水平高等职业教育，光靠国家投入是远远不够的，即使到 2022 年国家建成了 50 所高水平高等职业学校和 150 个骨干专业（群），建设了 300 个具有辐射引领作用的高水平专业化产教融合实训基地，能否带动整个国家高等职业教育生产力提升和生产关系变革，实现国家高等职业教育的战略目标，仍然是一个值得商榷的问题。在这一方面，国家曾经有过相似的尝试，但是收效并不尽人意。这个尝试就是 21 世纪初国家投巨资建设的 100 所国家示范性高职院校，这个不尽人意就是这 100 所示范院校建设国家投入的巨资没有起到应有的作用。从高等教育类型体系建设的角度，应用型本科教育更具有代表性，因为它上可衔接硕、博教育，下可衔接专科和中等职业教育。应用型本科教育是普通高等教育的跨界和转型，这个跨界和转型需要体制改革、需要制度创新、需要变革传统的教育生产关系。

4. 职业副学士学位教育机构的组织与实施

职业副学士学位教育是高等职业教育金字塔的基座，是中国高等职业教育体制的重心。在国家立法的前提下，中国的高职院校和技师学院是从事副学士教育并具有副学士授予权的办学单位。虽然从学历教育的角度看，副学士教育与学士教育的起点有相同之处（高中），但不同之处是副学士教育向下能够衔接初级中学和中等职业学校，向上可以衔接学士教育和硕士教育，这便是副学士教育特殊之处。副学士教育的国家定位是以就业为导向，因此高职院校和技师学院学生的

---

① 国务院：《国家职业教育改革实施方案》，2019 年 2 月 13 日，中华人民共和国中央人民政府网站，http：//www.gov.cn/zhengce/content/2019－02/13/content_5365341.htm。

② 国务院：《国家职业教育改革实施方案》，2019 年 2 月 13 日，中华人民共和国中央人民政府网站，http：//www.gov.cn/zhengce/content/2019－02/13/content_5365341.htm。

绝大多数毕业后将走向工作岗位，少部分或选择升学或选择其他择业通道。副学士教育与学士教育的最大区别是人才培养定位的差异，学术学位人才培养定位是产业生产一线应用型技术人才，副学士学位人才培养定位是产业生产一线技能型操作者。因此，无论从教育资历，还是从职业岗位，副学士学位与学术学位受教育者都能够实现纵向衔接。副学士教育改革的深水区是产教融合，这个产教融合与硕士、学士教育改革相比具有更特殊的含义。这个更特殊的含义就是副学士教育的产教融合更贴近工作过程，更贴近"双师"结构的现代学徒制，更贴近教、学、做一体的社会生产活动，更适应于技能大师工作室的职业教育改革实践。因此，国民经济产业部门更适合充当副学士学位教育主体的角色。副学士教育的理想状态是，"双师"团队教、导结合，素质教育以学生为本，创新创业教育融入人才培养全过程，毕业生择业实现以学生意愿为目标的充分就业。

建立从副学士到博士的中国高等职业教育资历架构，既是高等职业教育主体的责任担当，也是国民经济产业部门的时代使命。高等职业教育主体的责任担当，是实现从专科层次到博士研究生层次门类齐全、阶梯式递进、类型特色鲜明、结构完整的学历学位教育。国民经济产业部门的时代使命，是加入中国高等职业教育体系的体制内，从社会生产一线的工作岗位、生产工艺和生产流程、产品研发到加工制造、高端装备研发到国家实验室建设都有高等职业教育的身影。在这一中国特色的产教融合过程中，产业与教育、企业与学校，实现从广度到深度，从基础到高难，从全面介入到点对点合作，从学徒制试点到产学研一体化，从技能大师工作室到国家实验室的全面融合。这是一次中国引领的产业革命，这是一次中国新时代产教融合的跨界转型。

第二节　非学历职业资历架构建设

非学历教育与学历教育协同创新、相互促进，共同推进高等职业教育事业的可持续发展，才能肩负起国家终身职业教育、国家产业结构协调发展和国家充分就业宏观调控目标的重大使命，实现高等职业教育在中国新时代的责任担当。建立非学历高等职业教育资历架构，是非学历高等职业教育规范性发展的重要举措，需要国家立法先行，建立国家治理体制，建设从国家到地方的非学历高等职业教育资历架构。

一 非学历高等职业资历教育的立法

1. 非学历高等职业教育主体的市场准入

非学历教育一般指国民教育体系中的非全日制教育，国家一般不对非学历教育机构（高等学校、社会培训机构）下达招生指标，但对于在职研究生进修班学员申请高等学校学位有宏观控制。高等学校研究生"课程班＋学位证书"的办学模式属于非学历教育，第二学位高等教育资历教育属于非学历教育，非学历教育在国家健全的学分积累与转换框架内能够实现学习成果的积累和转换，就是说非学历教育成果能够累加到学历教育的总学分，进而加快学习者完成学历教育的全部内容的进程。从高等职业教育的角度讲，副学士、学士、硕士、博士职业（专业）学位教育属于非学历教育，高等学校、行业企业举办的高层次培训项目属于非学历教育，国家各类职业资格和从业资格培训属于非学历教育。如果将学位教育与非学位教育分开，非学历教育可分为学位教育与职业资历教育，并且具有相互对应、上下衔接的资历架构。截至2019年底，中国还没有健全的非学历学位教育与职业资历教育架构，这项世纪工程建设需要政府、高等职业院校和社会各产业部门的通力合作。与普通高等教育不同，非学历教育主体融入高等职业教育体制具有特殊的意义。产教融合中的产业主体需要成为高等职业教育的主体，需要进入高等职业教育的体制内，或者说高等职业教育主体（应用型本科高校、高职院校、技师学院）需要融入产业经营的体制内。这是因为作为产教融合的产业主体，需要实现与高职院校的运行协同共进。因此，不论是高职院校的教育资源还是行业企业的生产性资源，在产教融合的过程中，谁都不应该只有投入，没有产出，只有供给，没有需求。《中华人民共和国职业教育法修订草案（征求意见稿）》在这方面有了很大的改进，例如第三十四条："职业学校、职业培训机构可以从校企合作中以提供教育培训服务等方式获得报酬，并自主制订分配办法。"① 第四十二条："技术技能大师可以在职业学校专职或兼职担任高级职务专业教师，建立工作室等，参与人才培养、重大工程联合攻关等工作。"② 应当说这是远远不够的，因为还是没有从教育产权的角度界定产业主体的法律地位。要实现产教融合发展，就不能在原有教育体制之上头痛医头、脚痛医脚，做不能解决根本问题的小改小革。必须要打破教育和产业的体制界限，推进高等职业教育产教融合深水区颠覆式的体制变革。高等职业教育体制改革关系到体制内全体成员的切身利益，特别是高职院校高层管理者不想失去的切身利益，即由国家教育体制问题所造成的教育行政化所赋予的行政级别和行政权力。改革高等教育体制需要国家立法，无论是《高等职业教育企业法》或是《高等职业教育产教融合企业准入法》，目的都是一个，即给予产业主体进入高等职业教育体制的通行证及其合法身份。

2. 承担课程学分教育组织或团队的市场准入

课程改革的高等职业教育创新的主要载体，应用型本科教育与技能型专科教育课程改革具有相同项目的可衔接性。相同项目是指以工作过程为导向课程项目，现代学徒制课程项目，技能大师工作室项目，创新创业课程项目。可衔接性是指高职院校和应用型本科高校相对于同一课程项目的不同教学目标具有可衔接特征。高职院校工作过程导向课程项目在企业生产一线的工作岗位上实现，应用型本科高校工作过程导向课程项目在企业生产一线的流水线、工艺流程等生产流程系统中实现。高职院校现代学徒制项目实施"双师"结构，是"教师+师傅"的运行模式，应用型本科高校现代学徒制项目实施"双师"结构，是"教师+工程师"的运行模式。高职院校技能大师工作室项目，适用于培养生产一线的能工巧匠，应用型本科高校技能大师工作室项目，适用于生产一线技师和技术员的人才培养模式。高职院校创新创业项目培养的是学生团队创新意识和创新创业技能，应

---

① 教育部：《中华人民共和国职业教育法修订草案（征求意见稿）》，中华人民共和国中央人民政府网站，http://www.gov.cn/xinwen/2019-12/08/content_5459462.htm。

② 教育部：《中华人民共和国职业教育法修订草案（征求意见稿）》，中华人民共和国中央人民政府网站，http://www.gov.cn/xinwen/2019-12/08/content_5459462.htm。

用型本科高校创新创业项目培养的是团队领袖和创新创业技术与工艺。可见，高职院校和应用型本科高校在课程改革的相同项目上都具有纵向衔接的本质特征。无论哪一种课程改革模式，都不是高职院校的独自专利，都必须有产业主体的参与。作为课程改革项目，不可能是相关产业主体和高职院校的全线出击，只能是承担相关工作任务的企业、社会培训机构和高职院校课程改革团队的重心工作。高等职业教育课程改革需要相当大的资源投入，其一是人才资源投入，其二是企业家才能投入，其三是教育资源投入，其四是生产性资源投入。根据市场经济运行的基本规则，高等职业教育的改革红利需要按照生产要素进行分配。人才资源投入需要得到工资，企业家投入需要得到分红，教育资源投入需要得到成本回报、土地租金和生产设备折旧，生产性资源投入需要进行成本补偿。可是，在以国家为投资者的高等职业教育体制下，高等职业教育主体没有处置学校财产的任何权利，产业主体也没有直接参与高等职业教育改革的法律义务。这样就使得国家想要在高等职业教育实施的产教融合、校企合作、工学结合深化改革，一直处于教育和产业，企业和学校进退两难的尴尬地步。因此，只有按照市场经济规律办事，才能根本解决高等职业教育深化改革的基本矛盾。如果按照市场经济规律办事，就要对承担高职院校（包括应用型本科高校和技师学院）课程改革任务的组织或团队设置市场准入制度，使参与高职院校课程改革任务的组织或团队能够拿回本应该属于自己的经济利益和社会声誉。设置这个准入制度其实是一把双刃剑，一方面能够通过严格的规章制度把不能胜任高等职业教育课程改革的组织或团队挡在门外，另一方面也能够激发参与高职院校课程改革组织和团队的工作热情和积极性。

3. 非学历高等职业教育的国家监管

从国家的角度讲，非学历高等职业教育的目的是促进就业和提升就业质量；从高等职业教育主体的角度讲，开展非学历教育是为了扩大办学规模、提高办学效益、扩大社会影响、提升高等职业教育的核心竞争力；从非学历受教育者的角度讲，接受非学历教育是提升自我的社会价值和职业竞争力。因此，大力开展非学历教育利国利民。非学历教育与学历无关，但是与职业具有千丝万缕的联系。比如，技师学院技师教育是非学历教育，应用型本科教育是本科学历教育，技师证书是职业资格证书，本科学历学位是高等教育毕业证书。如果同年度取得技师职业资格证书和取得学士学位毕业证书的两名同学同时被某一大型企业聘用，具有技师资格的同学在职业岗位上的报酬，理论上比取得本科学历的同学高[①]。而技师学院的学制是三年，应用型本科高校的学制是四年，这样看来，如果同在企业的一线生产岗位，读技师学院的就业成本比就读应用型本科的成本要低一些。再如，高等学校举办的注册会计师属于非学历教育，考取国家注册会计师证书是从业资格证书，国家某综合大学举办的金融类博士研究生教育属于学历教育，毕业后取得相应的博士研究生学历学位证书。那么，在理想状态下，两者在职业岗位上的报酬就难分上下，注册会计师年薪收入在90万元以上[②]，而取得金融类博士研究生学位的学生要得到年薪90万元以上的工作岗位具有相当大的难度。而参加注册会计师培训的门槛极低（大学专科及以上学历）。因此，在目前中国市场经济体制下，学历教育和非学历教育能否分出高下，完全不在于办学平台，而在于教学质量。非学历高等职业教育有足够的办学发展空间，但也存在非学历受教育群体的就业市场准入问题。国家对高等学校毕业生就业实行宏观调控，每年出台力度可观的就业政策。但是接受非学历教育并取得相应学习成果的受教育者，需要自谋出路。如果学习者就读的非学历从业（技能）资历的含金量不高，那么就读者就会失去相应机会成本。因此，需要国家对高等职业院校举办非学历教育进行有效的宏观管理。第一，国家教育行政部门建立非学历大数据咨询平台，引导学习者正确选择非学历教育项目；第二，国家人力资源和社会保障部门通过官方网站及时公布职业资历或从业资格的就业准入政

---

① 取得技师、高级技师资格证书的人员，由用人单位根据生产（经营）的实际需要进行聘任，签订聘任书。聘任书内容包括聘任岗位、聘任期限、职责范围、权利与义务、待遇、违约处理和解聘办法等。被聘任的技师、高级技师从受聘之日起，用人单位将在妥善处理内部各类人员工资关系的前提下合理确定其工资待遇，其他福利待遇可按工程师、高级工程师等专业人员的有关待遇确定。

② 高顿财经：《我国注册会计师行业收入》，https://cpa.gaodun.cn/zhuanti1/pccpa21/?cpabaidu08PC-262&bd_ vid=10983024474130880259。

策；第三，国家市场监管部门建立对非学历办学主体的监管机制。

二 职业资格与非学历职业资历架构建设

1. 职业资格架构体系与高等职业教育

《中华人民共和国职业分类大典》将中国职业细分为1838种，这是建立国家职业资格架构体系的重要基础。《中华人民共和国职业分类大典》将我国职业归为8个大类66个中类413个小类1838个细类（职业）。8个大类分别是：

第一大类：国家机关、党群组织、企业、事业单位负责人，其中包括5个中类16个小类25个细类；

第二大类：专业技术人员，其中包括14个中类115个小类379个细类；

第三大类：办事人员和有关人员，其中包括4个中类12个小类45个细类；

第四大类：商业、服务人员，其中包括8个中类43个小类147个细类；

第五大类：农、林、牧、渔、水利业生产人员，其中包括6个中类30个小类121个细类；

第六大类：生产、运输设备操作人员及有关人员，其中包括27个中类195个小类1119个细类；

第七大类：军人，其中包括1个中类1个小类1个细类；

第八大类：不便分类的其他从业人员，其中包括1个中类1个小类1个细类。

2019年1月，人力资源和社会保障部网站发布《国家职业资格目录》。国家职业资格目录共计139项，包括专业技术人员职业资格58项，其中准入类35项，水平评价类23项；技能人员职业资格81项，其中准入类5项，水平评价类76项。这些职业资格基本涵盖了经济、教育、卫生、司法、环保、建设、交通等国家重要的行业领域，符合国家职业资格设置的条件和要求。准入类职业资格关系公共利益或涉及国家安全、公共安全、人身健康、生命财产安全，均有法律法规或国务院决定作为依据；水平评价类职业资格具有较强的专业性和社会通用性，技术技能要求较高，行业管理和人才队伍建设确实需要①。

通过对国家职业分类大典和国家职业资格目录的分析对比，探索发现这1838种职业与139项职业资格与高等职业教育的关系，寻找作为不同层次非学历高等职业教育与构建国家职业资历架构的逻辑，能够得出这样的结论：第一，从国家职业分类大典和国家职业资格目录能够找出以技能型专科人才培养为基础，向下对接中等职业教育，向上衔接应用型本科教育的职业资历架构。第二，中等职业教育主体（中等职业学校+区域产业中的相关企业+企业培训机构）是社会生产一线操作工培养的主要力量；专科层次高等职业教育主体（高职院校+行业企业+技能大师工作室，技师学院+企业现代学徒制）是培养国家职业大典中第三、第四、第五、第六大类中绝大多数生产一线技能型应用人才的主要力量；第三，应用型本科高校具备开展国家职业资格目录中大多数职业资格培训的基本条件。第四，在中等职业学校培养初级技术工人的基础上，高等职业教育在实现产教融合的基础上，具有开展初级以上技术工人的巨大职业教育市场；应用型本科高校在实现产教融合的基础上，具有开展中级以上技术工人和技师培训巨大的职业教育市场。

构建国家职业资历架构是职业教育体系的系统工程，是以中等职业教育为基础，技能应用型高等职业教育为阶梯，技术应用型本科教育为顶峰的职业资历金字塔式的非学历教育结构。

2. 现代学徒制中等职业资历架构建设

2014年2月26日，李克强总理主持召开国务院常务会议，确定了加快发展现代职业教育的任务措施，提出"开展校企联合招生、联合培养的现代学徒制试点"。《国务院关于加快发展现代职业教育的决定》，对"开展校企联合招生、联合培养的现代学徒制试点，完善支持政策，推进校企一体化育人"做出具体要求，标志着现代学徒制已经成为国家人力资源开发的战略决策。2015年8月5日，教育部遴

---

① 人力资源和社会保障部：《国家职业资格目录》，http：//www.mohrss.gov.cn/SYrlzyhshbzb/dongtaixinwen/buneiyaowen/201709/t20170915_277391.html。

选 165 家单位作为首批现代学徒制试点单位和行业试点牵头单位。2017 年 8 月 23 日，教育部确定第二批 203 个现代学徒制试点单位。2018 年 3 月 16 日，教育部部长陈宝生就"努力让每个孩子都能享有公平而有质量的教育"遴选的第二批 203 个单位开展试点，是 366 个，称为现代学徒制试点。2019 年 6 月，山东提出全面推进现代学徒制，健全德技并修、工学结合的校企协同育人机制和多方参与的质量评价机制，加快培育知识型、技能型、创新型高素质技术技能人才。到 2022 年，全省职业院校通过实施现代学徒制等手段，培育 10 万名左右"齐鲁工匠后备人才"。

现代学徒制开创了校企联合招生，企业主导、产教一体的职业教育创新模式，拉开了中等职业教育践行职业资历教育的序幕。现代学徒制试点重要作用是引领全国职业学校全面开展以行业企业为主体的职业资历教育，推进县域及以下区域职业教育的全面发展，进而改善全国农村劳动力的生产力结构，推进中国经济东、西部区域，沿海与内陆区域，发达与欠发达区域协调发展。现代学徒制中等职业资历架构建设，是一项巨大而又艰巨的系统工程，中等职业学校践行学徒制改革并不仅仅是县域或县域以下区域企业和职业学校的改革举措，也涉及与地（市）级以上高等职业院校和行业企业的协同发展。在现代数字革命的背景下，这种协同发展具有巨大的潜在优势。第一，远程网络教育模式的发展使县域职业学校、地（市）行业企业、高职院校协同发展成为可能。半工半读与网络教学，使行业企业和高职院校的生产性资源和教育性资源能够实现优化配置。第二，在国家的倡导下，高职院校实现向下协同发展成为可能，具体地说就是实现县域职业学校、行业企业与高职院校三者联合办学，这样的发展模式不仅能够使部分贫困地区学生实现中专与高职连读，还能实现中等职业学校、行业企业和高职院校在职业资历架构建设过程中的协同发展。第三，通过县域职业教育、行业企业与地（市）高职院校的协同发展，能够使县域职业教育、行业企业与地（市）高职院校实现三赢。第一赢是县域职业教育，即通过这种办学模式的教育改革提升自身的教育水平和办学竞争力；第二赢是行业企业，即通过这种办学模式的教育改革，能够获得国家相关政策扶持、劳动力资源和高职院校生产性教育资源的使用权；第三赢是高职院校，即通过这种办学模式的教育改革，能够合理调整办学结构，扩大招生规模，提升教学质量。

3. 技能大师非学历高等职业资格架构建设

《中华人民共和国职业教育法修订草案（征求意见稿）》第四十二条指出：国家建立技术技能大师制度。技术技能大师可以在职业学校专职或兼职担任高级职务专业教师，建立工作室等，参与人才培养、重大工程联合攻关等工作[1]。在高等职业教育改革进程中，高等职业院校技术技能大师工作室本着以服务教学和科研生产为原则，以提升人才整体素质和技能为核心，通过工作室组建，加快培养一批青年高科技人才骨干，建立高技能人才技术技能创新成果和绝技绝活的传承机制，并将技术技能更新成果和绝技绝活加以推广。建设技术技能大师工作室对于高职院校和应用型本科高校都具有特殊的意义。第一，技术技能大师工作室建设与实施，有利于推进高等职业教育的深化改革，推进以工作项目为导向的人才培养模式建设；第二，技术技能大师工作室建设，有利于高等职业教育不同层次的衔接。目前，专、本层次高等职业教育衔接仍然采用考试制度，这种应试制度可以说与学生将来的职业岗位还有很大的偏差，甚至毫无关系。技术技能大师工作室建设在高职院校和应用型本科高校的全面展开，或者无论专科、本科职业院校技能大师工作室的技术技能大师项目能够实现有序衔接，那么技能大师工作室就会成为专科层次技能型人才培养和本科层次技术应用型人才培养纵向衔接纽带和桥梁。从非学历教育角度看，技能大师高等职业资格架构建设可以践行以下三条路径：第一条路径，在高职院校开展以技术技能大师工作室为依托的中级工职业资历培训，主要招收中等学校毕业具有初级职业资历人员和高职院校在校学生。第二条路径，应用型本科高校开展以技术技能大师工作室为依托的技师和高级工职业资历培训，主要招收高职院校毕业具有中级工职业资历的人员和在校学生。第三条路径，改革应用型本科高校专升本的招生制度，

---

[1] 教育部：《中华人民共和国职业教育法修订草案（征求意见稿）》，中华人民共和国中央人民政府网站，http://www.gov.cn/xinwen/2019-12/08/content_5459462.htm。

将高职院校毕业生在应用型本科高校技能大师工作室取得的学习成果与学校录取分数线直接挂钩。技能大师高等职业资历架构建设还需要附加条件，这个附加条件包括：高职院校和应用型本科高校与行业企业、人力资源和社会保障部门沟通协作，为能够达到相应职业等级的学生做好职业资历（中级职业资格证书、高级职业资格证书、中级工证书、高级工证书、技师证书）的办证工作。

第三节 职业教育学分银行体系建设

构建中国特色的职业教育体系，需要建立从中等职业学校、高职院校、应用型本科高校和普通高校纵向衔接的运行机制，需要建立中等职业学校与地方企业与职业培训机构之间，高职院校、技师学院与行业企业之间，应用型本科高校与科研院所及行业企业之间的横向融合，需要普通高等学校专业硕士教育、应用型博士教育与高端产业之间的横向协作，并在此基础上建立国家职业教育资历架构和职业资历架构。这是高等职业教育可持续发展的国家战略。《中华人民共和国职业教育法修订草案》第十二条指出：国家建立健全适应经济社会发展需要，产教深度融合，职业学校教育和职业培训并重，职业教育与普通教育相互沟通，初级、中级、高级职业教育有效衔接，体现终身学习理念的现代职业教育体系。建立国家资历框架制度，建立职业教育国家学分银行，推进职业教育各类学习成果的认定、积累和转换[①]。

职业教育学分银行体系，是职业教育主体之间学习者学习成果积累与转换的主要工具，通过国家职业资历学分银行建设、高等职业教育学分银行和中等职业教育学分银行建设，实现职业教育（包括高等职业教育）横向贯通和纵向衔接，职业教育架构与职业资历架构相互交融，教育与产业、学校与企业、学习与工作立体交叉运行的中国特色职业教育发展格局，进而实现国家职业教育和普通（基础）教育

---

① 教育部：《中华人民共和国职业教育法修订草案（征求意见稿）》，中华人民共和国中央人民政府网站，http：//www.gov.cn/xinwen/2019－12/08/content_5459462.htm。

的分类发展。

一 职业资历学分银行建设

1. 职业资历学分银行建设主体

职业资历，是指职业院校学习者、在职工作者和非职业人员通过接受职业教育、接受非学历职业培训、参加社会生产活动过程中所获得的职业资格证明。国家职业资历学分银行是人力资源管理部门，职业教育主体对职业资历教育和培训成果的管理平台，是初等职业学校、高职院校、技师学院、应用型本科高校和普通高校学习者实现职业资历兑换职业教育学分的管理平台，是行业企业、社会培训机构及其他参与产教融合、校企合作部门对学习者进行职业资历学分认定、积累与转换的实现平台。国家职业资历学分银行的建设主体，由产业部门和职业教育部门组成。

（1）人力资源管理部门和产业协作部门

人力资源管理部门是职业资历学分银行的建设者和管理者。这是因为人力资源管理部门是出台《中华人民共和国职业分类大典》和《国家职业资格目录》的主持部门，国家职业资历学分银行体系中的管理银行只能由国家人力资源和社会保障部建设。产业协作部门是指国民经济运行体制下的产业协会和产业龙头企业，不论是产业协会还是产业龙头企业，对其协调和直接管理的行业企业都具有举足轻重的作用。如果说由人力资源和社会保障部建设的职业资历学分银行是"管理银行"，那么由产业协会和产业龙头企业建设的职业资历学分银行就是开展职业资历学分积累与转换业务的"专业银行"。

（2）中等职业学校与企业培训机构

中等职业学校和企业培训机构主要从事职业资历教育，职业资历教育的最终成果（除中等职业学校毕业证书外）是初级职业资格，中国国家职业大典所涉及的职业有1838种，大多数职业资格从初级起步，因此中等职业学校和企业培训机构是初级工职业资格的培育主体。

（3）技师学院、高职院校与应用型本科高校

技师学院是以职业资格教育为主的高职院校，主要培养高级技工

和初级技师。由于技师学院的主管部门是人力资源和社会保障部门，因此技师学院毕业生的学习成果大都是中级工证书和初级技师。高职院校是以学历教育为主的职业院校，毕业证书（暂无学位）是学习者的最终学习成果，有部分高职院校对学习者最终学习成果有职业资历的硬性规定，但对职业资历的级别（初级职业资格还是中级职业资格）没有作特别的强调。随着高职院校产教融合、校企合作、工学结合的深化改革进程，中级职业资历作为最终成果将是必然取向。应用型本科高校是以培养社会生产一线工程技术人员为主的高等学校，目前以学历教育为主，学习者最终学习成果以高等学校毕业证书和学士学位证书为主。应用型本科高校在教育教学改革进程中已经践行产教融合的教育改革，同时许多应用型本科高校的继续教育部门开展了许多门类的职业资格培训，而大部分职业资格培训的目标直接指向国家职业资格考试。在许多应用型本科高校技术技能大师工作室不断涌现，以技术教育为导向的教育改革拉开了帷幕。因此，职业资历将成为应用型本科高校学习者学习成果的另一种重要形式。

2. 各级职业资历学分银行的主要职责

（1）国家职业资历学分银行主要职责

国家职业资历学分银行是人力资源和社会保障部的直属事业单位，是职业资历学分银行体系的管理行，因此主要职责是对下属职业资历学分银行提供管理、协调和咨询服务。第一是对产业协会和省级职业资历学分银行的管理职责[1]。国家职业资历学分银行对产业协会和省级职业资历学分银行实行垂直管理，这种管理包括出台相应的制度文件，职业资历分类、职业资格等级界定，职业资格技术技能标准，职业资格晋升政策法规，职业资历学分积累与转换实施细则等[2]。第二是对产业协会和省级职业资历学分银行的协调职能。这种协调职能是通过大数据平台不定期向下属学分银行和职业院校发布国家职业资格变动的相关信息，人力资源供给侧和需求侧的动态变化，国家人

---

[1] 笔者注：这里所指的省级学分银行不是政府职能部门，而是由相关技师学院建立的职业资历学分银行。

[2] 笔者注：职业资历学分：同一职业资历技术技能模块的学分分值。

力资源结构调整的相关信息，经济波动对人力资源供求均衡的影响因素等。第三是对社会公众提供咨询的职责。建立国家职业资历学分银行的咨询服务的大数据平台，使社会公众随时能够检索到与职业资历相关的信息内容，检索到职业资历各级各类学分银行的数据资源，检索到个人职业资历账户的基本内容。

（2）产业协会（包括产业龙头企业）学分银行的主要职责

这里所指的产业不是国民经济运行中的产业大类，而是从国民经济运行中的产业大类分离出来的产业细类，比如化工产业、农机产业、快递产业、家政产业、"互联网+"产业、数字化IT产业等。产业协会是产业运行的协作组织，产业协会学分银行是产业内企业群体的学分银行。产业龙头企业是指国家垄断企业，比如中国核工业建设集团公司、中国航天科技集团公司、中国船舶工业集团公司、中国兵器工业集团公司、中国兵器装备集团公司、中国电子科技集团公司、中国石油天然气集团公司、中国海洋石油总公司。产业协会学分银行的主要职责是建立产业职业资历标准，建立职业资历晋升考核标准，建立产业大学、职工大学职业资历学分积累与转换制度。

（3）职业教育主体职业资历学分银行的主要职责

职业教育主体职业资历学分银行，是指高职学院和应用型本科高校建设的学分银行。职业教育主体职业资历学分银行的主要职责是，制定高职院校和应用型本科高校职业资历课程标准；制定高职院校和应用型本科高校职业资历衔接制度规范；制定高职院校技能大师工作室、应用型本科高校技术大师工作室职业资历学分标准；制定高职院校与中等职业学校向下衔接的资历架构；制定应用型本科高校与高职院校向下衔接的资历架构；制定专科层次职业资历培训机构（职工大学、技师学院）横向贯通学分积累与转换制度；制定本科层次职业资历架构与专科层次职业资历架构向上衔接的学分积累与转换制度。

3. 国家职业资历学分银行理论模型

国家职业资历学分银行是职业资历学分银行的管理银行，职业教育主体（高职院校、技师学院、应用型本科高校）职业资历学分银行是学习者职业资历学习成果的储蓄银行，学习者的学习成果包括劳动教育课程学分、技能大师工作室课程学分、创新创业学习成果学分、现代学徒制课程学分、社会实践学分等。产业职业资历学分银行是指产业大类分离出来的产业细类学分银行（如化工产业学分银行、农机产业学分银行、快递产业学分银行、家政产业学分银行、"互联网+"产业学分银行、数字化IT产业学分银行等），产业职业资历学分银行还包括国家垄断企业学分银行（比如中国核工业建设集团公司学分银行、中国航天科技集团公司学分银行、中国船舶工业集团公司学分银行等）。产业职业资历学分银行用户是指产业内部企业（包括垄断企业）在职员工群体，产业职业资历学分银行存放这个庞大职业群体的职业资历档案（档案内容包括职业资格、职业培训成果、职业绩效等信息）。国家职业资历学分银行理论模型的传导机制如下。

（1）国家职业资历学分银行。国家职业资历学分银行通过自身大数据平台为下属专业银行提供垂直服务，服务内容包括：政策性服务。如相应的制度文件，职业资历分类、职业资格等级界定，职业资格技术技能标准，职业资格晋升政策法规，职业资历学分积累与转换实施细则等。咨询类服务。为全国的人力资源提供国家职业发展动态，职业资历（各行各业从初级、中级到高级的职业资历标准）标准和职业资格（准入类和水平评价类）标准。信息类服务。通过建立与下属职业资历学分银行链接，使用人单位、在职人员和求职者能够查询国家各类产业、行业企业的人力资源供求情况，实现云计算条件下信息数据库资源的全社会共享。

（2）高职院校职业资历学分银行。高职院校职业资历学分银行的服务对象，包括在校学生和接受继续教育的校外学习者。服务内容是为学习者建立个人职业资历学习账户，为学习者职业资历学分（劳动教育课程学分、技能大师工作室课程学分、创新创业学习成果学分、现代学徒制课程学分、社会实践学分等）提供存储和转换服务。

（3）技师学院职业资历学分银行。技师学院职业资历学分银行的服务对象，是在校学生和中等职业学校学习者。服务内容与高职院校职业资历学分银行基本相同，特殊之处是实现与中等职业学校学习者的衔接与服务。

（4）应用型本科高校职业资历学分银行。应用型本科高校职业资历学分银行的服务对象是在校学生和接受继续教育的学习者，服务内容与高职院校职业资历学分银行基本相同，特殊之处是实现与高职院校学习者的衔接与服务。国家职业资历学分银行理论模型如图6-1所示。

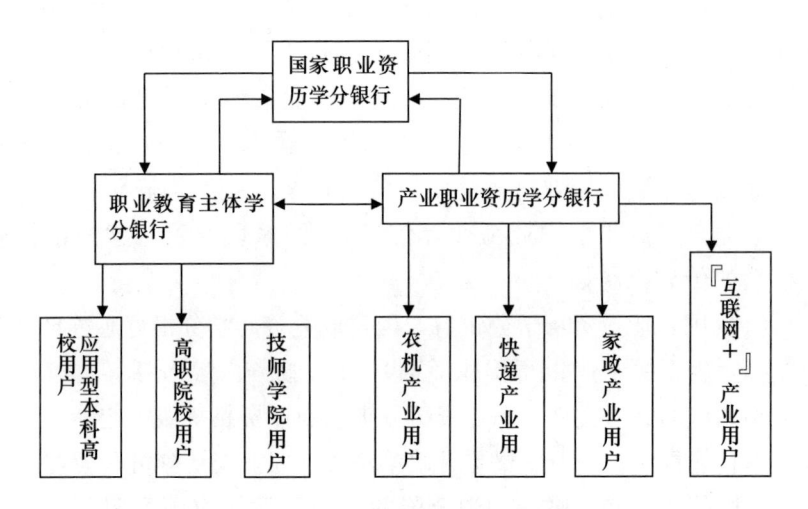

图6-1 国家职业资历学分银行理论模型

二 高等职业教育资历学分银行建设

1. 高等职业教育学分银行理论模型

构建国家职业教育学分银行体系是庞大的系统工程，就像金融产业的银行体系一样，需要有国家学分管理银行（金融产业的管理银行是人民银行）、地方省（市）学分银行（比如金融产业的北京银行、上海银行、吉林银行等）和行业学分银行（比如金融产业的建设银行、交通银行等）。国家学分银行负责全国职业教育学分银行的管理职能，隶属于国家教育行政机关，是教育部直属事业单位。地方省（市）学分银行负责省（市）职业院校学分银行的管理职能，隶属于省（市）教育行政机关，是省（市）教育行政部门的直属事业单位。行业学分银行是国民经济运行的各个行业负责对产业大学（假定）学分银行实施管理的上级学分银行。上述关系如图

6-2所示。

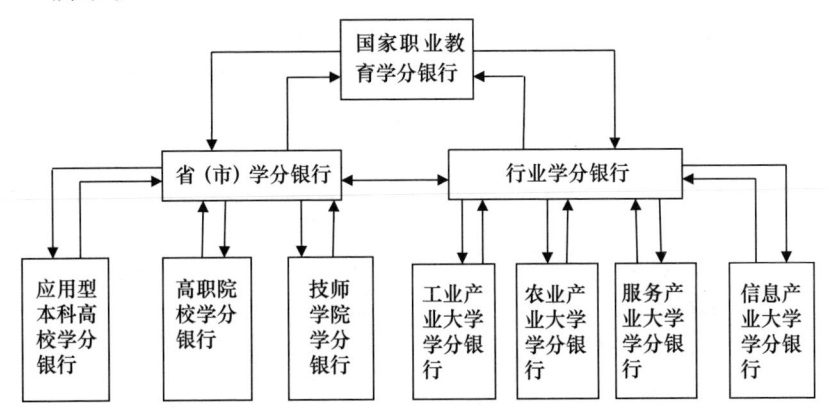

图 6-2　国家、地方、行业学分银行体系模型

国家学分银行、省（市）学分银行和行业学分银行的管理权限和管理职能不同，在国家职业教育学分银行体系建设中具有各自的明确分工。

（1）国家学分银行建设的主要内容

第一是国家学分银行云计算数据库建设。这个云计算数据库是一个巨大的数据平台，通过这个数据平台可以实现国家学分银行体系的信息发布、信息存储、信息咨询和信息转换功能。

第二是建立国家职业教育学分银行、基础教育学分银行、成人教育学分银行、普通高等教育学分银行的衔接机制，实现学习者职业教育学习成果、基础教育学习成果、普通高等教育学习成果、成人教育学习成果的积累与转换。上述关系如图 6-3 所示。

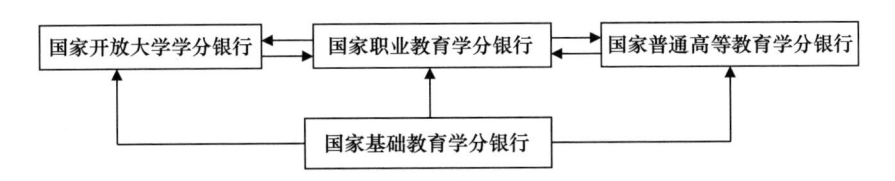

图 6-3　国家职业教育学分银行、国家基础教育学分银行、国家开放大学学分银行、国家普通高等教育学分银行衔接模型

第三是建立国家职业教育学分银行咨询系统。国家职业教育学分银行咨询系统是一个庞大的数据库，公众能够在这个数据库查询到所有相关的制度和政策信息，查询到所有高等职业教育主体（高职院校、技师学院、应用型本科高校、产业大学）办学模式和发展现状的基本信息，查询到所有高等职业教育办学主体学科（本科及以上高等职业教育办学单位）、专业（高职院校、技师学院）和课程设置的基本信息，查询到应用型本科高校和高职院校创新教育模式（双导师制、弹性学制、现代学徒制、创新创业教育、技术技能大师工作室等）的基本信息，查询到学历文凭、技能资历主办学校、主管部门的基本信息。

第四是建立硕、博层面国际化运行的学分积累与转换平台。这项工作的主要内容，是建立国家间高层次职业学位教育学习成果互认平台，国内硕、博层次学习者学习成果的积累与转换平台。

第五是建立对高等职业院校学分银行监管、投诉平台。

（2）地方省（市）学分银行和行业学分银行建设的主要内容如下：地方省（市）学分银行和行业学分银行建设的首要工作，是建立地方与行业学分银行管理体制，分别负责对所辖地域、所辖行业范围高等职业院校学分银行进行监控和管理。第二项工作是分别制定地方高等职业院校、行业高等职业院校学分积累与转换的制度标准和学分换算标准。第三项工作是建立与所辖高等职业院校学分银行的数据库链接。

2. 国家高等职业教育学分银行的硬件建设

国家高等职业教育学分银行的硬件，是指有形的管理机关、办公场所和办事机构。国家高等职业教育学分银行建设的前期工作，是由国务院或教育部招标或指定某一单位承建的国家学分银行项目。与国家开放大学学分银行建设项目不同，高等职业教育架构（副学士、学士、硕士、博士）所涉及的教学单位涵盖整个国民教育体系的全日制高等学校，而这个高等学校集合不像国家开放大学那样具有上至国家，下至省、市、县层次分明的办学机构。因而高等职业教育学分银行要么建在教育部，要么建在某一所国家综合大学。这样做虽然理论上可行，但实际运行会出现许多问题。这是因为，如果这个学分银行建在教育部,那么作为事业单位的学分银行显然没有国家层面高等教育管理的主要职能;如果建在某一综合性大学,那么综合大学所开展的高等教育项目大多与职业教育无关。既然高等职业教育学分银行本来就属于国家教育体制改革的重大创新项目,不妨在这个国家层面的重大举措再来上一个锦上添花。这个锦上添花就是将国家职业教育学分银行建在国家产业大学或国家开放大学。从国家产业大学结构及其运行机制模型(如图6-4)推论[①],国家产业大学具有建设国家职业教育学分银行得天独厚的先决条件。国家职业教育学分银行建在哪的问题解决之后,下面的问题就是怎么建的具体问题。图6-4中,国家学分银行将产业大学系统、院校高等职业教育系统和国家开放大学系统合并为国家学分银行,由于国家开放大学的改革方向是服务国民经济运行一线的专、本层次的成人教育,因此具有高等职业教育的属性,这样一来,这个国家学分银行就演变成名副其实的国家高等职业教育学分银行。图6-4所示,国家高等职业教育学分银行的服务对象是高职院校(包括技师学院)、应用型本科高校、产业教育与终身教育市场。如果将产业产教联盟、地方产教联盟和行业产教联盟含义展开,那么,产业产教联盟是国家产业大学架构下的诸多产业学院体系,这个产业学院是高等职业教育体制改革后所形成的混合所有制高等职业教育办学机构。地方产教联盟和行业产教联盟的内涵展开后的含义与产业产教联盟相同。在产教联盟架构下的产业学院采取产业项目导向的运行机制(项目导向,如国家重大项目、产业创新项目、高校双创项目、"三农"项目等)。由此可见,国家高等职业教育学分银行的地点设置在国家产业大学内,国家学分银行的主要硬件设施是由运算平台构成的数据库,人机对话咨询服务平台,保障国家学分银行运行的管理、服务和后勤保障平台。

3. 地方高等职业教育学分银行建设

地方高等职业教育学分银行包括产业学院、高职院校、技师学院、应用型本科高校和少部分承担应用工程类博士研究生教育的国家综合性大学建设的学分银行。地方学分银行建设主体,一般来说是高

[①] 参见第一章第四节"高等职业教育跨界转型发展的路径探析"——笔者注

```
                    ┌──────────────┐         ┌──────┐
                    │人力资源与社  │─────────│教育部│
                    │会保障部      │         │      │
                    └──────────────┘         └──────┘
                      │         │              │  │
                ┌─────┘         └────┐         │  │
          ┌──────────┐         ┌──────────┐   │  │
          │国家产    │         │国家开    │   │  │
          │业大学    │         │放大学    │   │  │
          └──────────┘         └──────────┘   │  │
           │    │                  │          │  │
      ┌────┴┐ ┌─┴──────┐  ┌────────┴┐  ┌─────┴┐ ┌┴───────┐
      │产教联盟│ │产业政策与│ │国家学   │  │高职  │ │应用型本│
      │管理中心│ │教育研究院│ │分银行   │  │院校  │ │科高校  │
      └────┬──┘ └────┬───┘  └────┬────┘  └──┬───┘ └───┬────┘
           │         │           │          │         │
           │         └─────┬─────┘          │         │
           │               ▼                │         │
           │      ┌──────────────────┐      │         │
           │      │产业教育与终身教育市场│◄─┘         │
           │      └──┬───────┬───────┬┘              │
           │         ▼       ▼       ▼               │
           │    ┌──────┐ ┌──────┐ ┌──────┐          │
           │    │产业产│ │地方产│ │行业产│          │
           │    │教联盟│ │教联盟│ │教联盟│          │
           │    └──┬───┘ └──┬───┘ └──┬───┘          │
           │       └────────┼────────┘              │
           │                ▼                        │
           │   ┌──────────────────────────────────┐ │
           │   │项目导向，如：国家重大项目、产业创│ │
           │   │新项目、高校双创项目、三农项目等  │ │
           │   └──────────────┬───────────────────┘ │
           │                  ▼                      │
           │           ┌──────────┐                  │
           └───────────│就业市场  │──────────────────┘
                       └──────────┘
```

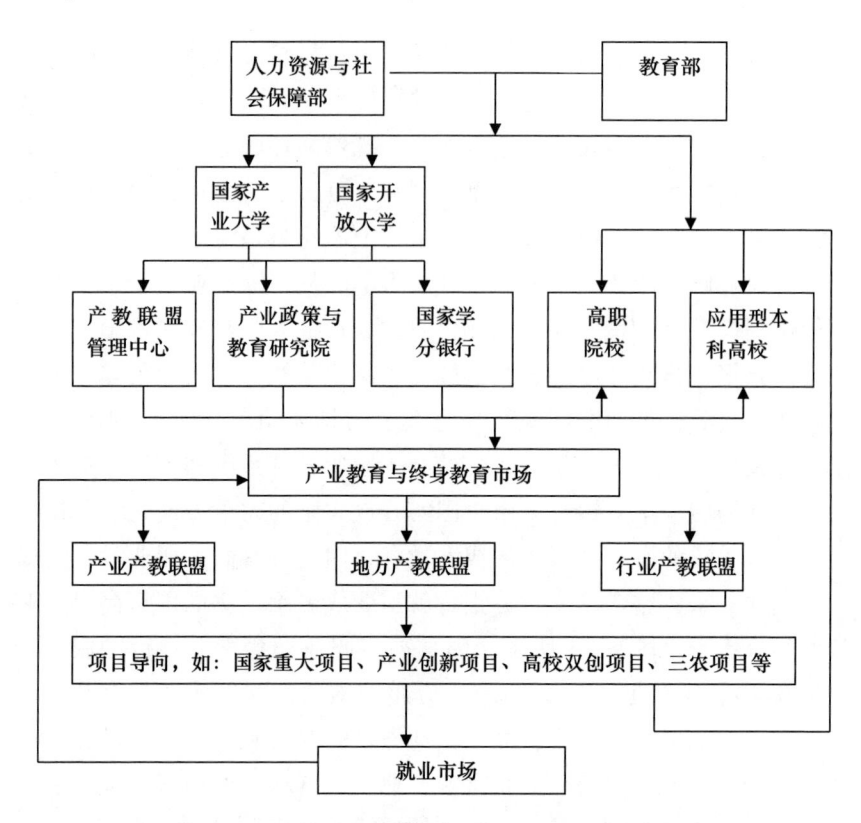

图6-4 国家高等职业教育学分银行运行机制模型

等职业院校教务部门和网络信息服务中心。在学分银行建设过程中，教务部门和网络信息服务中心的职责各不相同，教务部门的主要职责是建立学习者的电子学籍档案（或者说学习者个人学习账户），制定本学校课程分类学分标准，制定学习者来自不同学习方式学习成果学分的换算标准，制定本学校开设专业总学分和全部课程的单元课程学分，负责对学习者在不同学习时空所获得的学习成果管理、学分积累和转换工作。网络信息中心的主要职责是为学校学分银行建设数据库机房，建立人机对话服务窗口，负责对学分银行数据的日常更新和维护工作。不同类型高等职业教育主体学分银行的服务内容有所差异。由于目前技师学院的职业教育模式是高级工和初级技师教育，目前暂无学历教育项目，因此技师学院学分银行对学习者主要提供职业资历学分积累与转换服务，并为学习者提供高级工、初级技师职业资历的相关服务。高职院校和应用型本科高校学分银行，为学习者提供来自非本校学习成果的学分积累与转换服务，为校内和校外学习者提供第二学位相关服务。普通高校学分银行主要提供对学习者在职攻读硕士学位和博士学位的相关学分积累与转换服务。学分"借贷"是高等职业教育主体学分银行的日常工作。金融机构中的银行是承担信用中介的信用机构，通常具有存款、放款、汇兑等功能。从这个意义看来，高等职业教育主体的"学分银行"具备银行的基本功能，如存储功能、汇兑功能，但它又不是真正意义上的银行，它存储的不是货币而是学分，它汇兑的不是货币而是学历或资格证书。因此，高等职业教育主体的"学分银行"是一种模拟或是借鉴银行的功能，使学生能够自由选择学习内容、学习时间、学习地点的一种管理模式。高等职业教育主体"学分银行"的构建，能实现各高等学校、各种教育形式之间的教学资源共享，各级别"学分银行"之间学分的通兑，建立学历教育与非学历教育之间沟通的平台；能够为具有学习能力并渴望实现自己理想的任何社会成员提供终身学习与获取文凭的机会；能够培养学生的诚信意识，营造一种诚信文明的社会环境，促进和谐社会的建设。

三 中等职业教育学分银行建设

1. 中等职业教育学分银行理论模型

中等职业学校是指经政府有关部门依法批准设立，实施全日制中等学历教育的各类职业学校，招生对象是初中毕业生和具有与初中同等学历的人员，基本学制为三年，学生毕业属中职学历。2018年，全国中等职业教育共有学校1.02万所，比上年减少442所，下降4.15%。中等职业教育在校生1555.26万人，比上年减少37.23万人，下降2.34%，占高中阶段教育在校生总数的39.53%。中等职业教育毕业生487.28万人，比上年减少9.60万人，下降1.93%[①]。中等职业学校数量庞大，分布广泛，遍及全国所有的县市。大力发展中

---

① 教育部：《2018年全国教育事业发展统计公报》，2019年7月24日，[引用日期2020 - 02 - 19]，http://www.moe.gov.cn/jyb - sjzl/sjzl - fztjgb/201907/t20190724_392041.html。

等职业教育是国民教育分类发展的重要基础，学分银行建设是中等职业教育可持续发展的重要保障。学分银行建设是省（市）教育行政部门和中等职业学校的共同责任。从国民经济运行的角度看，中等职业教育是就业教育；从国民教育运行的角度看，中等职业教育与高等职业教育、普通高等教育和成人教育具有纵向衔接的重要特征。因此中等职业教育学分银行建设应当与高等职业教育、普通高等教育和成人教育学分银行建设协调发展。中等职业教育学分银行运行机制要适应中等职业教育的特点，要重点考虑中等职业学校劳动教育、半工半读教育、学徒制教育、网络数字化教育、成人教育和社会职业培训的种种因素，因此，要建设适合职业教育边实践、边学习特点的学分银行。使职业学校设立的"学分银行"有利于学生半工半读和工学交替，使学生学完一门功课拿到的学分能够存入"学分银行"，学完一门算一门学分，累积到规定学分总数后即可"支取"相应学历。中等职业教育学分银行理论模型如图6-5所示。

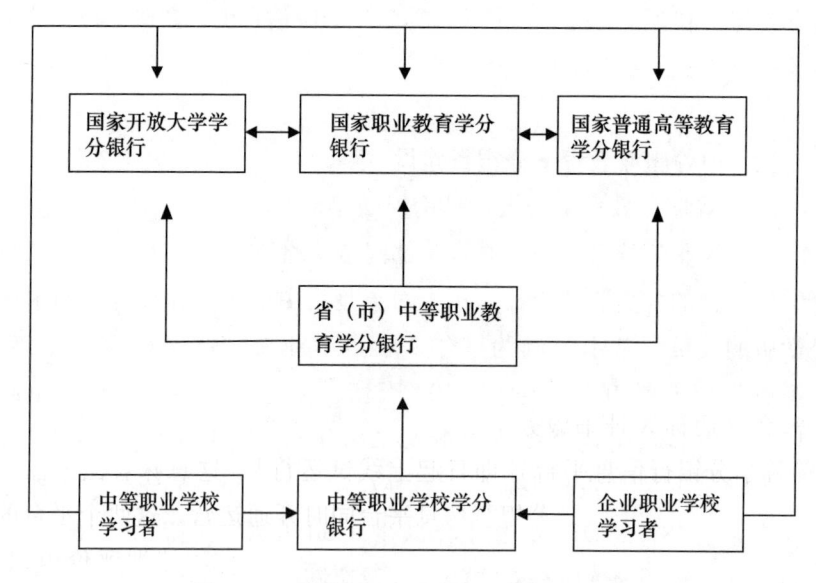

图6-5 中等职业教育学分银行理论模型

中等职业教育学分银行系统的传导机制如下：
（1）中等职业学校学生将学习成果存入学分银行，学分银行通过对学习者学习成果认定、换算和登记为学习者存储学分,当学分达到相应办学机构学历和职业资历总学分要求后,可向省(市)学分银行申请兑换相应学历证书和职业证书。

(2)省(市)中等职业教育学分银行与国家开放大学、国家职业教育学分银行、国家普通高等教育学分银行数据库互通有无,为中等职业教育学习者提供访问平台。

(3)中等职业教育学习者可以在中等职业教育学分银行、国家开放大学学分银行、国家职业教育学分银行、国家普通高等教育学分银行同时注册学习账户,参加国家开放大学、高等职业教育机构和普通高等教育机构的学历、资历和非学历教育学习并取得相应学分,国家开放大学、高等职业教育和普通高等教育学分银行为中等职业学校学生提供高等教育学习成果的学分积累与转换服务。

2. 中等职业教育学分银行的硬件建设

省(市)中等职业教育学分银行是中等职业教育学分银行的"总行",这个"总行"需要承担两项重要职能,第一项职能是对职业学校学分银行提供管理、指导和咨询的职能,第二项职能是对学习者学习成果提供学分积累与转换服务,也就是学习者能够取得相应职业教育学历证书的职能。中等职业学校是中等职业教育学分银行系统最小的运营机构,其主要工作是建立学生学习账户,负责对学习者取得来自不同方向学习成果的认定、学分换算和登记工作。中等职业教育学分银行的硬件建设问题,是回答中等职业教育学分银行建在哪、怎样建和建什么的问题。首先是建在哪里的问题。据《中国教育报》报道,教育部委托国家开放大学开发的职业技能等级证书信息管理服务平台(简称 X 证书服务平台)和职业教育国家学分银行信息平台(简称学分银行信息平台)即日起上线试运行[1],这意味着国家职业教育和职业资历两个学分银行信息平台同时开通运营。这两个平台的服务对象包括省(市)级教育行政部门、职业教育培训评价组织、试点院校、学习者个人和用人单位等。因此省(市)职业教育学分

---

[1] 《职教国家学分银行信息平台试运行》,国家教育部官网,http://www.moe.gov.cn/jyb_xwfb/s5147/202001/t20200114_415480.html。

银行建在省（市）开放大学已无争议。第二是怎样建和建什么的问题。2019 年初颁布的"职教 20 条"提出，加快推进职业教育国家学分银行建设，探索建立职业教育个人学习账号，实现学习成果可追溯、可查询、可转换。由此可见，省（市）职业教育学分银行建设的重点是学习者的个人学习账号；咨询和服务系统；学分积累与转换服务。具体工作包括 X 证书服务平台集政策发布、过程监管、证书查询、监督评价等功能于一体，参与"1 + X"证书制度试点的学生获取的职业技能等级证书都将进入服务平台，与学分银行信息平台个人学习账户系统对接，记录学分，并提供网络公开查询等社会化服务。

3. 中等职业学校学分银行建设

中等职业学校学分银行建设是国家职业教育学分银行建设的组成部分，建设内容是学习者个人学习账户设立，学习成果记录、评价和换算。这是一项系统工程，需要职业学校广大教师和学生的共同参与，还需要中等职业学校健全和完善网络信息系统，加大网络信息硬件和软件建设，以保障基层学分银行与国家职业教育学分银行之间的运行通畅。

第七章

高等职业教育学分积累与转换的微观运行

高等职业教育学分积累与转换制度，是服务高等职业教育深化改革举措的重要工具，没有高等职业教育的深化改革，建立再好的学分积累与转换制度也会无用武之地。当前，高等职业教育改革本来就进入了跨界转型发展的深水区，又遇到了世界范围的新冠肺炎疫情，使得这场深化改革进程的步履更加艰难。在中国高等职业教育深化改革的后新冠肺炎疫情发展阶段，高等职业教育还将面临世界经济危机、国内产业结构调整、数字化产业革命的多重挑战。与此同时，就业形势和新时代社会主义市场经济发展取向也将发生难以预料的变化。面临这样复杂多变的发展环境，高等职业教育改革必须跳出传统运行模式的樊篱，以产教融合为突破口，推进高等职业教育产业与学校、学历学位教育与学历资历教育、高学历教育与高资历教育双轨运行机制下的跨界与转型。

第一节 高等职业教育的双轨运行

一 产业导向与学校导向的双轨运行

产业导向与学校导向的双轨运行，是指产业举办高等职业教育和高职院校（含应用型本科高校和技师学院）举办高等职业教育的双轨运行。

1. 产业导向与学校导向改革取向

2019 年出台的《国家职业教育改革实施方案》第十三条指出：

推动企业和社会力量举办高质量职业教育，要"发挥企业重要办学主体作用，鼓励有条件的企业特别是大企业举办高质量职业教育，各级人民政府可按规定给予适当支持。完善企业经营管理和技术人员与学校领导、骨干教师相互兼职兼薪制度。2020年初步建成300个示范性职业教育集团（联盟），带动中小企业参与。支持和规范社会力量兴办职业教育培训，鼓励发展股份制、混合所有制等职业院校和各类职业培训机构。建立公开透明规范的民办职业教育准入、审批制度，探索民办职业教育负面清单制度，建立健全退出机制"。这是国家关于职业教育改革发出的重要信号，这个信号明确了企业举办职业教育的主体地位，明确了企业举办职业教育（包括高等职业教育）体制机制，从示范性职业教育集团（联盟）带动中小企业参与的体制机制到发展股份制、混合所有制等职业院校和各类职业培训机构，条理分明地指明了产业导向的职业教育发展路径。《国家职业教育改革实施方案》第十条指出：推动校企全面加强深度合作。"职业院校应当根据自身特点和人才培养需要，主动与具备条件的企业在人才培养、技术创新、就业创业、社会服务、文化传承等方面开展合作。学校积极为企业提供所需的课程、师资等资源，企业应当依法履行实施职业教育的义务，利用资本、技术、知识、设施、设备和管理等要素参与校企合作，促进人力资源开发。校企合作中，学校可从中获得智力、专利、教育、劳务等报酬，具体分配由学校按规定自行处理。在开展国家产教融合建设试点基础上，建立产教融合型企业认证制度，对进入目录的产教融合型企业给予'金融＋财政＋土地＋信用'的组合式激励，并按规定落实相关税收政策。试点企业兴办职业教育的投资符合条件的，可按投资额一定比例抵免该企业当年应缴教育费附加和地方教育附加。厚植企业承担职业教育责任的社会环境，推动职业院校和行业企业形成命运共同体。"[①] 显然，这是进一步推进以学校为主导、产教融合为基础、以国家政策为依托的职业教育（包括高等职业教育）体制机制改革模式，这种体制机制改革模式明确界定了学校

---

① 国务院：《国家职业教育改革实施方案》，2019年2月13日，中华人民共和国中央人民政府网站，http://www.gov.cn/xinwen/content_5365377.htm。

和企业在校企合作共同推进职业教育改革中的责、权、利关系。在这样的体制机制下，政府给予企业"金融＋财政＋土地＋信用"的组合式激励，并按规定落实相关税收政策，使企业在校企合作办学中获得实惠；学校则为企业提供所需的课程、师资等资源，获取资本、技术、知识、设施、设备和管理等要素的资本回报。这是国家对国有教育资本参与产教融合发出的重要信号，对职业教育、特别是高等职业教育的深化改革具有里程碑的重要作用。

2. 产业主导的高等职业教育微观运行

以产业为主导的高等职业教育并非新生事物，1968—1979年在全国工矿企业开办的"七二一"工人大学就是以产业为主体的高等职业教育产物。只不过在当时的特殊历史时期，"七二一"工人大学的举措不可能实现中国高等职业教育的可持续发展。以产业为导向，以企业为主体的高等职业教育既具有得天独厚的优势，也具有先天不足的劣势。得天独厚的优势体现在三个主要方面。第一，企业创办高等职业教育具有对学习者进行职业资历教育的优势。企业、特别是国家垄断大型国有企业，在任何职业岗位都有从最低到最高的职业资历架构，这是企业的优良传统，能够追溯到中华人民共和国成立初期。第二，在企业、特别是国家垄断大型国有企业，职业类型和职业岗位设置自成体系，这对于有系统的培养产业或行业职业技能型人才群体具有人无我有的优势。企业、特别是国家垄断大型国有企业，具有能够全面展开高等职业教育现代学徒制改革基础条件，如果再具有高等职业教育改革的自主权，那么企业主导的高等职业教育发展前景将不可限量。第三，企业、特别是国家垄断大型国有企业，能够优化整合开展高等职业教育的产业资源，这些产业资源在使用过程中能够得到市场的补偿。这是因为企业举办高等职业教育，教育过程的产品是商品。根据2019年出台的《国家职业教育改革实施方案》，企业举办高等职业教育能够采取以下基本举措。第一个举措是开展"工龄＋学籍"的半工半读高等职业教育改革模式。从生源（学徒工）的角度，这种改革模式可以实现初等后、高等后中学毕业生（含同等学历）招收学生（或徒工），可以采取中专和大专连读，也可以采取专科和本科连读的办法。第二个举措是与地方开放大学开展联合办学，同时解决学历教育和职业资历教育问题。在这一方面，目前高等职业院校存在明显的短板，因为国家开放大学的数字化教学发展至少要甩开高等职业院校若干年。第三个举措是企业、特别是国家垄断大型国有企业，具有人才竞争的核心竞争力，如果采用招生等于就业的办学模式，那么这样的办学导向会给学校导向的办学模式带来巨大的压力。当然，产业导向的高等职业教育也有短板，这个短板就是对高等职业教育文化的欠缺，不过这个短板通过企校合作的办法能够迎刃而解。即，学校积极为企业提供所需的人才培养方案、课程设置、思想政治及其基础理论课程的师资资源。

3. 学校主导的高等职业教育微观运行

学校为主导的高等职业教育，是指职业院校主动与具备条件的企业在人才培养、技术创新、就业创业、社会服务、文化传承等方面开展合作的产教融合发展模式。以学校为主导的高等职业教育同样有优势也有劣势，优势体现在以下三个方面。第一，是国家为体制内高职院校提供的强大的财力支撑，因此办学风险几乎为零，然而这也会给高职院校教师带来惰性，直接影响高等职业教育生产力的提升。第二，经历了三十年的发展历程，高等职业教育已经形成了相对成熟的改革和发展理念。因此，只要高等职业教育主体（高职院校、应用型本科高校、技师学院）认真贯彻执行高等职业教育的国家发展战略，就会处于不败之地。第三，因为高等职业教育是国家高等教育的一个类型，学习者考入高等职业院校就基本能够取得国家认可的高等教育学历学位，并有机会进一步考取更高层次的高等学校。这在目前人力资源市场人才高消费还在持续升温，大多数学生家长望子成龙的心态下，必然会导致学校主导的高等职业教育在很长的时间周期内具有得天独厚的吸引力。学校主导的高等职业教育也有以下三个方面的劣势：第一个方面，核心竞争力不突出，主要表现在高等职业教育特色不够明显，高等职业资历教育的层次不达标。第二个方面，产教融合的困难还很大，主要原因在于产业和教育融合在产权方面的矛盾还一时难以解决。第三个方面，办学体制还比较僵化，与受教育者多样化的学习需求相对应，弹性学制和学分制的问题还难以解决。根据2019年出台的《国家职业教育改革实施方案》，学校主导的高等职业教育可以采取以下改革举措：经济发达地区的高职院校和应用型本科高校，一方面要积极采取产教融合的改革措施，主动与民营经济运行主体展开校企合作，利用公办院校的资本、技术、知识、设施、设备和管理等生产要素与民营企业共建生产经营性校企合作项目，促进民营企业安置毕业生就业；另一方面还要积极开拓创新创业教育，目标直接指向毕业生自谋职业。要充分利用2020年世界新冠肺炎疫情所带来的网络数字化宅家创业的新特点、团队创业的新模式创新就业教育。老工业基地高职院校和应用型本科高校，应当充分发挥高职院校和本科高校的资源优势，通过与老工业基地企业部门合作，扩大职业培训教育基地规模，建立双师结构师资队伍，开展以完整工作过程为导向的项目课程改革，在帮助企业提升生产力的同时，促进毕业生就业。欠发达地区高职院校和应用型本科高校，应当根据区域经济结构的特征，实现高等职业教育服务下沉。就是说要更好地服务地方经济的发展和转型，服务三农，服务地方产业结构调整和产业创新，同时促进毕业生到基层创业。

二 学历学位教育与学历资历教育双轨运行

学历学位教育与学历资历教育双轨运行，是指高等职业院校践行学历学位教育和学历资历教育两条腿走路的办学模式。

1. 学历学位教育与学历资历教育

高等职业教育实行学历学位教育与学历资历教育双轨运行，主要原因来自两个方面。第一个方面是受教育者的自身需求，第二个方面是不同高等职业教育主体的办学条件限制。

（1）高等职业学历学位教育。就目前条件来看，应用型本科及以上高等学校具有开展学历学位教育的办学资质，专科层次高职院校有待于国家对副学士学位立法，才能够实施学历学位的办学模式。从国家高等教育发展战略来看，高等教育实施分类发展战略，这个分类就是将高等教育分为普通高等教育和高等职业教育。高等职业教育不是"断头"教育，是比普通高等教育层次更全、教育资历架构更细的高等教育类型。高等职业教育需要具有副学士、学士、硕士和博士教育体制，需要培育应用型和工程学术型高端应用人才，需要有职业教育类型的精英教育。只要有供给，就会有需求。因此，不论哪一个层次的高等职业教育，都应当有学历学位教育，都需要满足相应受教育群体的基本需要，因为是国家宪法所赋予公民的基本权益，也是高等职业院校的使命和义务。金字塔是高等职业教育人才培养的基本结构。在中国，这个金字塔人才培养结构的最底层是专科层次高等职业教育，在没有学位教育的情况下仍然能够实现与应用型本科高等职业教育的衔接；应用型本科教育则完全具备了衔接硕士、博士教育的通道。高职院校和应用型本科高校开展学历学位教育，并不是否定职业资历（技术技能证书）教育，而是允许学生在学历学位和学历资历两种学习成果组合方向上有所选择，就是说要推进高等职业教育在最终学习成果的认定方面实现学历学位和学历资历的双轨运行。

（2）高等职业学历资历教育

学历资历教育是高职院校、技师学院、产业学院和职工大学开展高等职业教育的唯一选项，因为目前中国还没有设置专科层次高等职业教育学位。受办学权限的制约，技师学院、产业学院、职工大学等办学单位，大多数还不具有颁发学历证书的资格，但是从事职业资历教育却是专长，有些职业教育办学主体（技师学院、产业学院、职工大学、社区学院）需要与国家开放大学、高等职业院校合作办学才能够举办学历资历教育。严格意义上讲，高等职业教育资历有双重含义：一层含义是教育资历，即副学士学位；另一层含义是职业资历，即各种职业资格证书。2019年出台的《国家职业教育改革实施方案》提出：从2019年开始，"在职业院校、应用型本科高校启动'学历证书＋若干职业技能等级证书'制度试点（以下称1＋X证书制度试点）工作"，"推进资历框架建设，探索实现学历证书和职业技能等级证书互通衔接"，"建立'职教高考'制度，完善'文化素质＋职业技能'的考试招生办法"，"鼓励职业院校学生在获得学历证书的同时，积极取得多类职业技能等级证书，拓展就业创业本领，缓解结构性就业矛盾。院校内实施的职业技能等级证书分为初级、中级、高级，是职业技能水平的凭证，反映职业活动和个人职业生涯发展所需要的综合能力。"①

2. 学历学位教育的微观运行

学历是指人们在教育机构中接受科学文化教育和技能训练的学习经历。根据教育法等法律法规和国家有关规定，学历教育包括小学、初中、高中、专科教育、本科教育、研究生教育等形式。学位证书，又称学位证，是为了证明学生专业知识和技术水平而授予的证书，在我国学位证书授予资格单位为通过教育部认可的高等院校或科学研究机构。目前我国学位分为三类：学士学位，硕士学位，博士学位。其中，学士学位里还包括第二学士学位，统称学士学位。国务院学位委员会、教育部发出《关于印发〈学位证书和学位授予信息管理办法〉的通知》，从2016年1月1日起，颁发给博士、硕士和学士学位获得者的学位证书由各学位授予单位自行设计印制，国务院学位委员会办公室印制的学位证书不再使用。与技师学院、产业学院和职工大学不同，高职院校是经教育行政部门批准，以专业为基本单位组建的教学组织，因此属于学历学位教育的高等教育办学机构，虽然目前高职院校没有学位授予权，但这并不影响实质性的学历学位教育。无论高等职业教育采取怎样的方式进行改革，都无法改变高等职业教育的高等教育属性，只不过是为了实现国家宏观经济（充分就业）目标及其高等教育分类发展战略，在教育资历和职业资历选择双重方向上的资源配置侧重不同罢了。高等职业教育的学历属性，需要具有必要的学制，无论是两年还是三年，这个时间周期都十分短暂，在这样短暂的时间周期内不可能使受教育者成为全才，既掌握了系统的专业知识，又学会了高超的技术技能。即使是教学效果十分了得的高职院校都难以做到，何况现阶段高等职业教育还处在不断改革的探索阶段。高职院校实施学历学位教育或学历资历教育具有共同的就业导向，学历学位教育与学历资历教育侧重有所不同，前者是以高等职业教育资历为主，但后者则是以高等职业资历为主。但是两者的相同之处都是培养职业适应性强、具有自主择业和自我创业意识和能力的社会适应型应用技术、技能人才。高职院校实施学历学位教育

---

① 国务院：《国家职业教育改革实施方案》，2019年2月13日，中华人民共和国中央人民政府网站，http://www.gov.cn/xinwen/content_5365377.htm。

同样需要创新发展，这个创新发展的路径同样与国家为高等职业教育制定的战略高度吻合，这是因为在《国家职业教育改革实施方案》中能够找到高职院校实施学历学位教育和学历资历教育双轨运行的双重依据。依据《国家职业教育改革实施方案》，高职院校践行学历学位教育的路径选择是：

（1）开展本科层次职业教育试点；

（2）推动具备条件的普通本科高校向应用型转变，鼓励有条件的普通高校开办应用技术类型专业或课程；

（3）制定中国技能大赛、全国职业院校技能大赛、世界技能大赛获奖选手等免试入学政策，探索长学制培养高端技术技能人才；

（4）发展以职业需求为导向、以实践能力培养为重点、以产学研用结合为途径的专业学位研究生培养模式，加强专业学位硕士研究生培养。

3. 学历资历教育的微观运行

《国家职业教育改革实施方案》是高等职业教育可持续发展的纲领性文件，"学历＋职业资历"的改革模式是这份纲领性文件的精髓。推进"学历＋职业资历"模式的高等职业教育改革，不仅需要提升高等职业教育的硬实力和软实力，也需要改革不适应高等职业教育深化改革的体制机制。有国家巨大的财政投入和政策支持，再加上产教融合的教育资源整合，提升高等职业教育的硬实力是比较容易解决的问题。提升高等职业教育的软实力，有《国家职业教育改革实施方案》引领，运作起来也不需要太久的时间周期。然而要改革不适应高等职业教育"学历＋职业资历"改革的体制机制，却是一个比较棘手的难点问题。这个难点问题，难就难在高等职业教育时间周期短（专科高等职业教育为两到三年，应用型本科高等职业教育为四年）和应用技术技能培养时间周期长的矛盾。因此，破解这一对矛盾是高等职业教育"学历＋职业资历"改革所面临的瓶颈问题。在《国家职业教育改革实施方案》中有这样三个最为关键的信号，第一个信号是高等职业教育需要"探索长学制培养高端技术技能人才，"[①] 第二

[①] 国务院：《国家职业教育改革实施方案》，2019年2月13日，中华人民共和国中央人民政府网站，http://www.gov.cn/xinwen/content_5365377.htm。

个信号是"加快推进职业教育国家'学分银行'建设①,"第三个信号是"加强社区教育和终身学习服务②"。有了这样的政策导向,高等职业教育"学历+职业资历"的教育体制和运行机制改革就有了政策支撑和改革方向。学历资历教育的微观运行可以选择以下几种改革思路。

(1) 弹性学制的终身职业教育体制机制

加快推进国家学分银行建设的前提条件是弹性学制下的弹性学分制度,而弹性学分制度不仅是高等职业终身教育的必要条件,也是实现从业者职业资历可持续提升和发展的必要前提。采取弹性学制下的弹性学分制度可以破解学习者学习和就业之间的矛盾,取得"高学历+高职业资历"的矛盾,还可以解决学习者终身接受职业教育的终身学习问题。

(2) 长学制的半工半读体制机制

长学制的半工半读体制机制,是指高职院校和应用型本科高校采取产教融合或者与产业学院联合办学形式,实行半工半读体制机制的高等职业教育学徒制改革。因为是半工半读,所以学制的周期能够有规律地延长。这种改革模式适用于在国家垄断企业中推进和实施。

(3) 跨层次连读的体制机制

跨层次连读的体制机制,是指高职院校与中等职业学校之间,应用型本科高校与高职院校之间的联合办学。这样运行的体制机制,不仅能够推进高等职业教育招生制度改革,也有利于高等职业教育体系的协调发展。高职院校与中等职业学校之间的联合办学,对优化地方人力资源结构具有重要作用,对高等职业教育服务下沉(服务县域经济、乡镇经济和村屯经济)具有好处。应用型本科高校与高职院校之间的联合办学,对于高职院校和应用型本科高校规模发展都有益处,特别是对普通高等学校向应用型本科高校转型具有特殊的价值和

---

① 国务院:《国家职业教育改革实施方案》,2019年2月13日,中华人民共和国中央人民政府网站,http://www.gov.cn/xinwen/content_5365377.htm。

② 国务院:《国家职业教育改革实施方案》,2019年2月13日,中华人民共和国中央人民政府网站,http://www.gov.cn/xinwen/content_5365377.htm。

作用。

三 双高架构的高等职业教育双轨运行

双高架构,是指高等职业教育金字塔型教育资历和职业资历架构。双高架构高等职业教育双轨运行,是指高等教育分类发展进程中,高等职业教育类型的分类发展。

1. 双高架构高等职业教育的内涵

关于高等职业教育内涵,一直是学术界争论不休的问题。但是能够取得共识的是,高等职业教育建立在中等职业教育的基础之上,高等职业教育的人才培养目标是较高层次应用型技术、技能人才。如果站位于高等教育体系和终身职业教育的视角来看高等职业教育,那么高等职业教育一定是具有教育资历和职业资历的双高属性。

(1) 高等职业资历教育与中等职业资历教育的比较。高等职业教育和中等职业教育处于同一教育体系。初等职业教育是初中后教育,学制一般三年。初等职业教育践行"学历文凭教育+岗位技能培训"的教学模式,行业企业可以举办初等职业学校,社会培训机构也可以开展初等职业培训。初等职业教育可招收具有初中同等学力学生,可以采取注册入学的招生制度。高等职业教育是高中后教育,一般学制也是三年,也有部分高职院校招收二年学制学生。高等职业教育实行国家高考招生的政策,也具有学校单独招生的权力,目前还没有采用注册入学的招生办法。从职业教育的视角来看,目前初等职业教育和高等职业教育对职业资历及其等级都没有硬性要求,一些高职院校开展的职业资历教育层次还处于初等水平(学生参加初级职业资格培训及相应考试),没有显现出高等职业教育的基本特色。2019年出台的《国家职业教育改革实施方案》对高等职业教育改革作出了新的部署,要求高职院校要"深化复合型技术技能人才培养培训模式改革,借鉴国际职业教育培训普遍做法,制定工作方案和具体管理办法,启动"1+X"证书制度试点工作。试点工作要进一步发挥好学历证书作用,夯实学生可持续发展基础,鼓励职业院校学生在获得学历证书的同时,积极取得多类职业技能等级证书,拓展就业创业本领,缓解结构性就业矛盾"。① 但对于 X 的层次和等级要求仍然没有作出明确的规定。但是,这一新的部署向全社会发出了一个信号:高等职业教育开始由学历教育向职业资历教育转型,由初等职业资历教育向高等职业资历教育过渡。

(2) 高等职业教育的高等教育定位。国家实施高等教育分类发展战略,即将高等教育分为普通型和应用型,应用型是国家对高等职业教育的高等教育定位。在这样的定位下,高等职业教育开始启动"1+X"证书制度试点工作,开始践行企业主导的高等职业教育转型,开始重视较高层次的职业资历教育。

2. 高学历架构高等职业教育微观运行

理想状态下,高等职业教育的学历架构包括副学士、学士、硕士和博士四个层次,这是高等教育分类发展战略下实现普通高等教育和高等职业教育均衡发展的策略选择,否则就是不完全的高等职业教育,或者是不彻底的高等职业教育。高等职业教育架构建设的依据是应用型教育,那么专科层次高等职业教育是技能应用型,本科高等职业教育是技术应用型,硕士研究生高等职业教育是工程(专业)应用型,博士研究生高等职业教育是国家创造应用型,反正都能找到与普通高等教育资历架构一一对应的关系。然而,由于自 20 世纪 90 年代以来高等教育(包括高等职业教育)发展过于迅速,无论从专、本、硕、博哪个层面,规模扩张速度早已超越了高等教育生产力的承受能力,再加上新兴产业、国家制造、数字革命的浪潮一浪高过一浪,进一步加剧了高等教育、特别是硕、博层次的高等教育面前严峻的挑战和危机,客观地造成目前高层次高等教育资源的严重短缺。在这样的背景下,能不能推进博士研究生层面高等教育的分类发展,还没有摆在国家教育行政部门的面前。因此,高学历架构高等职业教育微观运行只能暂时锁定在专业学位研究生层面。根据高等职业教育的国家导向,高学历架构高等职业教

---

① 国务院:《国家职业教育改革实施方案》,2019 年 2 月 13 日,中华人民共和国中央人民政府网站,http://www.gov.cn/xinwen/content_5365377.htm.

育微观运行的可选择路径包括以下几点。

（1）扩大硕士研究生招生和专升本规模。2020年2月25日召开的国务院常务会议指出，扩大硕士研究生招生和专升本规模，随后全国许多省市相继调整招生计划，2020年度全国研究生和专升本招生规模因此上升了一个新的台阶。

（2）开展对专业硕士研究生的联合培养。以项目为导向，开展纵向衔接与横向联合的专业学位研究生培养。以项目为导向，即以应用型本科高校（包括普通高校）产教融合的横向科技项目、技术创新项目、创新创业项目为导向；纵向衔接，即应用型本科高校与高职院校纵向衔接，充分利用高职院校高层次教师资源和实训教学资源，推进专业学位硕士研究生教学质量的提高；横向联合，即通过校企深度合作实现以企业创新项目为导向的专业硕士学位研究生培养。

（3）探索专业学位硕、博连读教育体制。目前专业学位研究生招生规模已经与学术型研究生招生规模基本持平，在有条件的普通高校设立专业学位硕、博连读研究生项目，开展博士层次专业学位研究教育的条件已经成熟。探索专业学位硕、博连读的高等职业教育体制，需要普通高等学校、科研院所、国内高端产业（包括国家大型垄断企业和规模型民营企业）的通力合作，不仅是专家资源的合作，也包括先进科学技术、高端装备和实验室资源的通力合作。

3. 高资历架构高等职业教育微观运行

这里所说的高资历架构有两层含义，第一层含义是指非学历教育学位，包括学士、硕士、博士；第二层含义是指职业资历，即高层次职业资格。

（1）高教育资历高等职业教育。相对于高等职业教育来讲，所谓高教育资历是指副学士、学士和硕士。由于目前国家对高等职业教育没有提及博士教育，因此专业硕士是高等职业教育资历的最高层次。在没有副学士学位的情况下，一些高职院校（包括民办高职院校）在人才培养方案设计中取消了毕业设计（毕业论文），在基础课考核的要求上也降低了标准，比如将数学课程由考试课改为考查课。如果仅仅从高技能人才培养的定位上来看这样做似乎无可厚非，但是如果从学生将来技术、技能发展的角度来分析这件事，就会出现一定的问题。高等职业教育已经不是"断头"教育，高职院校有必要思考教育衔接和学生专升本的自然需求，尽管这部分学生数量不大，但无论从高等职业教育发展还是从教育本性来看，都应该满足每一个受教育者的正当需求。开设必要的基础理论课程，开设一点有针对性的学术课程和学术讲座，不仅是必要的，而且是必需的。不然的话，一旦国家设置了高等职业教育学位，那么降低基础理论和学术修养要求的代价就不是简简单单的教育质量问题，而是涉及中国高等职业教育的纵向发展、涉及与国际高等教育接轨，涉及一代人的职业发展潜能。专科层次高等职业教育如此，本科和专业学位研究生教育更不能忽视对受教育者专业基础教育、学术教育和毕业环节学术训练的作用，不能忽视受教育者日后自我提升和职业技术发展的这一潜在问题。

（2）高职业资历高等职业教育。职业资历就是职业资格，高职业资历教育就是职业资格教育。从 2019 年开始，在职业院校、应用型本科高校启动以下称"1 + X"证书制度试点工作，就是高等职业教育践行职业资历教育的一个新的开端。应当说对于高职院校、特别是应用型本科高校开展职业资历教育是教育运行的短板，因为大多数职业资历标准来自企业，大多数职业资格评价的权力在国家劳动和社会保障部门。因此要采取产教融合、校企合作的办法，要采取配置和利用社会职业培训资源的办法。到 2022 年，国家将培育数以万计的产教融合型企业，打造一批优秀职业教育培训评价组织，推动建设 300 个具有辐射引领作用的高水平专业化产教融合实训基地。职业院校实践性教学课时原则上占总课时一半以上，顶岗实习时间一般为 6 个月。"双师型"教师（同时具备理论教学和实践教学能力的教师）占专业课教师总数超过一半，分专业建设一批国家级职业教育教师教学创新团队[1]。这是高等职业资历教育的重要契机，然而远水还是解不了近渴。因此，高职院校和应用型本科高校现在就要积极行动起来。要根据《国家职业教育改革实施方案》要求，首先解决高职院校存量职业资历教育资产问题，就是通过产权运作使那些躺在校园"睡大

---

[1] 国务院：《国家职业教育改革实施方案》，2019 年 2 月 13 日，中华人民共和国中央人民政府网站，http://www.gov.cn/xinwen/content_5365377.htm。

觉"机器和设备动起来。其次要解决学生选择职业资历课程难的问题，要通过对校外教育资源的整合推进职业资历教育，通过学分积累的办法满足受教育者的个性需求，通过学分认定和转换将学生自主学习取得的职业资历（若干职业技能等级证书）记入学籍档案。

第二节　高等职业教育资历架构下的产业循环

高等职业教育是一个由教育行政部门、地方政府、高等职业教育机构（高职院校、技师学院、应用型本科高校、行业企业、社会培训机构）共同参与的复杂系统。在这个复杂系统中，高等职业教育主体通过利用学校的办学环境、办学条件和办学资源向学习者提供高等职业教育资历和职业资历，因而构成了由高等职业教育办学机构和学习者组成的基于教育资历和职业资历的卖方和买方市场。高等职业教育是国民经济运行的产业分支，如果将这个产业分支的卖方市场主体（高等职业教育办学机构）比作"厂商"，"厂商"向社会提供的学历教育和非学历教育成果比作"商品"；将这个买方市场主体（学习者）比做"消费者"，"消费者"通过学习过程取得的学习成果比作"货币"；将厂商可配置的教学资源比作"资本"；将"消费者"在"厂商"取得"货币"存放的"银行"叫"学分银行"。那么在高等职业教育系统中，由"厂商""消费者""资本""货币"和"学分银行"系统构成了一个由高等职业教育资历架构为核心枢纽的产业循环模型。这个产业循环模型将揭示出基于高等职业教育"学分银行"框架下，高等职业教育的产业循环。

一　高等职业教育产业循环的"市场""厂商"与"商品"

1. 高等职业教育产业循环的"商品市场"

任何情况下商品市场都是由卖方市场和买方市场构成，在商品市场中供给和需求均衡时的状态是比较少见的。一般情况下不是供给大于需求，就是就是需求大于供给，经济学家把供给大于需求的市场模型叫作买方市场，把需求大于供给的市场模型叫作卖方市场。高等职业教育产业循环的"商品市场"，是指由高等职业教育主体和学习者之间构成的以学习成果为交易对象的高等职业教育市场。这个"商品市场"具有以下基本特征。

（1）高等职业教育产业循环的"商品市场"是卖方市场。高等职业教育产业循环"商品市场"的卖方是一个巨大的垄断集团，在"商品项目"（即学习成果项目：学历、学位、职业资格证书等）研发和生产决策中，生产什么、为什么生产和怎样生产的问题与"厂商"和"消费者"没有直接的关联，这些问题往往都是由国家教育行政部门导向和把关。在这个市场中有些商品生产需要国家立法，"厂商"和"消费者"都没有被赋予国家法律框架下的基本权利，比如副学士学位的"商品生产"。在这个"商品市场"中，"厂商"生产的产品一般面对群体"消费者"，这个群体大到学科和专业、小到班级，要满足"消费者"的个性需求，在较短时间周期内还有相当大的困难。

（2）高等职业教育产业循环的"商品市场"商品短缺。商品市场繁荣的基本条件，第一是具有琳琅满目的商品，第二是有巨大的市场需求，第三有足够的购买欲望，第四是有极大的购买力。但是从高等职业教育产业循环的"商品市场"来看，却是不缺后三者只缺前者。在这个"商品市场"中目前仅有的"商品"有：高职院校颁发的三年学制（少数高职院校颁发二年学制）毕业证书，应用型本科高校颁发的本科学历学位证书，普通高校颁发的专业硕士学历学位证书。虽然有部分高职院校能够在校取得相应的职业资格证书，但大都与高职院校或应用型本科高校的学科（专业）教育没有太大的关联。根据2019《国家职业教育改革实施方案》，到2022年高等职业教育"商品市场"的这块短板将会被补齐。

（3）高等职业教育产业循环的"商品市场"潜力巨大。高等职业教育产业循环的"商品市场"潜力，是指高等职业教育主体学习者对学习成果的购买能力。这个购买能力有三层含义：第一层含义是指高等职业教育学习者的数量，第二层含义是指高等职业教育学习者对各类学习成果的需求，第三层含义是指高等职业教育学习者对学习成果的购买欲望。由于2020年全球范围的新冠肺炎疫情导致的世界经济危机，客观地影响着中国经济发展增速、产业结构和社会失业率。在这样的背景下，中国高等职业教育学习者数量会因疫情而扩大；需求也会因疫情而显现出个性化发展的态势；学习者因就业、择业和创业需求的变化，对这个"商品市场"中"厂商""产品"创新的需求，将会被这次疫情的激发而迅速膨胀。

2. 高等职业教育产业循环的"厂商"集团

高等职业教育产业循环的"厂商"集团，是指由行业企业共同参与的社会化、混合所有制的高等职业教育集团。根据《国家职业教育改革实施方案》，2020—2030年这10年期间，高等职业教育体制将发生由政府主办向政府统筹管理、社会多元办学的格局转变，高等职业教育参照普通高等教育办学模式向企业社会参与、专业特色鲜明的类型教育转变。这两个转变意味着高等职业教育产业将发生重大的结构性调整，将实现由目前政府主导的办学格局向产业主导的办学格局转变，高等职业教育体制改革的僵局将要被打破，多元化发展和混合所有制的高等职业教育产业发展态势将浮出水面。根据高等职业教育国家发展战略，高等职业教育产业循环的"厂商"集团有三种基本形式。

（1）企业集团主办的产业大学。根据《中华人民共和国职业教育法》第二十一条之规定："国家鼓励事业组织、社会团体、其他社会组织及公民个人按照国家有关规定举办职业学校、职业培训机构。境外的组织和个人在中国境内举办职业学校、职业培训机构的办法，由国务院规定。"企业集团（包括国家垄断企业和特大型民营企业）有举办高等职业教育的基本权益。在以往的社会实践中，民办企业举办独立学院和高职院校已经取得了一定的成效，然而办学形式和办学模式，基本与政府举办的高等职业教育相同。因此，在未来五到十年内，企业集团主办的产业大学将会出现新的内涵。第一，是办学体制的变化。将出现产业大学—产业学院—产业项目—"工作过程+网络学院（包括开放大学）"—学术专题—创新创业双轨运行的办学体制。第二，受教育者学业成果的转变。即由目前高职院校只颁发毕业证书，向产业大学颁发"学历+学位""学历+职业资历"，由学习者双向选择的市场导向转变。第三，受教育群体和学制的变化。即由全日制在校学生学年制度为主转向面对社会所有公众的弹性学习制度。

（2）企业主导下的"厂商"集团。与企业集团主办产业大学的体制机制不同，企业主导下的"厂商"集团是指"企业+高职院校

+社会职业教育机构（包括开放大学和社会培训机构）"共同参与的混合所有制高等职业教育办学组织。这个办学组织的办学资本由企业承担，高职院校和社会培训机构提供师资、课程和仿真实训资源，主要办学模式采取"'现代学徒制工厂'+技能大师工作室+开放数字课程+工作项目"。

（3）高校主导下的"厂商"集团。高校主导下的"厂商"集团，是目前高等职业教育主体（高职院校、应用型本科高校）办学体制变革的产物，即通过与行业企业和其他高等职业教育办学机构（包括科研院所和社会培训机构）的教育资源重组后建立的现代高等职业教育企业。这样的"厂商"集团"实践性教学课时占总课时一半以上，顶岗实习时间一般为6个月。'双师型'教师（同时具备理论教学和实践教学能力的教师）占专业课教师总数超过一半"[1]，国家级职业教育教师教学创新团队建设将得到加速发展。这样的"厂商"集团将不再有高等教育行政化的痕迹，教师专业技术职务终身制现状也将被打破，教育教学的核心竞争力将大幅度提升，教育教学效果也将得到明显的改善。

3. 高等职业教育产业循环的"商品"生产

高等职业教育产业循环所形成的"商品"，是指高等职业教育主体向社会提供的学历教育和非学历教育成果，具体地说就是学历、学位和职业资历（资格）；高等职业教育产业循环的"商品"生产，是指高等职业教育的微观运行。随着高等职业教育体制的深化改革，高等职业教育产业将出现分工协作的运行模式，高等职业教育"商品"也将凸显分类生产、专业化生产的格局。从这个角度来看，未来高等职业教育的"商品"生产将由多元主体、混合所有制下的"厂商"集团分类运行。

（1）高等职业教育学历学位"商品"的生产。从学历教育的角度讲，学历学位是高等职业教育的最终成果并且不可分割。高等职业院校学习者如果只取得学历而没有取得学位，则被视为学业不合格，不具有

---

[1] 国务院：《国家职业教育改革实施方案》，2019年2月13日，中华人民共和国中央人民政府网站，http://www.gov.cn/xinwen/content_5365377.htm。

参加上一层次高等学校考试的资格。高等职业院校学生在校期间可以攻读第二学位，但这个第二学位与学历层次无关。因此，具备生产高等职业教育学历学位资格的生产"厂商"只有高职院校、应用型本科高校和普通高等学校。高职院校是专科层次高等职业教育学历学位"商品"的生产"厂商"；应用型本科高校是本科层次高等职业教育学历学位"商品"的生产"厂商"；普通高等学校和一部分应用型本科高校是硕士层次高等职业教育学历学位"商品"的生产"厂商"。

（2）非学历高等职业教育学位"商品"的生产。从非学历教育的角度讲，高等学校可以举办非学历学位教育，这个非学历学位教育既可属于对在校学生实施第二学位教育，也可属于对非本校在职人员开展的继续教育。与学历学位教育和职业资历教育一样，高等职业院校开展非学历学位教育具有特殊的重要价值和意义。首先，对于专科层次全日制高等职业教育来说，如果开展（副学士）学位教育，无疑会提升学习者的综合素质，有利于学习者在"学历+学位""学历+职业资历"的方向上双向选择；其次，由于学位教育也属于非学历教育类型，因此对于企业主导的高等职业教育来说，有利于改革和创新办学模式，提升高等职业教育的办学质量和水平。因而，非学历高等职业教育学位"商品"生产的主体包括高等职业教育"厂商"集团的所有办学单位。

（3）高等职业资历"商品"的生产。高等职业资历"商品"，是指职业技能证书和职业资格证书。高等职业资历"商品"有两个类型，一个类型属于技术教育类型，一个类型属于专业知识教育类型。技术教育类型的高等职业资历"商品"有"初级工职业资格证书""中级工职业资格证书""高级工职业资格证书"；专业知识教育类型的高等职业资历"商品"，包括准入类和水平评价类职业资格证书。技术教育类型高等职业资历"商品"的生产必须在行业企业中进行，因为只有行业企业才具有技术认定资格标准和各类技术工种等级的认定权限。准入类和水平评价类职业资格"商品"生产，应在高等职业院校和相关行业企业机构的协同下展开，例如"注册会计师"职业资格"商品"的生产，最好是在普通高校相关学科和地方会计师事务所的合作下协同展开。

二 高等职业教育资本市场的微观运行

1. 高等职业教育资本的内涵

高等职业教育资本，是指全社会可配置和利用的高等职业教育资源，根据《中华人民共和国职业教育法》和《国家职业教育改革实施方案（2019）》，高等职业教育资本涵盖高等职业教育主体、国家垄断企业和民营企业的教育资源以及其他社会资本。高等职业教育资本包括有形资本和无形资本。

（1）高等职业教育有形"资本"和无形"资本"。高等职业教育有形资本，是指以实物形态存在的高等职业教育资源，一些有型的高等职业教育资本不需要转化就可以直接利用，例如高职院校的整体或一部分教育资源（实训基地、实训机器设备），这样的资本叫作显在高等职业教育资本，还有一些高等职业教育资本不能直接利用，例如一些老工业基地的生产车间，本身不能直接用于高等职业教育教学活动，但是经过改造能够转化成高等职业教育实践教学基地，或能够直接从事以市场为导向的高等职业教育生产活动，这样的资本叫作潜在高等职业教育资本。高等职业教育无形资本，是指以非实物形式存在的高等职业教育资本。例如企业知名度，如：华为、阿里巴巴；学校知名度，如：深圳职业技术学院、长春职业技术学院、天津中德应用技术大学；学校声誉，如"双高"建设项目高等职业教育单位。

（2）高等职业教育的买方资本。高等职业教育的买方资本，是指具有举办高等职业教育资格的企事业单位用于购买高等职业教育资源的资本，高等职业教育企事业单位包括各类企业和高等职业教育主体。高等职业教育买方资本有以下几种基本形式：首先，货币资本。这些货币资本一部分来自国内外金融机构，一部分来自政府部门，一部分来自高职院校，还有一部分来自行业企业。第二，物质资本。这些物质资本由土地、厂房、机器设备、教学场所等有形教育资源组成。高等职业教育买方利用物质资本进行的产权运作，往往是作为固定资本投入混合所有制高等职业教育主体的产权运作。第三，非物质资本。非物质资本是指以非物质形态存在的高等职业教育资本。比如，在高等职业教育产权运作时，高职院校（包括民办高职院校）

的招生指标、在校生人数等就属于这种非物质资本。

（3）高等职业教育的卖方资本。高等职业教育的卖方资本，是指高等职业教育卖方现存的物质资本和非物质资本。高等职业教育卖方包括行业企业、高职院校、社会培训机构及其事业单位，从事高等职业教育卖方资本的产权单位，必须具有对自身财产的处置权，否则不具有买卖高等职业教育任何资源的权力。例如，国家举办的高职院校，高职院校法人没有对自身任何财产的处置权力，这个权力在国家。

2. 体制改革与高等职业教育"资本"市场形成

高等职业教育"资本"市场运营的标志是全国第一所民办高校的产生，从时间上能追溯到20世纪80年代后期。1987年，全国第一所具有颁发国家本科学历证书和授予学士学位资格的私立仰恩大学成立①。截至2019年，全国已有民办高校750所（含独立学院265所，成人高校1所），普通本专科招生183.94万人，在校生649.60万人，硕士研究生招生735人，在学1490人②。2019年《国家职业教育改革实施方案》明确了公办高职院校经过5—10年时间改制的国家战略，预示着在未来5—10年公办高职院校办学体制由国家独资向社会多元产权的办学格局转变。

（1）高等职业教育买方资本市场的形成。高等职业教育买方"资本"市场形成的动力源泉，是举办高等职业教育的经济利益和社会利益。目前，从全国750所民办高校幕后只能看到高等职业教育买方"资本"市场的一角，更大的高等职业教育买方"资本"利益集团还没有真正浮出水面。从市场规则来看，只有民办高职院校产权明晰并能够买卖并不等于高等职业教育"资本"市场的形成，高等职业教育买方"资本"市场形成的充分必要条件是国家不再独家掌控高等职业院校全部资本的所有权。

（2）高等职业教育卖方"资本"市场的形成。高等职业教育资本最大的所有者是国家，仅仅有一小部分属于民营高等职业院校。高

---

① 《学校概况》，仰恩大学官网，http：//web. yeu. edu. cn/xuexiaogaikuang/index. html。
② 《2019年我国民办高校已有750所》，https：//kuaibao. qq. com/s/20190916A0QPFX00？ refer＝spider。

等职业教育卖方"资本"市场能否形成的关键，是国有资本能不能转让，如果说不能转让，那么政府关于高等职业教育社会化发展和建立高等职业教育混合所有制战略就是空中楼阁，人们都会相信事情的发展不会是这样。高等职业教育卖方"资本"市场形成的契机，是高职院校、应用型本科高校开始真正推进产教融合的深化改革，国家给出的时间表的这个时点坐标不能晚于2022年。

（3）高等职业教育"资本"市场的形成。产教融合是高等职业教育"资本"市场形成的重要标志，在产教融合的产权重组过程中，无论"买方"还是"卖方"都有可能出让或买入对方的全部产权或部分产权，任何高等职业教育主体都可能充当买方或者卖方的角色。高等职业教育资本市场形成之时，即高等职业教育真正开始践行社会化发展之时；高等职业教育"资本"市场形成之时，即高等职业教育混合所有制改革进行之时。

3. 高等职业教育"资本"市场的产教融合

在目前状况下，高等职业教育"资本"市场只有极少部分高等职业教育主体（公办高职院校、技师学院、应用型本科高校、民办高职院校、民办独立学院）能够出让整体产权，这是因为目前高等职业教育运营的成本还比较低，无论公办还是民办，从事高等职业教育能够得到的平均收益大于社会生产企业。在国家不断提升高等职业教育办学要求的态势下，从事高等职业教育的成本必然会上升，如果《国家职业教育改革实施方案》能够在短期（3—5年）奏效，哪怕只有国家"双高"高等职业教育项目取得阶段性成果，整个社会高等职业教育成本必将被拉升，到那个时候高等职业教育资本市场就会活跃起来。

（1）高等职业教育买方"资本"运作的产教融合。高等职业教育买方"资本"市场运行主体有以下几种情况：第一种情况是高等职业教育投资集团整体购买高等职业院校。只要卖方愿意，无论什么体制、什么规模的高等职业院校都有人出钱要买，因为目前运营高等职业教育风险小且经营的难度也不算大。第二种情况是让小利而办大事，《国家职业教育改革实施方案》就有这一层含义。应当说这是一件大好事也是一件比较难办的事，因为即使国家允许高等职业院校出让部分国有资产进行校企合作，只要企业得到的这部分国有资产不能够从事盈利性社会生产活动，那么就没有多少企业愿意与高职院校进行混合所有制改造。第三种情况是进行产、教、研一体化的资本运作，这种做法是买方的出发点，是实现产业与教育、学校与企业的共赢。如果买方是高职院校，那么无论是整体购买一个企业还是购买了企业的一部分，都有利于盘活企业的闲置资产，推进高职院校和企业在产、教、研三个方向上实现共赢，而且还有利于高职院校现代学徒制、技能大师工作室、创新创业教育等一系列深化改革的举措。

（2）高等职业教育卖方"资本"运作的产教融合

高等职业教育卖方"资本"市场运行主体有以下两种情况：第一种情况是因学校办学体制出现状况，被教育部门缩减招生指标，导致学校连年亏损的被动买卖行为。例如×××大学××学院，是××大学、××市政府和×××企业合作举办的高等职业教育机构，在办学期间由于利益分配、学校后续投资以及毕业生学历学位发放等问题被有关教育部门限制招生，几年后学校倒闭。在××市政府的协调下，通过公开招投标的形式将学校改制并整体出卖。第二种情况是高等职业教育主体出让部分产权与相关企业主动置换教育资源的产权转让行为。这种产权转让的目的是实现产教融合，转让目标是实现学校和企业发展的双赢。

三　高等职业教育产业循环的"货币"市场

如果将高等职业教育学习成果比作学习者可以在"学分银行"存储和汇兑的"货币"，那么高等职业教育产业循环的重要节点就是"货币"和"学分银行"，重要部门包括资本市场、家庭部门、高职院校、产业大学、应用型本科高校和人力资源市场。

1. 高等职业教育产业循环的"货币市场"

高等职业教育产业循环的"货币市场"，是指高等职业教育"学分银行"。在高等职业教育"学分银行"，学习者可以实现学习成果"货币"的存储和汇兑。高等职业教育"学分银行"的服务对象包括高等职业教育机构和学习者个人"储户"。

（1）高等职业教育"学分银行"的对公服务

高等职业教育"学分银行"对公服务的范围，包括高职院校、应用型本科高校、技师学院和职业教育培训机构，中等职业学校也是其服务的主要对象。高等职业教育"学分银行"为高等职业教育机构提供的服务产品有：政策类产品，即国务院、教育部、地方政府和人社部门关于高等职业教育"学分银行"的政策性文件和文献，关于高等职业教育学分积累与转换的相关规定，关于高等职业教育主体之间课程学分转换的相关政策和标准等。服务类产品，即为各高等职业教育主体提供"学分银行"系统内的相关服务，比如"学分银行"系统内各高等职业教育主体交换生学分项目的情况通报，"学分银行"系统内各高等职业教育实训学分项目等。

（2）高等职业教育"学分银行"个人"储户"业务

高等职业教育"学分银行"个人"储户"，包括高等职业教育机构的全日制在校大学生，非学历教育学习者和社会在职和非在职人员。高等职业教育"学分银行"个人"储户"业务，主要包括咨询类业务、链接类业务和服务类业务。咨询类业务主要有：政策咨询业务，主要通过咨询窗口人机对话与学习者当面沟通，使学习者了解"学分银行"的具体业务及业务流程，为学习者解答"学分银行"系统"货币"、"存储"、"兑换"、积累和"变现"（学分兑换相应职业资格证书）的相关问题。链接类产品，即为学习者提供高等教育机构、高等职业教育机构的链接，帮助学习者"储户"选择主考院校、相关课程、学分积累和转换规则等。除此之外，还为学习者提供人力资源和社会保障部门的相关链接，为学习者求职提供咨询服务。服务业务，主要通过"学分银行"计算机数字服务系统完成，即由学习者在"学分银行"建立个人"学分账户"，通过"学分银行"自动识别系统存储学习成果"货币"，实现在相应高等职业教育主体"学分银行"的学分转换。

（3）高等职业教育"学分银行""货币""汇兑"业务

高等职业教育"学分银行""货币""汇兑"业务，是指"学分银行"平台为学习者提供的学习成果兑换相应教育资历和职业资历业务。在高等职业教育"学分银行"系统，上至国家教育行政部门、国家人力资源和社会保障部门，下至不同类型和层次的高等职业教育主体，形成互联互通的巨大网络系统，这个巨大的系统平台使学习者能够在自己选定的任何一所高职院校"学分银行"进行学习成果"货币"的相应运作，进而实现学习者的学习目标。

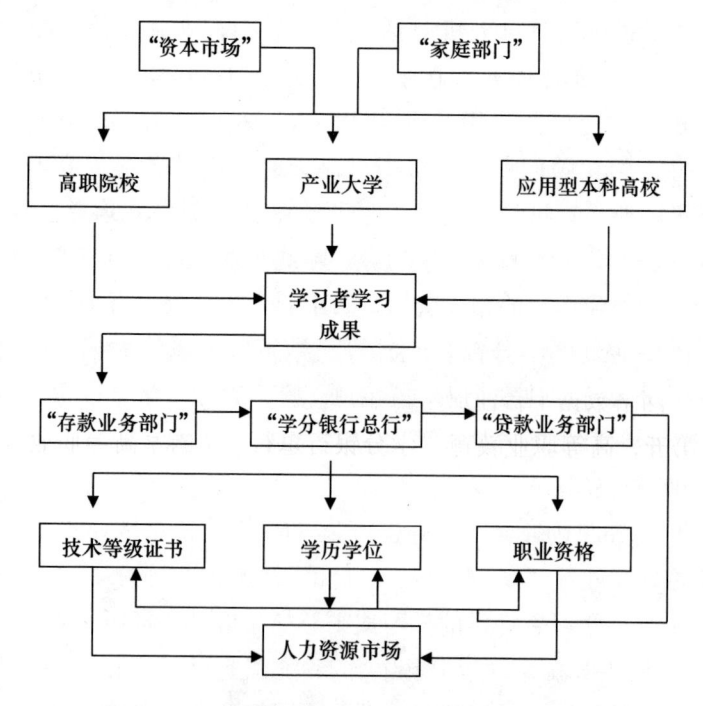

2. 高等职业教育"货币市场"的理论模型

高等职业教育"货币市场"理论模型设计，需要解决两个系统循环问题。第一个循环是高等职业教育主体与学习者之间的教育循环；第二个循环是"货币市场"（学分银行）与"货币"（学习成果）流通的高等职业教育产业循环。高等职业教育"货币市场"的双重循环，需要引入的两个主要部门：其一是高等职业教育"资本市场"；其二是"家庭部门"。高等职业教育"货币市场"理论模型设计，还需要解决两个纵向衔接问题：其一是"厂商"（高等职业教育主体）与生产的"产品"（学习成果"货币"）的纵向衔接；其二是"货币市场"（"学分银行"）与学习者最终"货币汇兑"（职业资历证书）的纵向衔接。高等职业教育"货币市场"的理论模型如图7-1所示。

图7-1 高等职业教育"货币市场"的理论模型

3. 高等职业教育"货币市场"的传导机制

根据高等职业教育"货币市场"理论模型，高等职业教育"货币市场"的传导机制为以下几点。

第一，高等职业教育主体（高职院校、技师学院、应用型本科高校、产业大学、职工大学等）通过高等职业教育资源市场（即"资本市场"）进行混合所有制体制整合，在整合过程中形成产教融合、校企合作、工学结合的高等职业教育生产方式。通过这样的产权运作，任何一所高职院校的教育生产力都得到了极大的改善，教育生产方式都得到了相对的优化。

第二，"家庭部门"成员（在高等职业院校就读在校学生、家庭职业工作者、未就业家庭成员）为了满足求学、求职、职业晋升、创新创业等不同需求，一部分选择高等职业教育机构参加职业技术或职业技能学习。一部分通过国家开放大学、国家高等职业教育培训中心或网络学习资源进行自主学习。

第三，学习者通过各种形式学习和技术技能培训取得学习成果，这些学习成果包括：在高等职业教育机构取得的劳动课程学分、团学活动学分、创新创业学分、理论课程和实践课程学分；在国家高等职业教育培训中心取得的职业资历（技工等级证书）学分；在参加高等职业教育机构现代学徒制项目、技能大师工作室项目取得的学分；通过线上学习或参加国家开放大学学习取得的学分；学习者通过参加社会职业培训机构取得的各种证书等。

第四，学习者咨询高等职业教育"学分银行"业务，在"学分银行"网络数据平台注册学习账户。

第五，高等职业教育"学分银行总行"（国家高等职业教育学分银行）为学习者提供学习成果转换业务，这个转换业务的实现平台，是"学分银行总行"与系统内高等教育机构（包括高等职业教育机构）的数据平台链接。

第六，当学习者学习成果（"学分货币"）积累到足以兑换高等职业教育学历、学位、职业资历的学分总量后，"学分银行总行"的评估机构为学习者提供评估并出具相关凭证，学习者凭借相关凭证到高等教育机构、国家职业技能培训或鉴定中心兑换相应的学历、学位或职业资历证书。

第七，高等职业教育"学分银行"暂不开展学分（"货币"）贷款业务。

第八，学习者取得最终教育资历或职业资历后，在人力资源市场求职或自主择业或创业。

第三节 高等职业教育学分银行的跨界运营

高等职业教育学分银行具有教育事业和经营性企业的两面属性。从服务高等职业教育发展的角度看，高等职业教育学分银行属于高等职业教育的事业机构；从高等职业教育市场健康发展的角度来看，高等职业教育学分银行是高等职业教育的中介组织。如果站位于世界高等教育协调发展的视角，高等职业教育学分银行应当具有市场化运行的企业属性，应当具有跨（教育）界运行，为整个社会提供优质服务和推进高等职业教育国际化发展的职责和使命。

一 高等职业教育学分银行的跨界业务

高等职业教育学分银行的服务对象，是高等职业教育主体内的学习者和整个社会的劳动者群体。因此，高等职业教育学分银行的服务是跨界服务，高等职业教育学分银行的业务发展、项目展开和运行机制的设计都应该本着这一基本原则。

1. 高等职业教育学分银行跨界运营的假定前提

高等职业教育学分银行跨界运营需要具备三个假定前提，其一是高等职业教育学分银行具有优质的师资资源和数字教育资源，其二是高等职业教育学分银行的运营能够得到高等职业教育主体的委托和授权，其三是高等职业教育学分银行的运营系统能够覆盖整个经济社会。

（1）优质的师资资源和数字教育资源

高等职业教育学分银行具有三大服务功能，第一大功能是服务学习者学习成果在高等职业教育主体实现学分积累与转换，第二大功能是服务高等职业教育教学改革，第三大功能是为高等职业教育体系构建巨大的网络数字信息平台。因此，高等职业教育学分银行的高效运营，必须具有优质的师资资源和数字教育资源。高等职业教育学分银行（总行）设在国家开放大学，具有独特的师资资源和数字教育资源配置的环境和条件，如果将国家开放大学师资和数字教育资源与产业大学、高职院校、应用型本科高校的教育资源融合发展，共同推进高等职业教育改革，那么中国将会出现"国家学分银行＋产业大学＋国家开放大学＋大数据线上网络教学"无边界的新型高等职业教育体制，中国的高等职业教育事业将会实现跨越式发展。

（2）高等职业教育主体的委托和授权

高等职业教育学分银行是服务高等职业教育主体和受教育者的中介市场。从法律意义上讲，为高等职业教育办学机构和学习者提供学分积累和转换服务，需要得到高等职业教育主体的委托和授权。只有得到高等职业教育主体的委托和授权，高等职业教育学分银行才能够从事高等职业教育体系的学分积累与转换业务。高等职业教育主体对学分银行的委托和授权的基本内容包括：高等职业教育主体与学分银行签订具有法律意义的书面协议，界定学分银行代理高等职业教育主体从事对学习者学习成果（学分）进行评价、换算（高等职业教育主体间）存储（积累）和教育资历（学历学位）和职业资历（技能证书）转换的权利，高等职业教育主体为学分银行提供学校教育资源、课程资源、师资资源、网络数据资源的等相关协作和服务。

（3）全覆盖的"学分银行"运营系统

高等职业教育学分银行是覆盖全国的高等职业教育服务系统，链接全国数万高等职业教育机构和相关企业的职业培训机构数据库。虽然高等职业教育学分银行是网络数字银行，但是在目前数字应用技术还不能达到全体国民熟练应用的情况下，也需要建立高等职业教育学分银行的全覆盖运行体系。这个运行体系实质上就是高等职业教育学分银行体系覆盖全国的数字节点工程，这个数学节点工程的最终节点应该不小于县级以下的中等职业学校。建设全覆盖的"学分银行"运营系统的作用，是为全国范围内的职业者和非职业者提供与高等职业教育学分银行相关的各种服务。

2. 高等职业教育学分银行跨界服务的项目选择

高等职业教育学分银行跨界服务，是指高等职业教育学分银行跨越了自身的主要业务范围，开展与高等职业教育学习者学分积累与转换相关的其他业务活动。

（1）高等教育体系交换生项目

服务高等职业教育体系交换生项目，是指学分银行通过自身的数据信息平台为学分银行体系成员（高等职业教育主体）提供国内和国际间的相关信息服务，特别是为高职院校学生提供院校间实训教学交换生服务。到2022年国家将新建300个具有辐射引领作用的高水平专业化产教融合实训基地，然而对于全国高等职业教育的需求来讲，仍然不能满足学习者的全部需求。让学生动起来才能更好地发挥国家职业教育资源的有效作用。这对于高等职业教育学分银行来说应当是一个契机，因为学分银行本身就具有对高职院校学习者充当中介服务，帮助学习者跨越难以跨越的学习时空，实现学习成果积累与转换的职责和使命。此外，高等职业教育学分银行还要开展服务国际间的交换生服务。从高等职业教育角度来看，目前我国台湾、德国、日本、韩国等许多从事与高等职业教育相关的高等教育机构都能够成为高等职业教育学分银行的服务对象。

（2）高等职业教育资历学分积累与转换项目

高等职业教育资历，是指高等职业教育副学士、学士、硕士和博士学位，目前高等职业教育机构还不能从事博士学位教育，国家大力推进的高等职业教育资历教育主要针对学士和专业硕士。由于高等职业教育资历属于非学历教育，因此除应用型本科高校和普通高校开展的第二学位教育外，大多数学习者是社会职业或非职业人员。社会职业人员和非职业人员接受高等教育的主要通道是国家开放大学，而"国家学分银行+产业大学+国家开放大学+大数据线上网络教学"的教育体制创新又能够为这部分学习者实现高等教育资历提升的梦想，因此高等职业教育学分银行开展高等职业教育资历教育的相关服务，并帮助学习者实现高等职业教育资历学分成果的积累和转换具有巨大的市场空间。

（3）高等职业资历学分积累与转换项目

高等职业资历是指各种技术资格证书和职业资格证书，高等职业资历教育是普通高等学校继续教育、企业和社会职业培训机构的强项，是高等职业院校的弱项。高等职业院校开展职业资历教育一般践行校企合作的运行模式，对学生的培养具有严谨的人才培养方案，因而运行过程需要相对复杂的步骤和程序。社会职业者群体在行业企业也能够得到比较好的职业资历培训，职业资历晋升具有良好的环境和条件。问题最为突出的是非职业者群体，特别是数量极为庞大的农民工群体。这部分弱势群体极其需要得到相关部门、组织机构的特别关照。高等职业教育学分银行具有服务终身高等职业教育的特殊使命，因而为这部分职业弱势群体提供帮助是责无旁贷的分内之事。第一，需要高等职业教育学分银行系统为这部分职业弱势群体提供相关信息，引导他们找到取得职业资历或职业资历提升的通道；第二，为这部分职业弱势群体建立学分银行账户，为他们提供职业资历学习成果（学分）的积累；第三，当部分学习者职业资历学习成果（学分）积累达到足以兑换相应技术和职业资格证书的条件时，积极为他们提供职业资历学习成果（学分）转换成技术或职业技能证书的相关服务。

3. 高等职业教育学分银行跨界服务的运行机制

实现高等职业教育学分银行跨界运行，需要构建高等职业教育学分银行体系内的运行机制、高等职业教育学分银行跨行业（与普通高等教育学分银行之间）的运行机制、高等职业教育学分银行与终身教育（学分银行）体系的共建机制。

（1）高等学校学分银行共建机制

高等职业教育学分银行系统是由一个个高等职业教育机构学分银行共建的数字化网络系统，因而需要从国家层面到地方高等职业教育机构的共同努力才能建设完成。高等学校学分银行共建，是指包括高等职业教育学分银行系统在内的整个高等教育体系学分银行系统的互联互通，因为高等职业教育学习成果不仅是学习者在高等职业教育机构的学习成果，也包括在普通高等学校、国家开放大学的学习成果。构建高等学校学分银行共建机制，需要国家高等职业教育学分银行和高等学校学分银行的分工与协作，作为国家高等职业教育学分银行，主要任务是建立与全国普通高等学校和高等职业院校之间的网络数据链条；建立服务整个高等教育数字网络的咨询服务平台；建立普通高等学校、高等职业学校、应用型本科高校之间课程与课程，课程与职业培训项目，课程学分与教育资历，技术资历学分与高等教育资历学分的转换服务平台。作为普通高等学校、技师学院、高职院校和应用型本科高校等高等教育机构，则需要建设好自己的学分银行，健全不同专业方向的人才培养方案、课程服务体系、学分标准及其本校对外来学习成果认定的标准、换算和转换的基本原则。

（2）跨行业数字资源共建共享机制

跨行业，是指产业与教育、学校与企业的跨界。跨行业数字资源共建共享机制，是指高等职业教育学分银行系统与产业数字资源平台、企业数字资源平台之间建立的数字资源共建共享机制。跨行业数字资源共建共享机制建设者是高等职业教育机构，具体来说是指高职院校、技师学院和应用型本科高校。对于这些高等职业教育机构来说，建立跨行业数字资源共建共享机制的重心工作包括：在学校学分银行官网建立与产业网络数字服务平台（例如农业高等职业院校学分银行网站与农业部网站相关栏目）的链接，与产教融合企业建立的链接，与可应用的国家职业技能培训中心建立的链接。

（3）与地方终身教育学分银行协同发展

高等职业教育具有终身教育属性。因此，高等职业教育机构学分银行应当与地方终身教育学分银行协同发展。以上海市终身教育学分银行为例："上海市终身教育学分银行是面向上海市民，以继续教育（学历教育、职业培训和社区老年教育等）学分认定、积累和转换为主要功能的学习成果管理与终身学习服务体系，建立适应终身教育发展的学习成果管理与服务系统，构建纵向衔接、横向沟通的市民终身学习的'立交桥'，促进学历教育之间、学历教育与非学历教育等各类教育之间的沟通衔接。"[①] 可见，上海市终身教育

[①]《上海市终身教育学分银行简介》，上海市终身教育学分银行官网，https://www.shcb.org.cn/。

学分银行业务在继续教育、职业培训、学历教育方向上的学分能够与高等职业教育学分银行的学分进行转换，因而高等职业教育机构学分银行与地方终身教育学分银行建立链接，对高等职业教育学分银行建设具有正能量。

二　高等职业教育学分银行的社会服务

高等职业教育学分银行的服务对象，不仅涵盖高等职业教育主体的学习者，也包括非高等职业教育主体的学习者。高等职业教育学分银行的服务内容不仅与高等职业学历学位教育有关，也与行业企业和社会职业培训开展的职业资历培训紧密相连。因此，高等职业教育学分银行业务，是面对社会公众的社会化服务。

1. 高等职业教育学分银行社会服务的对象选择

尽管高等职业教育学分银行的服务对象是全体社会公众，但是在运行过程中也要有必要的对象选择，因为必定高等职业教育学分银行毕竟需要面向市场，需要在运营的过程中既能够得到经济利益也能够收获社会效益。

（1）高等职业教育主体内的学习者群体

高等职业教育主体内的学习者群体，是指高等职业教育办学机构（高职院校、技师学院、应用型本科高校）的学习者群体，特别是高职院校，因为高职院校学习群体具有对高等职业教育资历和高等职业资历的双重需求。对高等职业教育资历的需求来自学习者对高一层学历学位的追求，这种追求的实现方式有三种，一是通过专升本考试实现，二是通过参加普通高校的继续教育学习取得本科学历学位，三是参加国家开放大学学习取得本科学历学位。高等职业教育学分银行的业务拓展，能够给高职院校这部分学习者提供相应的服务。这种业务拓展是通过与国家开放大学和普通高等学校的学分银行建立互通业务，使学习者在高等职业教育学分银行储存的学习成果（学分）能够在国家开放大学和普通高等学校学分银行实现通存通取。在这样的运作下，高职院校学习者的学习成果便能够在高等职业教育、国家开放大学和普通高等学校学分银行之间实现兑换、积累与转换。

(2) 高等职业教育主体外的劳动者群体

高等职业教育主体外的劳动者群体包括两类人群。第一类人群是高等职业教育主体外学习者，即高等职业院校因暂时休学、参军而保留学籍的学生。第二类群体是高等职业教育主体外的劳动者群体，即社会职业者群体和非职业者群体。高职院校学分银行是对主体以外劳动者群体提供非全日制学习的窗口，也是高职院校弹性学制下对暂时离校学生实现继续教育的管理平台。高职院校对主体外职业群体和非职业群体开展学历学位教育或职业资历培训，需要学分银行提供全方位的高效服务，服务内容包括业务推广（广告宣传）、学习者学分银行注册、学分管理以及学分积累与转换服务。

(3) 高等职业教育边缘的弱势群体

高等职业教育边缘的弱势群体是农民工群体，这是目前中国最需要接受职业教育培训的庞大人群。进入21世纪以来，农民工群体的社会流向因国家城镇化发展进程而趋于回流，即农民工返乡就业。作为社会需求，农民工群体外出务工或者返乡就业都需要接受职业培训；作为个人需求，每一个农民工个体都有提升职业技术技能，实现个人收入增长的心理愿望。2020年春季，部分南方企业因招不到有职业专长的农民工而复工难的现象让地方政府为难，也折射出中国职业教育发展进展中的短板和不足。农民工群体职业教育的社会问题，责任不在高职院校而在政府部门。解决这个问题第一是需要政府对农民工的职业教育投入，第二是职业教育机构设置农民工职业培训项目，第三是启动高等职业教育学分银行的高效服务。

2. 高等职业教育学分银行社会服务的工作流程

(1) 为学习者在学分银行开户

方式一，学习者在"××高职院校学分银行"网站填写个人真实信息并完成实名认证，完成开户。

方式二，学习者携带个人身份证原件，至××高职院校学分银行"储蓄"部现场办理开户手续，签署《××高职院校学分银行用户须知》（如图7-2）。

第七章　高等职业教育学分积累与转换的微观运行　271

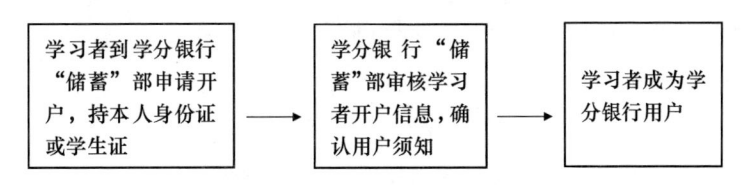

学习者到学分银行"储蓄"部申请开户，持本人身份证或学生证 → 学分银行"储蓄"部审核学习者开户信息，确认用户须知 → 学习者成为学分银行用户

图7-2　学分银行开户流程

（2）学分认定流程

A. 学历教育学分：学习者持国民教育系列学历教育成绩证明提交认定申请，经学分银行认定后存入学分银行。

B. 职业培训学习成果：职业培训等证书经学分银行论证进入学分银行职业培训等证书目录，学习者持该目录中的证书提交认定申请，经学分银行认定后存入学分银行。

C. 高职院校继续教育、国家开放大学、普通高等学校学习者申报高等职业教育学习项目（课程、职业资历项目），经学分银行认证进入学分银行的高等职业教育学习项目目录。学习者学习该目录中的项目成绩，经学分银行认定后统一存入××高职院校学分银行。

（3）学分存入流程

A. 个别存入。学历教育成绩存入：学习者可在学分银行网站提交成绩存入申请，持学历教育成绩证明原件到学分银行"储蓄"部办理存入手续，经学分银行认定后的成绩存入学分银行（如图7-3）。

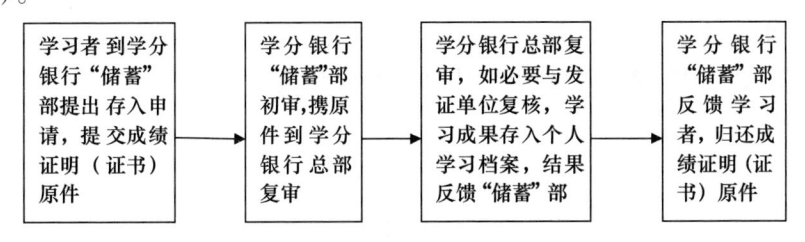

学习者到学分银行"储蓄"部提出存入申请，提交成绩证明（证书）原件 → 学分银行"储蓄"部初审，携原件到学分银行总部复审 → 学分银行总部复审，如必要与发证单位核实，学习成果存入个人学习档案，结果反馈"储蓄"部 → 学分银行"储蓄"部反馈学习者，归还成绩证明（证书）原件

图7-3　学习成果个别存入学分银行流程

职业培训等证书存入：职业培训等证书经学分银行认证进入学分

银行职业培训等证书目录。学习者获得该目录中的证书，可在学分银行网站提交证书存入申请，持证书原件到学分银行"储蓄"部办理存入手续，经学分银行认定后的证书存入学分银行。

B. 集中存入。本校学习者的学习成果集中存入学分银行：学习者在学分银行开户后才能使用集中存入的学习成果信息。

职业培训项目学习成果的集中存入：各区县社区学院、职业技能培训中心职业培训学习项目（项目课程、职业资历培训），经学分银行认证进入学分银行职业培训项目目录。学习者学习该目录中的项目，所获得的学分由所在社区学院、职业技能培训中心统一存入学分银行。

（4）学分使用流程

学习者可选择学分银行高校网点继续学习，用积累在学分银行的学习成果到高校网点申请学分转换；高校网点按规定办理学分转换；学习者在该高校继续学习，获得其学历证书（如图7-4）。

学习者选择继续学习的合作高校,在线生成成绩证明 → 学习者到合作高校申请学分转换 → 合作高校按规定办理学分转换 → 学习者在线确认学分转换结果 → 学习者在合作高校继续学习,获得其学历证书

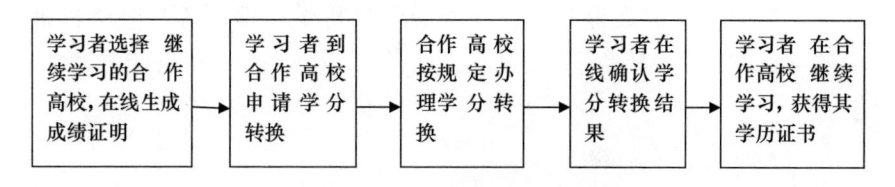

图7-4 学分银行学历教育学分转换流程

3. 高等职业教育学分银行社会服务的科学管理

高等职业教育学分银行社会服务科学管理有三个方面的主要内容，其一是咨询服务的科学管理，其二是业务辅导的科学管理，其三是业务拓展的科学管理。

（1）高等职业教育学分银行咨询服务的科学管理

无论国家高等职业教育学分银行还是高等职业教育机构学分银行，咨询服务系统工作绩效好坏都直接关乎学分银行的经济利益和社会效益。要做到高等职业教育学分银行咨询服务工作卓有成效，就必须建立与之相应的咨询服务科学管理体系，这个管理体系的有机构成包括：学分银行网络服务窗口信息反馈平台。这个信息反馈平台是负

责收集学习者对学分银行的基本需求,反馈学分银行用户对学分银行各项服务的建议和意见,定期向学分银行用户征求对学分银行工作的要求和希望。学分银行咨询服务内容的及时更新。由于高等职业教育改革创新的不断推进,新的专业、新的人才培养方案、新课程建设、新的实践教学项目不断更新,这就要求学分银行咨询服务部门及时更新相关数据为学习者导航。

(2) 高等职业教育学分银行业务辅导的科学管理

高等职业教育学分银行是高等教育改革的新生事物,因此在各项业务的进展中都会出现这样或那样的矛盾和问题,因此必须建立学分银行业务辅导的绩效管理机制以保证学分银行的高效运营。学分银行业务辅导绩效管理机制的基本内容如下:国家学分银行开设学分银行业务培训班,定期或不定期组织高职院校学分银行教师参加相关业务培训,给培训合格人员发放国家学分银行课程结业证书,并作为高职院校学分银行教师上岗的必要条件。国家学分银行编辑出版内部交流刊物,供高职院校学分银行工作人员作为提高业务水平的学习和参考资料。高职院校学分银行建立定期或不定期绩效辅导和考评制度,并通过"请进来"和"走出去"的办法学习和交流学分银行工作的经验和不足。

(3) 高等职业教育学分银行业务拓展的科学管理

高等职业教育学分银行具有巨大的发展空间,这个巨大发展空间的载体第一是互联网,第二是大数据,第三是学分课程。如果将三者加起来:互联网+大数据+学分课程,那么这个学分银行的发展空间不仅能够远远地超越任何一所高职院校(包括应用型本科高校),就连国家开放大学也可能被甩得无影无踪。因此,高等职业教育学分银行业务拓展的科学管理就显得尤为重要。本着科学发展的理念,高职院校学分银行需要根据国家和市场的双重需要,成熟一步发展一步。要从建设大数据网络平台开始,从优化配置高等职业教育资源起步,从创新高等职业教育的视角推进,从服务国家充分就业宏观经济政策、全面提升中国产业结构质量和中国制造水平的高度稳步推进。

三 高等职业教育学分银行的国际化服务

将学分银行作为高等职业教育对外开放的窗口，有利于高等职业教育与世界职业教育和高等教育接轨，促进高等职业教育的国际交流，推进高等职业教育在世界职业教育和高等教育领域的国际化发展。

1. 高等职业教育学分银行国际化咨询服务

中国是世界产业链的重要节点，是世界大工厂的重要生产基地，高等职业教育是中国的也是世界的，服务中国产业发展本身也是在服务世界，高等职业教育学分银行有必要做好对外国际化咨询和服务。

（1）向世界展示中国高等职业教育

互联网无国界、大数据无国界、学分银行共享信息也无国界，无论是否对外开放，作为"互联网+大数据+开放教育资源"的学分银行运营模式，实质上已将中国高等职业教育的全部秘密展示给了全世界。因而，将高等职业教育学分银行全部家当无意地展示给全世界不如通过学分银行向全世界公开展示中国的高等职业教育，这是进的策略。通过学分银行向全世界展示中国高等职业教育需要有中国的国策，这个中国国策就是展示中国高等职业教育的大国文化，展示中国高等职业教育的巨大成效，展示中国高等职业教育的对外开放，展示中国高等职业教育的发展理念，展示中国高等职业教育改革创新的发展取向。

（2）参照澳大利亚的中国职业教育资历框架

表7-1　　　　　　　澳大利亚国家资格框架体系[①]

义务教育后教育部门认证	职业教育与培训部门认证	高等教育部门认证	等同于国际教育分类标准（ISGED）	需要取得时间
		博士学位	6	3—5 年
		硕士学位	5A	1.5—2 年

[①]《上海市终身教育学分银行简介》，上海市终身教育学分银行官网，https://www.shcb.org.cn/。

续表

义务教育后教育部门认证	职业教育与培训部门认证	高等教育部门认证	等同于国际教育分类标准（ISGED）	需要取得时间
	职业教育研究生文凭	研究生文凭	5A	1—2年
	职业教育研究生证书	研究生证书	5A	6个月
		学士学位	5A	3—4年
	高级文凭	副学士学位/高级文凭	5B	1.5—2年
	文凭	文凭	5B	18—24个月
高中毕业证书	四级证书		4B	18—24个月
	三级证书		3C	12个月
	二级证书		2C	6—8个月
	一级证书		2C	4—6个月

澳大利亚职业教育水平位居世界前列，其职业教育、中学教育与高等教育的目标紧密衔接；大学本科以上的学习者，必须先获得职业学校资格证书或文凭，才能在各行业、企业经营一线就业；颁发资格证书的机构根据自身标准有义务将职业院校与普通高校的资格证书有效衔接；学习者以前通过非正规教育和培训机构取得的、还没有经过认证的知识和技能可以通过鉴定授予相应学分；专业设置必须按照全国统一的培训包来完成；各州课程认证机构依据课程认证工作准则、课程设计标准、州课程认定标准和课程注册细则等，审定职业教育培训的资格、注册和相关课程。中国应该借鉴其行业积极参与职业教育、构建统一的职业资格能力标准、统一职业教育管理、完善先前学习认定等经验[1]。

建立中国国家资格框架体系要解决的主要问题是职业教育与普通教育的界限模糊问题，职业教育和普通教育分类发展的标准问题，职

---

[1] 李强：《澳大利亚中职直通本科统一资格框架衔接制度及借鉴》，《现代教育管理》2020年第4期。

业岗位准入人才高消费只注重学历层次不注重职业资历问题。参照澳大利亚的中国职业教育资历框架如表7-2所示。

表7-2　　　　　　　　　中国职业教育资历框架

义务教育后教育部门认证	职业教育与培训部门认证	高等教育部门认证	等同于国际教育分类标准（ISGED）	需要取得时间
	专业博士学位	博士学位	6	3—5年
	专业硕士研究生学历学位	硕士研究生学历学位	5A	2—3
	专业硕士学位	硕士研究生学位	5A	1.5—2年
	应用型本科学历学位	大学本科学历学位	5A	4—5年
	学士学位	学士学位	5A	1—1.5年
	高职院校学历学位		5B	3年
	副学士学位		5B	6—12个月
高中毕业证书	中等职业学校文凭（初级职业资格）		4B	18—24个月
初中毕业证书	农业三级证书		3C	12个月
	农业二级证书		2C	6—8个月
	农业一级证书		2C	4—6个月

（3）高等职业教育学分银行的国际咨询服务

高等职业教育学分银行系统开展国际咨询服务，推进中国高等职业教育与国际接轨，加快中国高等职业教育与世界各国高等职业教育之间的交流与联系，是中国高等职业教育学分银行系统的重要使命。随着中国高等职业教育国际影响的日益上升，中国与世界各国劳务贸易的不断扩大，中国产业人才引进标准和职业准入标准的科学规范发展，高等职业教育将成为世界劳动力输入的第一道门坎。因此，高等职业教育银行系统、特别是高等职业教育办学机构学分银行积极开展国际咨询业务，不仅对于学分银行的自身发展具有重要作用，而且对中国高等职业教育的国际化发展至关重要。

2. 高等职业教育学分银行国际化项目服务

高等职业教育学分银行开展国际化服务业务有三个方向，第一个方向是为国际间高等职业教育项目提供中介服务，第二个方向是为国际间技术资历项目提供中介服务，第三个方向是为国际间职业资历项目提供中介服务。

（1）学分银行的国际间高等职业教育项目服务

国际间高等职业教育项目，主要指中国高等职业教育机构与国外高等教育机构开展的交换生项目。在中国高等职业教育学分银行系统建立以前，中国高等职业教育机构与部分国家高等教育机构开展的交换生项目，主要通过两国高校签订协议的方式运作，这样的运作模式需要国内外高校之间一对一地开展工作，因此时间成本和经济成本相对较高，工作效率也比较低。高等职业教育学分银行系统的建立，为中国和世界各国建立高等学校之间的业务往来提供了良好的交易平台。在国家学分银行得到国内高等职业院校授权和国外高等学校授权的前提下，这项工作就会变得简单而快捷，到那时，中国与世界高等职业教育的互联互通就会成为可能。

（2）学分银行的国际间技术资历项目服务

中国高等职业教育学分银行实质上具有两个运营系统，一个是基于高等职业教育资历的运营系统，另一个是基于职业资历的运营系统。职业资历运营系统包括技术资历和职业资历两个组成部分，技术资历是从事生产一线操作者岗位的职业资历，具体地说就是初级、中级和高级技术工人的从业资格；职业资历则是指需要经过国家注册准入或水平评价才能取得的较高层次的职业资格。学分银行的国际间技术资历项目服务，是指学分银行为国际间劳动力流动提供相应的中介服务。具体业务是为包括中国在内的世界劳工组织提供相应的服务，服务内容包括为世界劳工组织的输入输出劳动力提供技术资格评价、鉴定服务，为国内外技术资格培训组织提供与技术资历相关的劳务输出、输入信息，为世界各国劳务输出、输入机构提供对劳动者群体的其他相关服务。

（3）学分银行的国际间高端职业资历项目服务

国际间高端职业资历项目，主要指高端职业培训项目。在中国大多数国际间高端职业资历项目的举办者是普通高等学校、行业组织和大型企事业单位。大多数举办者组织实施的高端职业资历培训项目与国内外职业资格有关，学习者通过参加高端职业资历项目学习取得相应职业资格的概率能够大大提升。高等职业教育学分银行介入高端职业资历培训市场，对于学分银行和高端职业培训举办者是一举两得的强强联手。从高端职业培训机构的角度讲，通过高等职业教育学分银行、特别是国家学分银行发出的相关信息具有巨大的广告效应和可信度，对于提升举办者知名度、信誉度、生源数量和办学效益都有好处。从高等职业教育学分银行的角度讲，通过为高端职业资历项目市场提供相应服务，不但拓展了学分银行业务，而且扩大了学分银行的可利用资源，这对于学分银行的发展具有极大的好处。

3. 高等职业教育学分银行学分积累与转换的国际服务

学分积累与转换是学分银行的基本业务，也是高等职业教育学分银行的国际服务业务。高等职业教育学分银行国际服务对象有两类人群，第一类人群是在中国国内接受中国高等职业教育的外国学习者，第二类人群是在国外接受中国高等职业教育的外国学习者。虽然目前提及高等职业教育学分银行给国外学习者提供服务为时过早，但是从中国高等职业教育跨界转型和国际化发展的长远规划来看，高等职业教育国际化发展是高等职业教育可持续发展的国家大计，也是高等职业教育学分银行应当思考的发展战略问题。

第四节　高等职业院校第二课堂成绩单制度的高效运行

高等职业教育的第二课堂成绩单，是对高等职业院校人才培养方案的有机补充，是高等职业教育人才培养的重要组成。第二课程成绩单制度的重要作用，首先是服务学校立德树人中心工作，第二是形成每一位学生在校期间全方位的"足迹"记录。第二课堂成绩单制度在高等职业院校的应用推广，不仅是高等职业院校思想政治工作深化改革的重要举措，同时也是教育教学深化改革的纵深发展。第二课堂成绩单制度是高等职业教育从学校教育向全面素质教育推进的重要工具，也是实现高等职业教育由学校教育向社会化产教融合、校企合作横向推进的重要支点。将第二课堂成绩单纳入对高等职业教育业绩考核的重要指标，纳入对学生学习效果的评价体系，是对高等职业教育评价体系的重要调整。通过学分制度改革和学分银行的运行机理实现对学生学习成果的重新定位和评价，是高等职业院校大学生政治思想工作、团学工作和教育教学工作的重要任务。

一　高等职业院校第二课堂成绩单概述

1. 高职院校第二课堂成绩单的产生

（1）高职院校第二课堂成绩单产生的背景

2018年7月，为了推进高等学校共青团深入学习习近平新时代中国特色社会主义思想和中国共产党十九大精神，全面落实《关于加强和改进新形势下高校思想政治工作的意见》等有关文件要求，共青团中央和教育部联合印发了《关于在高校实施共青团"第二课堂成绩单"制度的意见》（以下简称《意见》），以推进高校共青团改革的纵深发展。《意见》指出："共青团'第二课堂成绩单'制度是充分借鉴第一课堂教学育人机理和工作体系，整体设计高校共青团工作内容、项目供给、评价机制和运行模式，实现共青团组织实施的思想政治引领、素质拓展提升、社会实践锻炼、志愿服务公益和自我管理服务等第二课堂活动的科学化、系统化、制度化、规范化，实现高校学生参与共青团第二课堂可记录、可评价、可测量、可呈现的一套工作体系和工作制度。"[①] 实施共青团"第二课堂成绩单"制度是落实习近平总书记提出的"要重视和加强第二课堂建设"重要要求、贯彻落实团十八大精神的必然举措，是持续推动高校思想政治工作改革创新、深度融入高等教育综合改革、纵深推进高校共青团改革、不断完善学生发展服务体系的迫切需要。

（2）高等职业院校第二课堂成绩单的重要作用

高等职业院校第二课堂成绩单对于高等职业教育可持续发展具有

---

① 共青团中央、教育部：《关于在高校实施共青团"第二课堂成绩单"制度的意见》（中青联发〔2018〕5号），2018年7月3日。

重要作用。第一，推动高等职业院校思想政治工作改革创新，即通过各种志愿公益活动培养大学生爱党、爱国、爱家的情怀，培育大学生关心国家大事、关注国家政治、顺应社会发展的社会责任感。第二，第二课堂成绩单制度有助于推进高等职业教育综合改革，即通过第二课堂与第一课堂融合发展，补齐第一课堂素质教育的短板，使第二课堂社会实践活动与第一课堂的实训教学环节相互促进，共同推进产教融合教育教学的深化改革。第三，第二课堂成绩单制度能够纵深推进高等职业院校共青团工作改革，即通过第二课堂成绩单的各项工作，使团学工作与教学工作相互作用、互相促进，共同为大学生四年的大学生活记录全方位的"足迹"。第四，第二课堂成绩单制度能够不断完善高等职业院校学生工作系统的学生服务体系建设，即通过第二课堂成绩单工作使高等职业院校整个学生工作系统形成合力，在服务第二课堂成绩单建设的各项工作中充分发挥学校辅导员队伍的重要作用，通过辅导员队伍带领学生团队的第二课堂活动，提升对学生思想引领和第二课堂服务的质量和水平。

2. 高职院校第二课堂成绩单有机构成

第二课堂成绩单将包括学生在校期间参与创新创业、社会实践、志愿服务、文化艺术、体育活动、工作履历、技能特长、思想成长八个方面的经历和成果。

（1）"创新创业"模块。应用型本科高校主要记载学生参与导师的各级各类学术科技项目情况，参加创新创业竞赛活动情况及获得的相关荣誉，学生在校期间发表论文、出版专著、取得专利、创业实践等情况。高职院校及技师学院主要记载学生参加技能大师工作室项目，参加创新创业社会实践活动，参加各级各类职业技能大赛活动情况及获得的相关荣誉。

（2）"社会实践"模块。应用型本科高校和高职院校的"社会实践"模块内容大体相同，主要记载学生参与寒暑假社会实践活动，包括在家庭、社区、村镇的生产和生活实践活动；就业实习和岗位见习，包括在企事业单位、民营企业及其自主创业的社会实践活动；参加与港澳台及国际交流访学的经历，也包括在国内其他高等职业院校的交流活动以及获得的相关荣誉。

(3)"志愿公益"模块。应用型本科高校和高职院校团委定期和不定期组织支教助残、社区服务、公益环保、赛会服务、海外服务等各类志愿公益活动，是"志愿公益"模块的重要载体，将学生的参与经历以及获得的相关荣誉作为学生第二课堂成绩单"志愿公益"模块的学习成果，给予相应学分并记录在案。

(4)"文化艺术"模块。主要记载参与文化艺术训练、展演、人文素养等各级各类校园文化活动的经历以及获得的相关荣誉。从全国范围来看，南方高等学校比北方高等学校在文化艺术训练、展演、人文素养等各级各类校园文化活动方面开展得更活跃一些，民办高职院校比公办高职院校在文化艺术训练、展演、人文素养等各级各类校园文化活动方面开展得更积极一些，这是因为南方气候条件更适合在一年四季开展校园文化活动，民办高职院校学生由于学习压力相对较轻更容易接受文化类校园文化活动。

(5)"体育运动"模块。主要记载参与学校认定的体育比赛或活动，以及获得的相关荣誉。

(6)"工作履历"模块。主要记载在校内党团学（含学生社团）组织的工作任职履历、在校外的社会工作履历，以及获得的相关荣誉。

(7)"技能特长"模块。主要记载参加各级各类技能培训的经历，以及获得的相关技能认定及获得的相关荣誉。

(8)"思想成长"模块。主要记载学生入党、入团情况，学生参加党校、青年马克思主义者培养工程、团校培训经历，学生参加思想引领类活动经历及获得的相关荣誉。

3. 高职院校第二课堂成绩单基本功能

第二课堂成绩单是对高等职业院校人才培养工作的激励和挑战，是对大学生综合素质评价的重要依据，是大学生向选人用人单位提交的自荐信和挑战书。因此，第二课堂成绩单具有对高等职业院校人才培养工作水平评价、对大学生综合素质评估和学习成果展示的重要功能。

(1)高等职业院校人才培养工作水平标志

将第二课堂成绩单纳入人才工作水平评估有利于整体提升高等职

业院校教育教学工作质量和水平，有利于学生综合素质养成和个性化发展，有利于高等职业院校以就业为导向的教育教学改革。第一，第二课堂成绩单是一把双刃剑：一方面，满足了以学生为本的学习需求；另一方面，由于学生参加第二课堂学习开阔了眼界，因此对第一课堂的需求发生变化，对教师教学内容的高标准和高要求越来越强烈。第二，第二课堂能够使学生接触到更前沿的科学理论和科学技术，因而使学生的综合素质得以较快提升。例如，请学生听国内顶尖专家的学术讲座，指导学生参与国家自然科学和社会科学基金项目工作，带领学生团队参加地方企业和学校合作进行的横向技术攻关，都能够对学生综合学习能力提升产生较大影响。第三，第二课堂成绩单建设有利于学生了解社会环境，认识就业形势，掌握就业信息，因而能够使学生正确定位自身的择业目标和就业方向。

（2）高等职业院校学生综合素质评价的依据

怎样界定高等职业院校学生的综合素质，目前还没有相对科学的标准。但是，选人用人单位和社会风险投资者倒是对应用型技术技能人才有大致的基本共识。首先是对应用型技术技能人才情商的要求，即具有较强的人格魅力和凝聚力，具有团队领袖的组织能力和协调能力，具有抗风险和抗挫折的意志和韧性。其次是对应用型技术技能人才智商的要求，即知识的广度和深度、技术科学认知和技术技能的应用程度。从这两层意义上客观评价第二课堂成绩单，的确具有培育高等职业院校学生情商和智商的双向作用和功能，这正是第一课堂的短板所在。

（3）高等职业院校大学生走向社会的身份证明

从现象是看，高等职业院校第二课堂成绩单是一纸学分凭证，是高等职业院校学生毕业的必要通行证，但本质所在却是高等职业院校学生综合职业素养的身份证明。这是一张特殊身份证明，是一张在第一课堂索取不到的身份证明。比如，在抗击新冠肺炎疫情战役中的社区评价，贫困山区支教的特殊经历，"三下乡"活动接受的再教育，创新创业活动制作的科技作品，参加科研项目撰写的科技论文，等等，每一项成果都是用心打造的能够向社会展示的身份证明。

二　高职院校第二课堂课程与学分设置

1. 高等职业院校第二课堂成绩单的课程设置

根据团中央、教育部的《意见》精神，第二课堂成绩单课程可分为八个模块，在这八个模块的课程设计中，南方学校和北方学校有所不同，应用型本科高校与高职院校有所不同，不同层次和不同地域的高等职业院校应当根据能够配置和利用的资源情况科学合理地设计课程内容和教学方法。

（1）"创新创业"模块课程设置

应用型本科高校教学以学科组织为教学单位，学生在校期间能够掌握比较系统的知识体系。创新创业课程设计应当融入科技类、创新创业类、"互联网＋"、"宅家＋大数据"等创新创业项目，在指导教师的引领下有目的地参加相应赛事，学校也要为之创造良好的创新创业项目的教学环境。高职院校教学以专业组织为教学单位，学生在校期间掌握的理论知识有限，创新创业项目课程设计不宜过大过难，要以过程性、团队性、参与性为主导，引领学生掌握创新创业计划书、"宅家＋大数据"等具体而又实用的创新创业项目的计划与设计。

（2）"社会实践"模块课程设置

应用型本科高校和高职院校的"社会实践"模块内容大体相同，在"社会实践"模块设计中没有太大的差别。但是南方与北方气候环境差别很大，因而北方学校"社会实践"模块设计需要考虑的季节因素多一些，南方学校需要考虑的天气因素多一些。"社会实践"模块的教学还要结合学生家庭经济情况综合考虑，家庭经济条件较差的学生不能参加与港澳台及国际交流访学的相关社会实践，而家庭、社区、村镇的生产和生活的实践活动全体学生则都可参加。

（3）"志愿公益"模块课程设置

"志愿公益"模块课程一般是集体项目，可选择具有纪念意义的时间和地点组织实施，例如学雷锋纪念日，全国助残日等。"志愿公益"模块课程设置需要根据课程的具体情况确定具体的教学规模，比如大型公益环保或赛会服务需要的志愿者人数较多，因此需要加强这类"志愿公益"模块课程组织和管理，还要做好学生团体的礼仪形象。

（4）"文化艺术"模块课程设置

"文化艺术"是大学生最喜爱参加的课程模块，也是最能活跃校园文化的课程模块。无论是应用型本科高校还是高职院校，"文化艺术"模块课程的参与度都会排在第二课堂成绩单八大模块之首，甚至有的民办高职院校文艺活动参与人数达到了千人以上，这种现象与家庭文化教育、学生年龄特征不无关系，只要高等职业院校的团学工作因势利导，任何一所高等职业院校都能够开展得有声有色。文化艺术训练、展演、人文素养等各级各类校园文化活动是"文化艺术"模块课程的载体，团委和相关教学部门是此类课程的建设和设计单位。因此要充分发挥如艺术学院、服装学院、广告设计学院相关教师引领第二课堂建设的积极性和创造力。

（5）"体育运动"模块课程设置

"体育运动"模块课程是高等职业院校体育学院的核心工作，需要相关教师通过体育活动的开拓和创新设计"体育运动"模块课程的内容，无论是团体项目、个人项目的设计都应当突出地方体育文化和特色，例如东北地区的大秧歌，南方地区的舞狮等具有浓郁特色的体育活动不仅能够使学生产生情趣，也能够打造高等职业院校的品牌文化。

（6）"工作履历"模块课程设置

高等职业教育需要给每一个受教育者创造出彩的机会，"工作履历"课程正是围绕这一主题的课程设置。这项工作需要高等职业院校党团学（含学生社团）组织的共同参与，需要以学生为本，尽量为学生提供更多的学习岗位和任职机会。

（7）"技能特长"模块课程设置

高等职业院校技术技能大师工作室是"技能特长"模块课程设置的主要载体，技术技能大师工作室"技能特长"模块课程设置需要精确定位教学内容、教学时长和课程学分，要选择课时适中、时长适中的"技能特长"课程单元，比如陶艺彩绘、民间剪纸、沙画等。

（8）"思想成长"模块课程设置

党校和青年马克思主义者培养工程是高等职业院校"思想成长"

模块课程的主要载体，因此高等职业院校党团两级组织要根据学生需要办好党校和青马班，积极培养入党积极分子，做好大学生党员的发展工作。

2. 高等职业院校第二课堂成绩单的学分设置

高等职业院校第二课程成绩单采取学分式评价方式，学生需要在弹性学制内修满相应学分方能申请毕业，第二课堂成绩单学分不设上限，但学生取得第二课堂成绩的多少与学生整个学业评价相关。

（1）第二课堂成绩单的学分结构

高等职业院校第二课堂成绩单一般分为三大板块，第一大板块是"社会责任"板块，第二大板块是"创新能力"板块，第三大板块是"实践能力"板块。第一是"社会责任"板块。在这个板块主要设计"大学生志愿服务西部计划"和支教助残、爱老助老、社区服务、公益环保、赛会服务等各类校内外公益活动学分，以及接受军政训练、服兵役、无偿献血、见义勇为等体现社会责任履行方面的学分。第二是"创新能力"板块。在这个板块主要设计大学生课外参与各级各类学术科技、创新创业竞赛和活动经历及获得的相关荣誉学分，参与科学研究项目、发表论文、出版专著、取得专利、自主创业实践等创新创业实践活动情况的学分。第三是"实践能力"板块。在这个板块，主要设计学生参与寒暑期"三下乡"等社会活动、勤工助学、担任学生干部、参与社会的经历或获得相关荣誉情况的学分，以及参与校内外其他社会工作等经历和表现情况的学分。

（2）高等职业院校第二课堂成绩单学分总量

应用型本科高校学制四年、高职院校（技师学院）学制三年，如果按照平均每年2—2.5个学分计算，应用型本科学生在校期间需要完成第二课堂成绩单总学分为8—10学分，高职院校、技师学院学生在校期间需要完成第二课堂成绩单总学分为6—7.5学分。如果每个学分需要完成30学时的学习内容，那么应用型本科高校学生在校期间需要学习240—300学时，高职院校、技师学院学生在校期间需要学习180—225学时。在第二课堂成绩单的8个模块中如果保证每一个模块有60学时，那么应用型本科高校第二课堂成绩单的教学总学时为480学时，高职院校第二课堂成绩单的教学总学时为360学时。

（3）高职院校第二课堂成绩单学分分配

从高等职业院校教学的角度来看，第二课堂成绩单三大板块8个模块的课程学分需要面面俱到。从高等职业院校在校学生的角度来看，完成第二课堂成绩单学习任务是完成学业的必要条件，而选择哪一板块和哪一模块则需要根据个人的兴趣爱好。这就出现了教和学的矛盾，解决这一矛盾的方法只能将课程分解为项目单元，根据学生对课程单元的兴趣爱好将一门课程分解为若干单元项目学分。也就是说，如果某一门课程2学分却有10个课程项目单元，那么每一个课程项目单元的学分只有0.2学分。因此，第二课堂成绩单运行的关键是弹性学习和弹性学分制度，弹性学习时间小到几个学时，大到几个星期；而弹性学分则小到零点几个学分，大到10倍数量级的学分。

三 高等职业院校第二课堂成绩单实现路径

假期和课余时间是高等职业教育第二课堂的运行时空，必须采用弹性学习制度和弹性学分制度才能保证与之相适应。高等职业院校第二课堂的主体是在校大学生群体，学校团委引领下的团学组织具有积极的主观能动性。高等职业教育第二课堂成绩单工作是高等职业院校党政部门、学生部门、教务管理部门和教学部门共同任务，因而需要建立多部门协同的运行机制。

1. 多部门协同推进的管理体制

第二课堂成绩单是高等职业院校深化教育体制改革的重要环节。从管理体制来讲，第二课堂成绩单制度运行打破了传统教育体制单一组织和管理的运行模式，实现了高等职业院校纵向团学组织和横向教育教学、教学管理、教学单位的立体交叉式融合，为深入践行有教无类、因材施教、知行合一的中国职业教育文化开辟了一条新路。

（1）学校团委与学工系统的协同管理

第二课堂成绩单管理是高等职业院校共青团推进团学工作改革的重要环节，是高等职业院校学生工作队伍思想政治工作的实现载体。在整体推进高等职业院校第二课堂成绩单运行过程中，高等职业院校团委和学生工作需要密切合作、有序衔接和协同管理。第一，密切合作。在第二课堂成绩单运行过程中，学校团委与学工队伍的关系是导演与演员的关系,即学校团委充当幕后设计和指导的角色,学生工作队伍(辅导员)则需要与学生一同参与第二课堂的学习活动。第二,有序衔接的关系。即在第二课堂成绩单的运行过程中,学生辅导员在引领学生参与第二课堂项目时要与团委(组织者)始终保持有效衔接,以保证第二课堂项目始终能够在学校团委的监控视线内。第三,协同管理的关系。即在第二课堂成绩单的运行过程中,学生辅导员负责对学生的直接管理,学校团委则负责对第二课堂运行的宏观管理。

(2) 教务部门与教学部门的协同管理

由于学校与学校之间的运行机制不同,一些高等职业院校第二课堂成绩单部分工作由教务部门统筹安排,由教学部门具体执行。例如学术类课程需要由教务部门协调解决学术活动的专家问题、场地问题和参加人员问题,教学部门则具体负责指派专家授课或指导学生团队展开学术活动。再如外聘专家来校开展学术交流项目,同样需要学校教务部门的具体安排和教学部门的协同管理。在高等职业院校教务部门和教学部门对第二课堂成绩单运行的协同管理中,教务部门处于组织者、承办者的直接管理的角色,开什么课、讲什么内容、请哪类专家、设几个学分、需要哪些听众参加都需要由教务部门统筹安排。教学部门的主要管理职责则是负责具体落实第二课堂成绩单工作有条不紊地顺利进行。

(3) 指导教师与团学干部的协同管理

由于第二课堂的部分课程(比如"三下乡"、农村扶贫)既无围墙又无固定时间,需要加强对学生的管理。然而一般情况下只有一位指导教师带队,在学生数量较多的情况下会显得力不从心。特别是在学生分散完成的社会实践项目中,需要两位教师协同管理却因教研室教师工作繁忙而做不到。因此,对第二课堂的管理有必要加入团学干部因素,这样就实现了指导教师和团学干部协同管理的情况。指导教师与团学干部协同管理模式对于第二课堂的组织管理有以下好处:第一是便于将数量较大班级的学生分为若干团队,这样能够将一个完整的社会实践项目进行合理分解,使社会实践活动有合有分、主次分明;第二是有利于学生在第二课堂活动中学会自我管理,从而有利于学生在社会实践中得到锻炼和成长;第三是将团学干部融入第二课堂管理本身也是对团学干部"工作履历"的有意识培育。

2. 党委引领、团学工作主抓的运行机制

在全国高等职业教育第二课堂成绩单的运行过程中，学校党委发挥着思想政治教育的重要引领作用，学校团委和学工系统直接主抓第二课堂的教育运行。广州南洋理工职业学院创造了"一心双环三融合"的第二课堂成绩单工作框架。

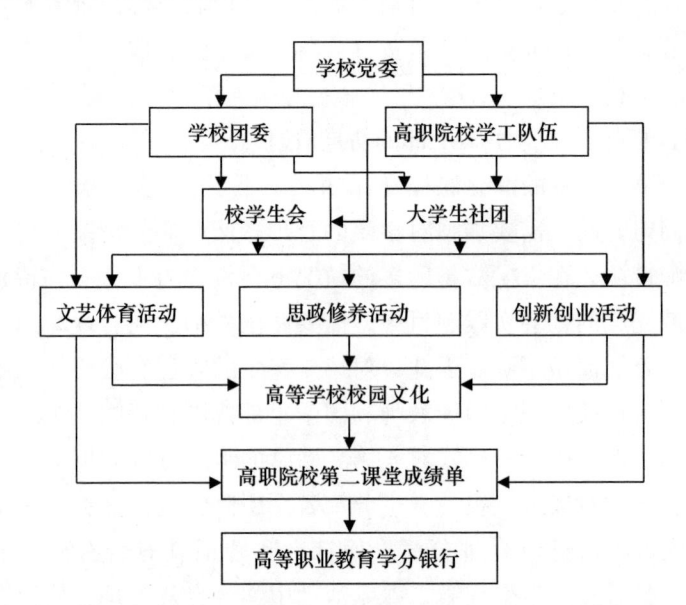

（1）"一心双环三融合"的第二课堂成绩单运行机制模型

"一心双环三融合"是广州南洋理工职业学院团委在共青团中央《高校共青团改革实施方案》提出的"一心双环"团学组织建设格局的基础上，根据学校团学工作的实际情况构建的团学工作发展架构。该架构将高职院校团学工作与学校教育教学的改革创新融为一体，形成了党委领导、学校团委主抓、学工队伍与校园文化建设互动，团学组织思政教育活动、创新创业实践和学校文艺体育活动共同推进的学生第二课堂成绩单建设，进而助推民办高职院校的教育教学改革和创新发展。图7-5是广州南洋理工职业学院"一心双环三融合"的第二课堂成绩单运行机制模型。

图7-5　"一心双环三融合"的第二课堂成绩单运行机制模型

(2)"一心双环三融合"第二课堂成绩单运行机理

广州南洋理工职业学院"一心双环三融合"第二课堂成绩单运行机理，是学校党委领导、团委主抓，教育教学工作协同推进的工作机制，这个第二课堂成绩单运行的工作机制，不仅需要学校团委的具体工作指导、学校学生会与学生社团跟进，也需要学校二级学院党团组织和教育教学改革进程的紧密跟进；不仅需要高职院校团学组织自身工作的有序开展，也需要充分利用社会团学组织（地方团委和高等学校）的共同参与。因而，"一心双环三融合"第二课堂成绩单工作的顺利展开的必要前提，是融入高职院校先进的发展理念，融入二级学院教育教学改革的与时俱进，融入社会团组织资源。具体来说有以下三点。

第一，高职院校产教融合跨界发展，校企对接精准育人的发展理念。这是因为高职院校团学工作的重心是思想政治工作，是推进高职院校的职业素质教育，是引领在校学生实现充分就业。因此，高职院校第二课堂成绩单工作与教育教学工作一脉相承。高职院校产教融合跨界发展，校企对接精准育人的发理念，是第二课堂成绩单运行创新发展的催化剂，第二课堂成绩单创新发展是团学工作改革成败的必要条件。

第二，坚持有教无类、知行合一和因材施教。由于历史的原因，民办高职院校生源无论从来源地经济发展状况、入学高考成绩，还是家庭文化背景，在高等学校的排名都是最后一位，这是不争的事实。在我国高等教育已经进入大众化的发展阶段，广州南洋理工职业学院的教育教学，实质上已经进入了普及化教育时代，这是广州南洋理工职业学院处于经济和高等职业教育双重发达省份的地位所决定的。因此，作为教育理念，坚持有教无类、知行合一和因材施教，必然要求第二课堂成绩单运行与之相适应。从大学生素质教育、文化生活和社会实践的层面引领大学生提升生活能力、学习能力、技术与技能的学习技能。

第三，学校团委主抓，学工队伍协同，学生会与学生社团跟进。应当承认，民办高职院校第二课堂成绩单运行仅仅依靠学校团委、学生会和学生社团的力量是远远不够的，还需要学校学工队伍的集体智慧。在这样的努力下，由学校团委主抓、学工队伍协同、学生会与学生社团跟进，才能够为第二课堂成绩单工作高质量开展造就良好的校园环境。

3. 弹性学习的学分积累与转换制度

弹性学习制度和学分积累与转换制度是高等职业院校第二课堂成绩单运行的制度保障，而灵活机动的弹性学习制度、化整为零的学分积累制度与化零为整的学分转换制度则是这个制度保障的策略选择。

（1）灵活机动的弹性学习制度

高等职业院校弹性学习制度，是指对学生学习过程在学习时间、空间和学习方式的开放管理制度。与之对应的弹性学分制度，是指对学生完成学习任务的学习成果实行碎片化积累与整合的学分积累与转换制度。灵活机动的弹性学习制度需要打破传统的学年学分制度，构建一套全新的学分制度体系。而这个打破是有条件的，这个有条件就是高等职业院校教育教学改革的需要。在第二课堂成绩单运行过程中实行弹性学分制度，肯定与第一课堂的学年学分制度和课程学分制度发生矛盾和冲突，也正是因为会发生这样和那样的矛盾和冲突，才能引发高等职业院校传统教育生产关系的松动，进而为下一步全面推进第一课堂学分制改革打造坚实的基础。例如："志愿公益"模块的赛会服务项目，由于赛会会期与第一课堂授课时间冲突，因此需要学校团委给学生请公假，影响第一课堂的教学工作。"文化艺术"模块的学校年度文艺晚会组织过程，也需要学校团委给部分学生请公假，因而影响教学工作。在第二课堂与第一课堂发生矛盾冲突时，怎样实现课程之间的学分置换，怎样解决第一课堂和第二课堂之间课程学分制与弹性学分制矛盾，是目前高等职业院校学分制改革需要解决的突出问题。

（2）化整为零的学分积累制度

第二课堂与第一课堂的最大不同是课程运行碎片化，就是说第二课堂课程完成过程相对分散，有时一个教学单元需要分解为几个教学环节，有时一个项目课程需要多个学生团队配合完成，而分配的学分却少得可怜。这就需要建立第二课堂成绩单化整为零的学分积累制度。例如："文化艺术"模块。在文艺晚会技术技能课程的教学设计中，有灯光艺术、舞美艺术、音响调控艺术、LED 大屏幕播放和监控艺术、空中摄影艺术、舞台监督艺术、场务后勤、统筹协调、宣传片制作和主持人辅导十个教学模块，如果这门课程总学分为 4，那么分配到每一个教学模块仅有 0.4 个学分。这样大型的第二课堂教学活动参与人数有时会达到几百人，而每一个学生只能参加一个模块的训练和学习。在高等职业院校像这样的第二课堂还很多，实施化整为零的学分积累制度一方面能够给每一个学生创造出彩的机会，另一方面能够使学生在大规模第二课堂的团队协作中学习到真正有用的知识和技能。

（3）化零为整的学分转换制度

化零为整的学分转换制度，是指高等职业院校在推进第二课堂成绩单制度的建设进程中，在化整为零学分积累制度前提下建设化零为整的学分转换制度。通过这项制度的实施，使学生在第二课堂积累的散碎学习成果演变成整数学分，积少成多地完成在第二课堂的学习内容。从现象上看，第二课堂成绩单制度在高等职业院校的应用推广，倒逼高等职业教育体系学分制度改革，拉动高等职业教育学分银行体系建设，具有推进高等职业教育事业综合、全面发展的催化剂作用。然而从本质上看，第二课堂成绩单制度在高等职业院校的应用推广，更具有倒逼高等职业教育体制改革，倒逼高等职业教育生产力发展，倒逼高等职业教育生产关系变革，倒逼高等职业教育跨界转型发展的时代意义。

附录一

推进高等职业教育跨越发展的建议
——创新办学体制、开放教育资源、
摸着石头过河

在党中央、国务院战略决策的指引下，创新、协调、绿色、开放、共享成为"十三五"期间高等职业教育微观运行的策略选择。从经济学的视角来看，上层建筑与经济基础、生产关系与生产力之间具有密不可分的因果关系，高等职业教育也不例外。如果说党中央、国务院关于职业教育可持续发展的战略决策是高等职业教育的上层建筑，那么教师、课程、教学实训和实践资源就是高等职业教育的生产力，办学体制、运行机制、制度体系就是高等职业教育的生产关系，国民经济的综合实力、国家对高等职业教育的巨大投入就是高等职业教育的经济基础。然而，由于高等职业院校法人地位和作用缺失、办学体制僵化、教育资源封闭、教育创新成果转化困难等微观运行的多方面原因，高等职业教育的生产力与生产关系、经济基础与上层建筑之间矛盾突出、问题重重。因此，要实现高等职业教育国家发展战略，就必须以党和国家关于职业教育可持续发展的战略决策为导向，打破制约高等职业教育生产力发展的重重枷锁，提升高等职业院校的法人地位，发挥市场调节教育资源及其教育生产关系的作用，创新办学体制、开放教育资源、摸着石头过河，以此推进高等职业教育市场化开放运行，探索适应中国国情的高等职业教育发展道路。

（1）创新办学体制。创新办学体制的实质是构建具有中国特色的高等职业教育组织形式，确立不同高等职业教育主体的法人地位，打造受教育者充分就业和创业的教育创新平台。创新办学体制要解决的突出问题是：高等职业教育法人地位缺失、开放运行的体制改革、机制创新和制度体系建设滞后问题；校、企合作两层皮问题；"双师"型教师队伍建设一厢情愿问题；教育创新动力不足问题；学生听不懂教学内容、看不到工作过程、摸不着实训机器（设备）问题；大学生就业和创业质量与效益问题。创新办学体制的具体措施应当包括以下内容。第一是开放高等职业教育市场、确立高等职业教育法人的主体地位，建立由不同高等职业教育法人（高等职业院校、技师学院、应用型本科高校、行业企业、科研院所、社会培训机构、民间投资者）共同参与并提供优质教育资源（课程、能工巧匠、实训设施、设备、资金或其他资本）的办学组织或机构，这个办学组织或机构可以叫作特色学院、大学生就业和创业产业园区或学徒制高等职业教育试点企业；第二是构建以优势教育资源为基础的资源型学分课程体系，实现以弹性学分制度为基础的学分积累与转换。所谓资源型学分课程体系，是指由占有优质教育资源的高等职业教育主体（主要包括高等职业院校、技师学院、应用型本科高校、行业企业、科研院所、社会培训机构）开发的高等职业教育学分课程的集合；第三是实现教学改革的三位（教、学、做）一体，就是说在一个办学组织（特色学院、学徒制企业或者叫作大学生创业基地）内部实现高等职业教育的改革和创新。

（2）开放教育资源。中国是发展中大国，不同地区高等职业教育资源占有的情况不同，一些高等职业院校教育资源供求失衡是客观事实。然而，比教育资源供求失衡更可怕的问题是教育资源存量的闲置和损耗。大多数存量教育资源存放在高等职业院校的实习、实训基地，一些国家示范项目投入的实训设备、设施，它们在高等职业教育改革和创新中不但没有发挥很好的作用，反而成为高等职业教育资源浪费的代名词。开放教育资源不仅能够盘活存量教育资源，而且可以通过市场化配置放大教育资源。开放教育资源的目的是将稀缺的教育资源（主要指教师资源、教学实训仿真设施、设备）作为教育资本（或者说是股份）与社会生产性资源优化配置，实现高等职业教育与社会化生产和服务的有序对接。开放教育资源的难点问题是转变教育资源的属性，即确立教育资源市场化配置和从事生产经营活动的问题。不解决这个问题，高等职业教育就难以呈现出创新、协调、绿色、开放和共享的发展态势。

（3）摸着石头过河。任何一所高等职业院校，只要紧紧抓住国民经济结构调整的大好时机，紧跟党和国家关于职业教育改革创新发展的战略步伐，充分利用党和国家给予高等职业教育的政策支持，积极争取地方政府的扶持和援助，都能够找到与时俱进的改革和发展道路。高等职业教育的改革创新没有一成不变的发展定式，尤其是在中国社会主义市场经济体制逐步完善的背景下，摸着石头过河不可避免地会成为高等职业院校改革和创新的必经之路。在"十三五"期间，有些普通高校需要向高等职业教育转型发展；有些高等职业院校需要改善办学环境、扩大办学规模，投入巨资异地搬迁。对于这些高等学校来说，这是历史性的机遇和实现腾飞的契机。然而，如果决策失误或者错失良机，也将会给高等职业教育的跨越发展带来不可估量的巨大损失。摸着石头过河需要党和国家的战略引领，需要遵循市场经济的客观规律。高等学校在改革进程中摸着石头过河，第一要科学定位自身的改革发展方向和目标；第二要破除传统观念、解放思想、充分利用市场调节职业教育资源的作用、全方位开放办学；第三要适应地方经济的发展变化，努力保障受教育者的就业和创业需求。

教育部《基于高等职业院校内涵发展现状的体制与机制问题研究》《基于开放的高等职业教育学分积累与转换制度研究》课题组。

2015 年 11 月 21 日
——摘自中华人民共和国国家发展和改革委员会（官网）共建共享，同心同德——"十三五"规划问计求策建言摘登

附录二

建立吉林市国家职业教育产业
示范园区的建议

国家职业教育产业示范园区，是指在政府引导和市场机制的作用下，以政府调控和法律规范为约束手段、市场运行机制为激励的职业教育产业基地。国家职业教育产业示范园区的有机构成，包括职业院校、特色学院、技师学院、应用型本科高校、职业教育企业、科研院所、社会培训机构、民间投资者和大学生就业和创业培育基地、智能型和技能型人才市场。国家职业教育产业园区的主要职能包括：创新由中等职业教育到硕士研究生层面的职业教育改革，探索学分积累和转换的运行机制，推进职业教育企业（特色学院）学徒制试点改革，推进项目教学、工作过程教学和案例教学改革，实施大学生充分就业和创业培育工程。

吉林市国家职业教育产业示范园区建设的构想。吉林市高新北区位于吉长高速公路北，吉长北线南。管辖13个村，占地108平方公里。从吉林市高新北区的总体规划来看，未来常住居民人口50万人左右，将成为吉林市的北部新城。吉林市高新北区对省内外招商引资的优惠政策，为建立吉林市国家职业教育产业示范园区创造了良好的基础条件。吉林市高新北区承接城区产业转移和农村城镇化建设，对职业教育的跨越发展构成了巨大的现实需求。"十三五"期间，吉林市区两所省属高等职业院校和大部分中等职业学校计划搬迁到吉林市高新北区。根据吉林市经济结构调整、产业升级、职业教育可持续发展和人力资源充分就业的现实需求，结合吉林市省属高等职业院校、

市属职业学校、地方国有企业搬迁高新北区的建设规划,吉林市国家职业教育产业示范园区建设的构想如下:

1. 成立吉林市职业教育产业示范园区管理委员会,统筹协调吉林市国家职业教育产业示范园区的规划和筹备,建立职业教育主体(职业院校、特色学院、技师学院、应用型本科高校、职业教育企业、科研院所、社会培训机构、民间投资者和大学生就业和创业培育基地、智能型和技能型人才市场)准入制度,农业职业教育项目引资以及土地资源的规划和配置。

2. 在国家政策法规的约束下,通过市场机制的作用引导吉林工业职业技术学院、吉林电子信息职业技术学院、市属职业学校、技工学校、科研院所以及行业企业整合职业教育资源,建立中等职业教育、高等职业教育和硕士研究生教育三位一体的职业大学(或者叫职业教育集团)。

3. 成立职业教育研究机构,承担高等职业教育人才培养方案的设计,从事智能、技能、技术教育改革和创新的研究工作,负责职业教育企业生产项目立项以及技能和技术教育工艺的编制,职业培训项目研发以及研究生层次智能型人才的培养工作。

4. 吸引国内外资本和职业教育项目,引导面临困境的国有企业向职业教育企业转型,推进行业企业生产性资源和职业院校教育资源的相互转换,引进和职业教育企业的生产经营项目,扶持大学生"创客"就业创新,实现职业教育产业生产经营的社会化发展。

5. 建立吉林市高新北区智能(技能)型人才市场和职业教育产业循环发展的中介机构,引进涉及"三农"、城镇化、高技能人才就业和创业、社会服务等关系到地方经济和谐发展的职业教育项目,推进跨区域职业教育产业链建设。

6. 统筹规划职业教育产业示范园区的配套设施建设,包括生活服务、医疗服务、中小学、幼儿园、房地产开发、社区文化建设以及物业管理服务。

建设吉林市国家职业教育产业示范园区的政府责任。建立国家职业教育产业示范园区有三个难点问题。第一是提升高等职业教育办学层次的问题。建立本科层次的职业技术大学,只有在国家的特殊政策扶持下才能够实现。在涉农高等职业教育项目上需要国家加大对高等职业教育的财政投入，出台服务"三农"、定向招生和免费教育的制度政策。在培养高层次（高、精、尖）智能型人才的项目上，需要国家设立教育收费的最高限价，实现职业技术大学和企业的市场化运作。第二是职业教育办学主体的管辖问题。省属职业技术大学与市属职业学校教育资源的优化重组，需要省、市两级政府统筹解决。第三是建立职业教育企业问题。此项运作涉及经营不善而面临困境的国有企业向职业教育企业转型的问题。解决这个问题，需要省、市两级政府给予特殊的政策支持。（见图1）

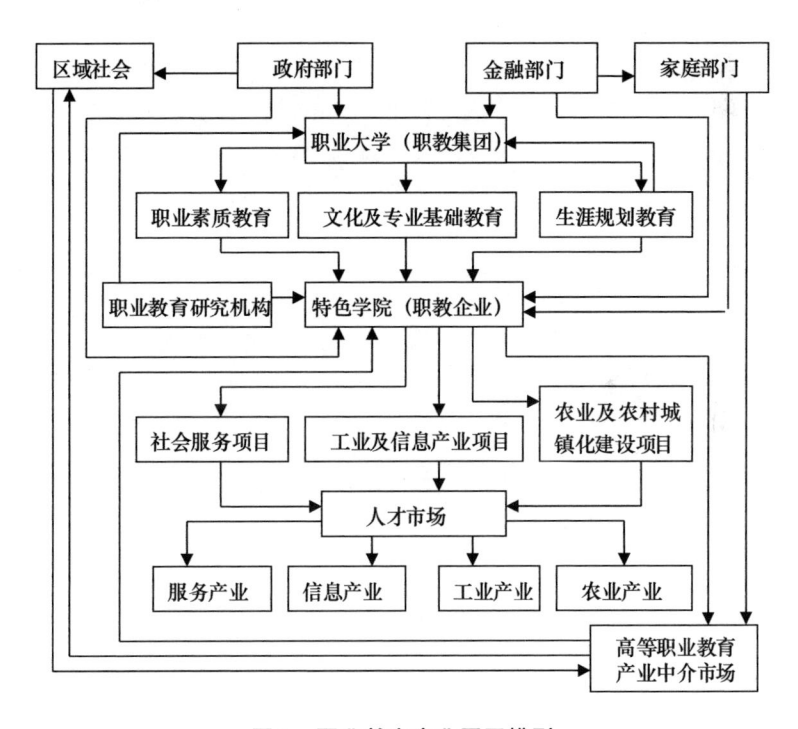

图1 职业教育产业园区模型

说明：职业教育产业园区模型的传导机制。

①在政府部门的政策扶持下，由职业大学、职业教育企业、人才市场和职业教育中介市场构成职业教育产业园区；②由区域社会（经济发展不平衡的省份和地区）、职业教育中介市场和职业教育企业构

成国家终身职业教育产业循环圈；③由家庭部门、职业大学、职业教育企业、人才市场（中介市场及职业教育企业）和地方产业需求构成区域职业教育产业循环圈。

教育部《基于高等职业院校内涵发展现状的体制与机制问题研究》《基于开放的高等职业教育学分积累与转换制度研究》课题组。

2015 年 11 月 21 日
——摘自中华人民共和国国家发展和改革委员会（官网）共建共想，同心同德——"十三五"规划问计求策建言摘登

附录三

推进职业教育开放发展的建议

国家"十三五"规划问计求策活动办公室：

职业教育是国民经济可持续发展的重要基础，是国民经济高效运行的动力保障。随着中国社会主义市场经济体制的健全和完善，党和国家"创新、协调、绿色、开放、共享"治国理念的战略引领，职业教育开放发展已经成为调节国民经济结构、改善社会生产关系、推进国家人才战略实施、实现国家创新和全民创业、防范国民经济下滑的必要前提。

一、将职业教育内容纳入国家终身教育体系。通过国家立法的推进，将职业、就业、创业的基本理念融入国家终身教育体系，将职业教育内容纳入九年制义务教育、普通高等教育、三农教育和城镇社区的就业和创业教育。

二、实现市场对职业教育资源配置的基础性作用。实现职业教育对国家终身教育体系的全覆盖，需要庞大的人力、物力、财力、智力和技术资源，仅仅依靠国家投入来发展职业教育，显然不能满足职业教育开放发展对职业教育资源的巨大需求。因此，国家要出台相关政策，实现市场对职业教育资源配置的基础性作用，实现职业教育机构职业教育资源与国民经济运行生产性资源的相互转换，推进职业教育资源的市场化配置。

三、推进现代学徒制的开放发展。现代学徒制是职业教育改革的国家战略。推进现代学徒制的开放发展，就是将职业教育与社会生产和服务实现无缝对接。因此，既要实现职业教育办学机构建立特色学院（校办职业教育企业），也要允许社会生产经营企业（部门）、科研院所建立职业教育企业。要实现政府引领和市场机制的双重作用，推进职业教育办学体制、办学模式和教育教学的深化改革。

四、健全和完善高等职业教育产业发展链条。加强国家对高等职业教育的宏观调控，推进高等职业教育、技术应用型本科教育、职业学位教育不同层次（专、本、研）高等职业教育的协调发展。通过体制、机制和制度创新探索发现学徒制企业、社会职业培训与企业职业培训机构的高等职业教育功能，非学历高等职业教育（职业学位与职业资格）在高等职业教育产业发展链条中的地位和作用，推进高等职业教育产业的开放发展。

五、推进资源型学分课程体系建设。资源型学分课程体系，是职业教育主体（职业院校、普通高校、科研院所、行业企业、社区职业培训机构）为适应弹性学分制度改革共同开发建设的学分课程集合，学分课程体系的主要内容包括：案例教学课程体系，工作过程教学课程体系，项目教学课程体系，就业和创业教育课程体系。资源型学分课程体系的建设和运行，需要国家推进职业教育质量认证体系建设、学分积累和转换制度建设、学分银行和职业资格考试制度建设，实现职业教育（包括学历教育和非学历教育）主体之间的学历认证，加速推进职业教育开放发展的进程。

六、实现创业教育和就业创新的全社会覆盖。经济结构调整和防范经济下行，是"十三五"期间中国经济将要面临的重大考验。实现创业教育和就业创新的全社会覆盖，对于中国经济结构调整、防范经济下行能够显现出重要的功能和作用。实现创业教育和就业创新的全社会覆盖，不仅是职业教育体系的使命和责任，也是工会、妇联、党团组织、企业和城镇社区不可推卸的义务。

实现创业教育和就业创新的全社会覆盖，需要国家出台财政、金融和税收的激励政策，需要政府、职业教育和经济运行主体的共同推进。

李生京①，李师莹②
2016 年 1 月 17 日

——摘自中华人民共和国国家发展和改革委员会（官网）共建共享，同心同德——"十三五"规划问计求策建言摘登

---

① 李生京：吉林工业职业技术学院副研究员。
② 李师莹：天津音乐学院在校硕士研究生。

附录四

我向总理说句话

李克强总理：

  补齐国民经济产业结构的短板，解决因产业转型而带来的社会生产性资源"失业"问题，为产业工人转岗建立职业搜寻期间人力资源的"蓄水池"，是"十三五"期间"去产能、去库存、去杠杆、降成本、补短板"的国家需求。建议国务院：开放职业教育（包括高等职业教育）市场，推进职业教育产业化发展。建立生产、服务型企业进入职业教育产业的准入机制，引导社会"失业"的生产性资源向职业教育产业转移，探索院校教育与生产经营并轨运行的办学体制，调控职业教育产业在市场机制的作用下跨界发展和转型升级。

  ——摘自中华人民共和国中央人民政府（官网），我向总理说句话建言选登

参考文献

《黑格尔"逻辑学"一书摘要》,《列宁全集》第33卷,第145页。

倪梁康:《现象学及其效应》,生活·读书·新知三联书店1994年版。

上海市高校《马克思主义哲学基本原理》编写组:《马克思主义哲学基本原理》,上海人民出版社2003年版。

滕大春:《外国教育通史》(第五卷),山东教育出版社1993年版。

续润华:《美国社区学院发展研究》,中国档案出版社2000年版。

杨应崧:《各国社区教育概论》,上海大学出版社2000年版。

于光远等:《经济大辞典》,上海辞书出版社1983年版。

European Commission: "Focus on Higher Education in Europe 2010: New report on the impact of the Bologna process", http://www.ond.Vlaanderen.be/. Retrieved on March, 2011.

Mouillour, I. L., "EuropeanApproaches to Credit (transfer) Systems in VET, Luxembourg: Office for Official Publications of the European Communities", 2005.

Statewide Articulation Manual: *Office of Articulation*, *Florida Department of Education*, *Revised October*, 2011.

曹炳志:《我国高等职业教育学位体系构建对策研究》,《才智》2013年第23期。

陈晶晶、陈龙根:《韩国学分银行制及其对我国构建完全学分制的启示》,《高等农业教育》2010年第8期。

陈涛、赵枝琳:《成人高等教育推行学分银行制度的路径探析——基于韩国学分银行体系的发展与运作》,《成人教育》2011 年第 9 期。

程宇、宋美霖:《2014 年全国高职院校数量变化趋势及分类比较》,《职业技术教育》2014 年第 23 期。

杜社玲:《带着你的学分去学习——欧洲学分互换系统对"学分银行"的启示》,《成才与就业》2009 年第 19 期。

冯艳妮:《解读欧洲职业教育与培训学分转换系统》,《顺德职业技术学院学报》2011 年第 1 期。

《高等职业教育创新发展行动计划（2015—2018 年）》（职成教〔2015〕9 号）。

顾宏亮:《"三位一体"技能大师工作室建设机制的探索——以无锡技师学院为例》,《职业》2018 年第 29 期。

顾玲玲:《欧洲高等教育区域背景下的学分互换制》,《高教论坛》2007 年第 2 期。

《国民经济和社会发展第十个五年计划纲要》,《人民日报》2001 年 3 月 18 日。

韩芳、李维喆:《美国社区学院的渊源、发展及启示》,《延安教育学院学报》2003 年第 3 期。

［韩］金国宪:《关于学分银行制度的政策过程评价》,博士学位论文,启明大学,2006 年。

［韩］朴焙轩:"The Current Situations and Future Directions of the Korean Lifelong Education Policies",《西溪社会科学论丛》2009 年第 1 期。

［韩］朴仁钟、刘音:《终身学习型社会与韩国的学分银行制》,《开放教育研究》（中）2012 年第 1 期。

黄宝印、唐继卫、郝彤亮:《我国专业学位研究生教育的发展历程》,《中国高等教育》2017 年第 2 期。

黄键:《学分银行：实现终身学习理想的重要途径》,《成才与就业》2009 年第 17 期。

黄崴、吴华溢:《香港教育资历架构体系运行机制的制度分析》,《华南师范大学学报》（社会科学版）2018 年第 3 期。

教育部:《关于推进高等教育学分认定和转换工作的意见》,2016 年 9

月 18 日发布。

教育部、国家发展改革委、财政部、人力资源社会保障部、农业部、国务院扶贫办：《现代职业教育体系建设规划（2014—2020年）》2014年6月16日。

李联明：《高等教育一体化进程中的欧洲学分转换系统》，《比较教育研究》2002年第10期。

李玲玲：《学院高中课程：美国衔接中学与中学后教育的策略》，《外国教育研究》2014年第7期。

李强：《澳大利亚中职直通本科统一资格框架衔接制度及借鉴》，《现代教育管理》2020年第4期。

李玉静、程宇：《美国中等后教育学分转换：政策、制度和保障机制》，《职业技术教育》2015年第6期。

李政：《职业教育的产教融合：障碍及其消解》，《中国高教研究》2018年第9期。

林晓凤、安宽洙：《韩国学分银行十五年：成就、挑战与未来》，《职教论坛》2015年第3期。

刘蓓、汪长明：《高等职业教育产教融合体系建设的探索》，《中国农业教育》2017年第2期。

刘建江、袁冬梅：《潜在需求的类型与开发》，《经营管理者》1998年第1期。

刘明生：《美国社区学院学分转换制度的经验与启示》，《职业技术教育》2015年第24期。

刘育锋：《国家资格框架——职业教育课程衔接的依据——基于比较的视角》，《中国职业技术教育》2013年第18期。

罗忆：《探析我国高等教育文化》，《乌鲁木齐职业大学学报》2010年第2期。

马永红等：《专业学位研究生教育质量指数研究》，《研究生教育研究》2019年第5期。

覃兵、胡蓉：《韩国高等教育学分银行制探析》，《比较教育研究》2009年第12期。

王超超：《开放大学学分银行构建要素研究——以国家开放大学学分

银行为例》,《湖北函授大学学报》2018 年第 12 期。

王春梅、曾晓萱:《他山之石,可以攻玉——德国大学模式对美国大学发展的影响》,《比较教育研究》1992 年第 3 期。

王丹中:《基点·形态·本质:产教融合的内涵分析》,《职教论坛》2014 年第 35 期。

王红云:《基于社会教育的韩国终身教育立法进程研究》,《现代远程教育研究》2009 年第 4 期。

王琦、邢运凯:《高等职业教育文化逻辑的分析》,《中国高教研究》2013 年第 11 期。

武晋等:《应用型高校专业学位研究生培养质量的提升》,《教育与职业》2020 年第 3 期。

谢志平、应建明:《近十年我国职业教育产教融合研究综述》,《高等职业教育探索》2018 年第 3 期。

杨晨:《我国"学分银行"建设的三大问题》,《中国远程教育》2012 年第 6 期。

易红郡:《美国社区学院的形成及其启示》,《有色金属高教研究》2000 年第 2 期。

余小波:《成人高等教育型及转型探略》,《现代大学教育》2011 年第 1 期。

袁松鹤:《欧洲学分体系中 ECTS 和 ECVET 的分析与启示》,《中国远程育》2011 年第 5 期。

张朝霞等:《韩国的"学分累积制度"对我国构建学分银行管理机制的启示》,《广州广播电视大学学报》2016 年第 2 期。

张洁:《世界大学发展史浅读》,《江苏教育学院学报》(自然科学版)2009 年第 3 期。

张秀梅:《美国中等后教育领域学分转移实践机制分析》,《中国远程教育》2009 年第 3 期。

《中共中央关于全面深化改革若干重大问题的决定》,2013 年 11 月 12 日,中国共产党第十八届中央委员会第三次全体会议通过。

《中共中央关于制定国民经济和社会发展第十三个五年规划的建议》,2015 年 10 月 29 日,中国共产党第十八届中央委员会第五次全体会议通过。

《中华人民共和国国民经济和社会发展第十三个五年规划纲要》，2016年3月17日，新华社授权发布。

宗华伟：《透视欧洲学分转换与积累系统（ECTS）》，《中国教育报》2012年3月30日。

《国家职业资格目录》，中华人民共和国人力资源和社会保障部官网，http：//www.mohrss.gov.cn/SYrlzyhshbzb/dongtaixinwen/buneiyaowen/201709/t20170915_277391.html。

国务院办公厅：《国务院办公厅关于深化产教融合的若干意见》（国办发〔2017〕95号），2017年12月5日，http：//www.gov.cn/zhengce/content/2017-12/19/content_5248564.htm。

国务院：《关于加快发展现代职业教育的决定》（国发〔2014〕19号），http：//www.gov.cn/zhengce/coritent/2014_06/22/content_8901.htm。

国务院：《国家职业教育改革实施方案》，2019年2月13日，中华人民共和国中央人民政府网站，http：//www.gov.cn/zhengce/content/2019_02/13/content_5365341.htm。

江泽民：《全面建设小康社会，开创中国特色社会主义事业新局面——在中国共产党第十六次全国代表大会上的报告（节选）》，2002年11月8日，http：//old.moe.gov.cn//publicfiles/business/htmlfiles/moe/moe_44/200412/5009.html。

《教育部等六部门关于印发〈现代职业教育体系建设规划（2014—2020年）〉的通知》（教发〔2014〕6号），http：//old.moe.gov.cn/publicfiles/business/htmlfiles/moe/moe-630/201403/170737.html。

教育部：《高等职业教育创新发展行动计划（2015—2018年）》（教职成〔2015〕9号），http：//www.moe.gov.cn/srcsite/A07/moe_737/53876_cxfz/201511/t20151102_216985.html。

教育部：《关于全面提高高等职业教育教学质量的若干意见》（教高〔2006〕16号），http：//old.moe.gov.cn/pubucfiles/business/htrnlfiles/moe/moe_737/201001/xxgh_79649.html。

教育部：《关于引导部分地方普通高校向应用型转变的指导意见》

（教发〔2015〕7 号），2015 年 10 月，http：//www.moe.gov.cn/srcsite/A03/moe-1892/moe_630/201511/t20151113_218942.html。

教育部：《关于在疫情防控期间做好普通高等学校在线教学组织与管理工作的指导意见》，2020 年 2 月 5 日，http：//www.moe.gov.cn/jyb_xwfb/gzdt_gzdt/s5987/202002/t20200205_418131.html。

教育部：《关于在职业学校进行学分制试点工作的意见》（教职成司〔2001〕3 号），http：//old.moe.gov.cn//publicfiles/business/htmlfiles/moe/moe_956/200407/825.html。

教育部：《国家中长期教育改革和发展规划纲要（2010—2020 年）》，2010 年 7 月 29 日，http：//www.gov.cn/srcsite/A01157048/201007/t20100729_171904.html_gs_ws=tqq_6358796771444334007。

教育部：《中华人民共和国高等教育法》，http：//www.moe.gov.cn/578/A02/zfs_left/s5911/moe_619/201512/tz0151228_226196.html。

教育部：《中华人民共和国职业教育法修订草案（征求意见稿）》，中华人民共和国中央人民政府网站，http：//www.gov.cn/xinwen/2019-12/08/content_5459462.htm。

《习近平：加快发展职业教育让每个人都有人生出彩机会》，2014 年 6 月 23 日，人民网，http：//politics.people.com.cn/n/2014/0623/C1024-25188997.html。

习近平：《决胜全面建成小康社会　夺取新时代中国特色社会主义伟大胜利——在中国共产党第十九次全国代表大会上的报告》，2017 年 10 月 18 日，http：//www.gov.cn/zhuanti/2017-10/27/content_5234876.htm。

中共中央、国务院：《国家中长期教育改革和发展规划纲要（2010—2020 年）》，2010 年 3 月 1 日，http：//www.china.com

中共中央、国务院：《全面部署新时代大中小学劳动教育》，2020 年 3 月 26 日，人民网，http：//edu.people.com.cn/nt/2020/0326/c1053-31649888.html。

教育部：《2018 年全国教育事业发展统计报》，2019 年 7 月 24 日，[引用日期 2020-02-19]，http：//www.moe.gov.cn/jyb-sjzl/sjzl-fz-tjgb/201907/t20190724_392041.html。

后　　记

　　本书是作者2015年主持的教育部人文社科规划基金项目"基于高等职业教育开放发展的学分积累与转换制度研究"重要研究成果之一。在2016—2020年长达5年的写作过程中，书稿的写作框架几经修改，有的部分甚至推倒重来。直至2019年2月《国务院关于加快发展现代职业教育的决定》出台，给作者重新定位这部书稿的逻辑主线以极大的启发。在接下来的研究过程中又遇到了2020年初因线上教学而展开的逆境中教学模式变革对本课题研究思路的影响，因而使得这部书稿的研究思路随之发生了因势利导的转型。

　　这部书稿是作者近期在吉林工业职业技术学院和广州南洋理工职业学院的工作过程中完成的，因此在书稿的形成过程中得到了吉林工业职业学院和广州南洋理工职业学院的大力支持。感谢吉林工业职业学院科研处原任处长舒本平教授和现任处长杨云龙博士对本书写作过程的关心，感谢广州南洋理工职业学院校长李国年博士在2018年初将我低职高聘为校内专家（享受教授待遇），副校长刘剑清为我的科研工作提供了良好的研究平台，人力资源部张少华部长在生活上给了我特殊的关怀。

　　感谢清华大学天津高端装备研究院原副院长李垣明教授为本书作序，感谢广州南洋理工职业学院陈艳老师帮助校对了全部书稿，感谢广州南洋理工职业学院团委副书记李师莹提供了广州南洋理工职业学院团学工作的宝贵经验。

　　对本书的编辑李沫女士致以特别的敬意。她的极力推荐才使得这本专著得以在中国社会科学出版社出版，她的严谨求实，使书稿避免了不少错误。尽管我在研究过程中精益求精，小心求证，不足之处仍然在所难免，恳请同行批评指正。

李生京

2020年6月1日于广州南洋理工职业学院